普通高等教育汽车服务工程专业规划教材

汽车可靠性

肖生发 郭一鸣 主 编
张存中 副主编
明平顺 主 审

人民交通出版社

内 容 提 要

汽车可靠性作为汽车的主要性能，直接影响着汽车的品质与产品信誉。

本书较系统地介绍了汽车可靠性的相关知识，主要包括汽车可靠性的基本概念、汽车系统可靠性分析、汽车可靠性设计、汽车可靠性试验、汽车失效分析和汽车可靠性管理等内容。

本书注重普及性及应用性，内容上侧重基础知识和新技术的介绍，文字上简练通俗。本书可作为高等院校汽车服务工程专业、汽车类相关专业课程的教学用书，也可以作为汽车业内人士的参考资料。

图书在版编目（CIP）数据

汽车可靠性 / 肖生发等主编．—北京：人民交通出版社，2008．8

ISBN 978-7-114-07256-7

Ⅰ．汽…　Ⅱ．肖…　Ⅲ．汽车—可靠性理论　Ⅳ．U461．7

中国版本图书馆 CIP 数据核字（2008）第 097441 号

书　　名：**汽车可靠性**
著 作 者：肖生发　郭一鸣
策划编辑：智景安
文字编辑：贾秀珍
出版发行：人民交通出版社股份有限公司
地　　址：（100011）北京市朝阳区安定门外外馆斜街 3 号
网　　址：http://www.ccpress.com.cn
销售电话：（010）59757973
总 经 销：人民交通出版社股份有限公司发行部
经　　销：各地新华书店
印　　刷：北京市密东印刷有限公司
开　　本：787 × 1092　1/16
印　　张：11.25
插　　页：1
字　　数：275 千
版　　次：2008 年 8 月第 1 版
印　　次：2018 年 7 月第 4 次印刷
书　　号：ISBN 978-7-114-07256-7
定　　价：23.00 元

前　言

Qianyan

进入21世纪以来，伴随国家汽车产业发展政策的调整，我国汽车产业进入健康、持续、快速发展的轨道。在汽车工业大发展的同时，汽车消费主体日益多元化，广大消费者对高质量汽车服务的渴求日益凸现，汽车厂商围绕提升服务质量的竞争业已展开，市场竞争从产品、广告层面提升到服务层面，这些发展和变化直接催生并推进了一个新兴产业——汽车服务业的发展与壮大。

当前，我国的汽车服务业正呈现出“发展快、空间大、变化深”的特点。“发展快”是与汽车工业本身的发展和社会汽车保有量的快速增长相伴而来的。“空间大”是因为我国的汽车普及率尚不够高，每千人拥有的汽车数量还不及世界平均水平的1/3，汽车服务市场尚有很大的发展潜力，汽车服务业将是一个比汽车工业本身更庞大的产业。“变化深”一方面是因为汽车后市场空前繁荣，蓬勃发展，大大拉长和拓宽了汽车产业链，汽车技术服务、金融服务、销售服务、物流服务、文化服务等新兴的业务领域和服务项目层出不穷；另一方面是因为汽车服务的新兴经营理念不断涌现，汽车服务的方式正在改变传统的业务分离、各自独立、效率低下的模式；向服务主体多元化、经营连锁化、运作规范化、业务集成化、品牌专业化、技术先进化、手段信息化、竞争国际化的方向发展。特别是我国加入WTO后汽车产业相关的保护政策均已到期，汽车服务业实现全面开放，国际汽车服务商快速进入，以上变化必将进一步促进汽车服务业向纵深发展。

汽车工业和汽车服务业的发展，使得汽车厂商和服务商对高素质的汽车服务人才的需求比以往任何时候都更为迫切，汽车服务业将人才竞争视作企业竞争制胜的关键要素。在这种背景下，全国高校汽车服务工程专业教学指导委员会(筹)顺应时代的呼唤，组织全国高校汽车服务工程专业的知名教授，编写了汽车服务工程专业规划教材。

本套教材总结了全国高校汽车服务工程专业的教学经验，注重以本科学生就业为导向，以培养综合能力为本位。教材内容符合汽车服务工程专业教学改革精神，适应我国汽车服务行业对高素质综合人才的需求，具有以下特点：

1. 本套教材是根据全国高校汽车服务工程专业教学指导委员会审定的教材编写大纲而编写，全面介绍了各门课程的相关理论、技术及管理知识，符合各门课程在教学计划中的地位和作用。教材取材合适,要求恰当,深度适宜,篇幅符合各类院校的要求。

2. 教材内容努力做到由浅入深,循序渐进,并处理好了重点与一般的关系;符合认知规律,便于学习;条理清晰,文字规范,语言流畅,文图配合适当。

3. 教材努力贯彻理论联系实际的原则。教材在系统介绍汽车服务工程专业的科学理论与管理应用经验的同时,引用了大量国内外的最新科研成果和具有代表性的典型例证,分析了发展过程中存在的问题,教材内容具有与本学科发展相适应的科学水平。

4. 教材的知识体系完整,应用管理经验先进,逻辑推理严谨,完全可以满足汽车服务行业对综合性应用人才的培养要求。

汽车可靠性与汽车安全、环境保护、节约能源等,同属于影响一部汽车品质最重要的指标。而可靠性却越来越备受关注,因为可靠性无论是对于汽车生产企业,还是对于汽车销售企业以及汽车用户,其影响都是最直接的。汽车生产企业为占领市场需提升产品可靠性,汽车销售企业拥有高可靠性的汽车才能搭建宽广的销售平台,用户需要从高可靠性汽车品质中受益。对于汽车业内人士来说,熟悉和掌握汽车可靠性方面的知识是很有必要的。虽然可靠性理论作为一门独立的学科是20世纪60年代出现的,但可靠性知识的推广和普及还有许多工作要做。在汽车类相关专业大学生中加大汽车可靠性学科的教学力度,强化汽车可靠性知识的学习,便于在今后的工作中开展汽车可靠性方面的实践,以利于我国汽车新产品可靠性水平的提高。

《汽车可靠性》教材注重普及性及应用性,内容上侧重基础知识和新技术的介绍,文字上力求简练通俗。主要介绍汽车可靠性的基本概念、汽车系统可靠性分析、汽车可靠性设计、汽车可靠性试验和汽车失效分析、汽车可靠性管理等内容。本书可作为高等院校汽车服务工程专业、汽车类相关专业课程的教学用书,也可以作为汽车业内人士的参考资料。

《汽车可靠性》教材由湖北汽车工业学院肖生发、郭一鸣主编,河北省交通规费征收稽查局的张存中任副主编,武汉理工大学明平顺教授主审。肖生发编写第一章、第二章和第五章;郭一鸣编写第六章至第八章;张存中编写第三章和第四章。全书由肖生发统稿。

由于时间仓促,本套教材定有许多不足之处,敬请广大读者和同仁使用后批评指正,以便教材再版时修正。

全国高校汽车服务工程专业教学指导委员会(筹)

2008年5月

目　录

Mulu

第一章 绪 论

教学提示：可靠性是产品的重要性能，是衡量产品质量优劣的评价指标，是产品质量的核心。可靠性是人们在长期的生产实践中不断探询和发现，并长期为之努力的课题。可靠性研究发展成为一门学科的历史是一部“教训史”。只有提高对可靠性的认识，深入开展可靠性研究，用可靠性理论指导生产实践，才能使产品的可靠性不断提高。

教学目标：要求学生能深刻认识可靠性研究的重要性；了解可靠性与产品质量的关系；了解可靠性工程的形成与发展；了解可靠性工程的研究内容。

可靠性问题既是个古老的问题，又是个新颖的课题。人类在设计、制造和使用产品的过程中，可靠性问题就一直与之相伴。在长期的生产实践中，人们不断地探询和发现可靠性问题，开展可靠性研究，提高对可靠性的认识，建立可靠性理论，形成可靠性学科，从而指导生产实践，使可靠性工作不断地开展下去。

第一节 可靠性研究的重要性

在日常生活和生产实践中，可靠性的概念被人们自觉或不自觉地应用着。如买东西的时候，除了关心该产品的价格、性能外，还要询问产品是否易坏，坏了是否易修。对于汽车产品更是如此，不但要功率大、速度高、样式好；而且汽车是否经常出故障，驾驶这样的车是否有一种安全感，是用户关心的主要内容。虽然所关心的内容中并没有直接提到可靠性，但已包含了可靠性的概念，只不过是一种主观感觉罢了，是定性的。

衡量产品的质量优劣，最有发言权的是用户。也就是说，产品的质量主要表现在使用性能。就汽车而言，其使用性能包括两个方面：基本性能（动力性、燃料经济性、行驶平顺性、操纵稳定性、防止公害性）和可靠性能。可靠性能是质量的核心。试想，一辆故障多、无安全保障的汽车有谁愿意驾驶。因而必须把产品的可靠性提高到质量问题的首位，即只有达到了产品可靠性指标，然后谈论其他性能指标才是有意义的。不承认可靠性的重要这一客观事实，工作中就要受惩罚。

产品的可靠性在一定程度上影响到企业的信誉。在“用户是上帝”的今天，企业离开了购买和使用产品的用户，就意味着失去市场，将使企业的社会性大大削弱或不存在。企业发展的关键可以说是信誉，有了信誉，企业才具有生命力。因此，对于一个企业来说，注重产品的可靠性，就可以使其在激烈竞争的市场中立于不败之地。

一、航空航天的历史悲剧

随着科学技术的发展，航空航天产品的结构日益复杂，使用环境更加严峻。航空航天产品在实际使用中,由于设计、工艺、使用等因素所引起的产品失效(故障)不断发生,造成人力、时间和经济上的严重损失。

1. 二次世界大战期间的飞行事故

美国空军在二次世界大战期间由于飞行事故而损失的飞机达 21 000 架,比被击落的飞机多 1.5 倍。在侵朝战争中,美国空军又因飞行事故而损失飞机 460 架,死亡的飞行人员达 180 人。前西德空军仅 F-104 型飞机,在 1961 ~ 1971 年的 10 年间因事故就损失 135 架,死亡飞行人员 65 人,当时给前西德的飞行人员造成了十分恐惧的心理,把 F-104 型飞机称作"活棺材"。造成飞机飞行事故的主要因素有:工厂制造质量不佳、使用维护不良等。

2. 民航飞机事故

在全世界民航飞机的飞行事故中,飞机全毁事故占 23%。从发生事故的飞行阶段来看,飞机全毁的事故总数中,在离地上升阶段所发生的全毁事故占 27%;在巡航阶段所发生的全毁事故占 12%;在进场着陆阶段所发生的全毁事故占 53%。

3."挑战者"号航天飞机失事

1986 年 1 月 28 日,美国第二架航天飞机"挑战者"号在进行第 10 次飞行时,从卡纳维拉尔角航天基地发射架上升空 73s 后发生爆炸,价值 12 亿美元的航天飞机化作碎片,坠入大西洋,7 名机组人员全部遇难,造成了世界航天史上最大的惨剧。这是美国进行 25 次载人航天飞行中首次发生在空中的大灾难。"挑战者"号的爆炸,使美国举国震惊,华盛顿和其他各地均下半旗志哀。导致这场灾难的原因是火箭助推器的 O 形橡胶密封圈,因天气寒冷气温低而密封失效,致使火箭助推器的燃料发生泄露,火箭助推器爆炸。

二、日本汽车的退货事件

现代汽车作为交通工具在社会上已经普及,因此要求它在任何条件下都能可靠使用,这对汽车产品的声誉影响很大。1969 年 6 月日本出口到美国的汽车遭到退货的危机,其结果影响很坏。这不是说日本的汽车故障增加了,而是说明美国的用户对汽车可靠性要求提高了。

虽然已经退回汽车的实际故障率并不太多,且日本退货情况在世界上也是比较低的国家,但对汽车出故障的那些用户来说,却处于 100% 的困境中。为使用户信得过,就必须向社会提供能够满足用户要求的高可靠性汽车。

三、汽车可靠性调研

VDS 是汽车可靠性调研 Vehicle Dependability Study 的英文缩写。VDS 由美国最具权威性的汽车评级机构 J. D. Power 公布。J. D. Power 公司自 20 世纪 80 年代末开始发表此类调查报告。J. D. Power 是其创始人名字 J. D. Dave Power 的简称。1968 年,J. D. Dave Power 创办了自己的公司,专门从事调查研究工作,事业的起点是汽车行业。由于他坚持原则、不断创新,这种基于美国市场消费者的调查,对各企业的产品质量起到了一定的监督作用,同时,也使 J. D. Power 质量调查的权威性越来越高。J. D. Power 公司汽车可靠性调查采用每百辆车的故障数(Problems Per 100 Vehicle,缩写为 PP100)作为指标。

1. J. D. Power 2004 年日本汽车可靠性调研

丰田汽车公司在"2002 年购买的汽车(使用 15 ~ 26 个月)可靠性调研"中,每 100 辆车的质量问题数是 89 个。"2001 年购买的汽车(使用 17 ~ 38 个月)可靠性调研"中,每 100 辆车的质量问题数是110个，“2000年购买的汽车(使用39~50个月)可靠性调研”中，每100辆车的质量问题数是133个。

本田汽车公司在“2002年购买的汽车(使用15~26个月)可靠性调研”中，每100辆车的质量问题数是91个。2001年和2000年质量问题分别为144个和161个。

在对购买日产汽车公司2002年、2001年和2000年汽车的可靠性调研中，每100辆车的质量问题数分别是108个、132个和155个。

在对购买马自达汽车公司2002年、2001年和2000年汽车的可靠性调研中，每100辆车的质量问题数分别是130个、160个和179个。

在对购买三菱汽车公司2002年、2001年和2000年汽车的可靠性调研中，每100辆车的质量问题数分别是134个、180个和186个。

调研结果显示，日本2002年购买的汽车平均可靠性调研(VDS)是104 PP100(每100辆车的质量问题数是104)，2001年购买的汽车平均VDS则上升到135个，2000年购买的更是上升到了157个。

随着车辆使用时间的增加，驾驶、操控和制动类别的质量问题数增加得特别多。另外，在此次调查所涉及的147个质量问题中，消费者大多对制动噪声以及空调系统发出的难闻气味有所抱怨。使用1万km及以下的车辆VDS得分是79 PP100。而使用5万km以上的车辆VDS得分则剧增到206 PP100。

根据J. D. Power以前曾做的消费者满意度调研表明，消费者反映的问题越多，对车辆的满意度也就越低。消费者是否向朋友推荐自己使用过的车辆品牌，也取决于他们在使用过程中所碰到的问题。对生产商来说，尽可能地减少质量问题数是非常必要的，确保汽车的长期可靠性是一个非常重要的挑战。

2. J. D. Power 2005年美国市场汽车可靠性调查

2005年J. D. Power公司对美国市场的汽车可靠性进行了调查，使用3年后的汽车PP100如表1-1所示，2005年新车的PP100如表1-2所示。

2005年J. D. Power汽车可靠性调查统计表(使用3年后的部分品牌汽车)　　表1-1

序号	汽车品牌	PP100	序号	汽车品牌	PP100
1	别克	187	9	福特	276
2	林肯	194	10	日产	280
3	凯迪拉克	196	11	马自达	285
4	本田	209	12	奥迪	295
5	丰田	216	13	奔驰	327
6	雪佛莱	262	14	三菱	327
7	通用	262	15	现代	375
8	宝马	264	16	路虎	472

2005 年 J. D. Power 新车质量调查统计表(部分品牌汽车)　　表 1-2

序号	汽车品牌	PP100	序号	汽车品牌	PP100
1	宝马	95	9	通用	113
2	别克	100	10	林肯	113
3	凯迪拉克	104	11	日产	120
4	奔驰	104	12	雪佛莱	127
5	丰田	105	13	福特	127
6	奥迪	106	14	三菱	129
7	现代	110	15	路虎	149
8	本田	112	16	马自达	149

从表 1-1 和表 1-2 中可以看出:一些品牌汽车,如别克、凯迪拉克等,无论是新车还是使用了 3 年的汽车,始终故障数较低,可靠性较高;一些品牌汽车,如现代,新车排在前列,故障数低;但是使用 3 年后故障数排序靠后,可靠性不够高;还有一些品牌汽车,如马自达,虽然新车故障数排在后面,但使用 3 年后显示出故障数低、可靠性高。

美国用户满意指数是通过电话访问全美 5 万个用户,调查顾客的期望质量、感受到的质量、感受到的价值、顾客抱怨和顾客忠诚度等。表 1-3 为 2003 年美国市场部分汽车生产企业用户满意指数。

2003 年美国市场部分汽车生产企业用户满意指数　　表 1-3

汽车生产企业	凯迪拉克	宝马	丰田	别克	奔驰	马自达	本田
用户满意指数	87	85	85	84	83	82	82

四、中国市场汽车可靠性调查

至 2007 年 6 月我国机动车保有量已达 1.5 亿辆,私人购车占整个市场份额的 75.43%,北京的汽车已突破 300 万辆。汽车的购买主体已完成了由集团向家庭的转变。我国已成为全球第二大汽车消费国。表 1-4 是对中国市场主要车型新车故障数的调查结果。

2003 年中国市场各车型新车故障数(行业平均 328)　　表 1-4

序号	汽车品牌	PP100	序号	汽车品牌	PP100
1	丰田佳美	82	9	一汽红旗	304
2	别克 GL8	101	10	菲亚特西椰娜	334
3	马自达 6	104	11	神龙富康	346
4	本田雅阁	140	12	中华晨风	384
5	日产风度	177	13	奇瑞风云	409
6	上海大众桑塔纳 2000	183	14	昌河铃木	483
7	现代索纳塔	204	15	吉利豪情	496
8	福特嘉年华	282	16	天津夏利	499

可以看出,中国市场各车型新车的行业平均故障数和美国市场各车型新车的行业平均故障数之比为328/118,即2.78倍,差距还是比较大的。

中国汽车用户满意指数(CACSI)是中国用户满意指数(CCSI)测评体系的重要构成部分,这种测评方法根据用户在购买和使用产品过程中的具体感受,利用统计模型将用户对产品质量印象、预期、感知质量、感知价值等诸多因素进行系统分析,得到测评结果。2004年中国轿车用户满意指数统计如表1-5和表1-6所示。

2004年中国轿车用户满意指数(CACSI)模型计算结果 表1-5

品牌形象	质量预期	感知产品质量	感知服务质量	感知价值	满意度	抱怨	忠诚度
77.8	80.2	75.1	70.6	68.1	72.2	27.0	54.4

2004年10万~20万元中国轿车用户满意指数 表1-6

品牌	Polo	威驰	宝来	福美来	索纳塔	爱丽舍	捷达	桑塔纳2000
指数	77.5	76.0	75.8	74.7	74.5	74.2	69.7	68.6

我国客车制造业经过几十年尤其是近十几年的发展,制造水平不断提升,尤其是各大总成技术逐渐成熟,质量日趋稳定;但是,中国的客车制造水平与国外知名汽车企业相比还有一定的差距,与客户的期望值还有不小的距离。据2003年底的统计资料,在山东西部某地区注册运营的客车调查,包含10多个国内品牌,车龄为0~6年不等,共计3 143辆,归纳出客车在使用过程中各种故障出现的频率,如表1-7所示。

在用客车故障发生频率 表1-7

部 位	故 障	发生频率(次/月·百车)		占总故障数的百分比(%)
车容车貌	碰刮伤、脱漆	8	0.65	1.71
	门窗、玻璃、座椅、车辆装备等损伤	13	1.06	
发动机	发动机异响、低中高速性能不良	24	1.96	20.45
	附件失效	29	2.37	
	漏油、漏水、漏电、漏气	155	12.68	
	离合器故障	42	3.44	
转向系	转向系松旷、漏油	6	0.49	8.43
	转向臂及拉杆有裂纹,球头、接头松旷	97	7.94	
制动系	系统连接松旷	17	1.39	10.63
	行车制动性能差	84	6.87	
	驻车制动性能差	11	0.90	
	系统漏油、漏气	18	1.47	
传动系	传动轴螺栓、半轴螺栓松旷	126	10.31	13.01
	变速器、减速器异响,掉挡、乱挡	33	2.70	

续上表

部位	故障	发生频率(次/月·百车)		占总故障数的百分比(%)
行驶系	轮胎缺气	168	13.75	24.46
	轮胎硬伤、爆破、非正常磨蚀	61	4.99	
	轮毂松旷、车轮异响	40	3.27	
	钢板弹簧螺栓松旷、断裂、移位	30	2.45	
灯光、仪表、空调、加热器等	仪表失准	8	0.65	13.34
	灯光不亮、线路故障	142	11.62	
	蓄电池缺电、发电机不发电	9	0.74	
	空调制冷剂泄漏、制冷效果差、加热器工作不良	4(季节性)	0.33	
其他	上述以外的故障	97	7.94	7.94
合计		1 222	100	100

由表1-7可以看出客车可靠性的几个薄弱环节：

(1)从发生的部位看,发动机、行驶系和灯光电气是故障发生的“重灾区”。这3个系统(总成)的故障率之和占到了总故障数的58.25%。其中最常见的故障是发动机漏油、漏气、漏水、漏电(12.68%),轮胎缺气(13.75%),灯光线路故障(11.62%)。这些系统(总成)的工作条件差、强度大,汽车厂家应为客户提供质量稳定可靠的产品。

(2)从车辆档次看,普通客车、车龄较长的客车故障率较高。普通客车故障发生率是757次/(月·百车),比中高级客车的289次/(月·百车)明显偏高。从车龄看,车龄较长的客车故障明显偏多。

(3)从故障发生的原因看,“小毛病”故障多是由基础件质量标准低引起的。诸如“四漏”(漏油、漏气、漏水、漏电)、传动系统螺栓连接及转向节球头松旷、轮胎缺气、灯光不亮等故障层出不穷,这些“小毛病”故障数之和占到了总数的59.65%。

(4)从引发的后果看,还需进一步强化安全零部件的可靠性。车辆的技术状况不佳,尤其是安全零部件损坏会导致很多行车事故,如前轮胎爆破会引起翻车或撞车,转向系故障会引起转向失控,制动系故障会引起制动不灵,灯光不全会导致后方车辆的错误判断等。这些故障数之和占总故障数的38.94%。据统计,在交通事故总数中,因为机械或与机械有关的故障引发的交通事故占总交通事故的近10%。

第二节　可靠性与产品质量

产品的真正价值主要体现在使用过程中,而产品质量是产品使用的重要保证。汽车已成为现代社会的主要交通工具,人们都希望购买自己满意的汽车,在购买汽车时,有随意选择的自由。用户的要求是多方面的,不仅要求汽车坚固耐用,而且要故障少、维修方便。

一、质量与可靠性的关系

产品质量的一般含义包括:基本性能(动力性、经济性)、可靠性、有效性、外观等。就是说,可靠性是产品的一种质量指标,并且可以说可靠性就是产品性能的稳定性。

和一般的质量指标不同,可靠性指标有自身的特点:一是必须明确3个规定的条件(时间、条件、功能);二是一般产品的性能,只要产品制成就能测定,可以在出厂前加以检验和考核,称作使用时间 $t=0$ 时的质量,也称作狭义质量。可靠性的评定则要待用户使用后,或者模拟使用试验后才能进行,要到使用现场去考核,故称作使用时间 $t>0$ 时的质量;三是可靠性并不笼统地指寿命长,而是指在对应的规定使用时间内能否充分发挥其功能的可能性。其意义在于,保证在规定时间内产品不发生故障或少发生故障,而发生故障后又能很快修复;四是产品的可靠性是从设计到使用的全过程加以保证而获得的,因此产品发生故障的时间是个随机变量,就是说发生故障的可能性或何时发生故障难以预料。但另一方面,一批产品的可靠性是符合一定的统计规律的,即发生故障的时间服从一定的概率分布规律,因而发生故障的可能性可用概率表示。

可靠性是个可以度量(定量)的质量指标,是个硬指标,可以进行考核。

二、质量管理与可靠性

质量管理是科学管理(其创始人是美国人泰勒)的一个重要组成部分。质量管理大致分为这样几个阶段:

(1)事后检验阶段。产品检验从制造过程中分离出来,成为一道独立的工序,设立专门的检验机构及专职人员。

(2)统计质量控制(SQC　Statistical Quality Control)。20世纪初,因流水线生产的发展,事后检验已不能充分保证产品的高质量。一个环节出问题,将导致大批产品报废。全检(每个环节检查)不可能,应用"抽样检查"、"管理图"及统计原理,统计产品的检验结果,控制产品质量。

(3)全面质量管理(TQC)。把质量管理扩展到规划、设计和销售等领域,实行全过程、全员质量管理。20世纪60年代后期,质量管理目标转向质量保证(QA)和可靠性。

(4)以可靠性为主的全面质量管理阶段。20世纪后期,随着新型复杂产品的发展,特别是航天事业的发展,可靠性成为质量的主要矛盾。以工厂为主的质量管理已经不再能保证产品的高质量。因此进入了以可靠性为主的全面质量管理阶段。包括4个全面:可靠性工作贯彻到企业的各个部门;可靠性工作贯彻到科研设计、生产、使用的整个产品生存周期中;从企业的最高领导到所有职工都应尽力抓好产品的可靠性;强调人的因素。

可靠性被引入质量管理中,产品质量的概念从狭义的"减少次品,杜绝不合格品"的消极质量管理,发展为满足市场需求的积极质量(魅力质量)管理;产品质量的概念也从单纯的"符合性"质量扩展到"适用性"质量,即从产品自身的功能性质量,扩展到产品的可靠性、品种、价格、交货期和售后服务等广义的质量概念。质量管理活动点也向可靠性、市场需求与产品开发研究方向转移。在诸多的质量指标中,产品可靠性是用户最为关心的质量指标。因而可靠性成为现代质量保证的核心。

第三节　可靠性工程的发展

一、可靠性工程的形成与发展

1. 可靠性工程的准备及萌芽时期(20 世纪 30～40 年代)

可靠性概念的建立,起源于航空业。二次世界大战期间,飞机作为主要交通、作战的工具,飞行事故频繁,要求计算一台发动机失效的概率以及在一段飞行时间内不失效的概率,这就是初始的可靠性概念。

1939 年,英国航空委员会出版《适航性统计学注释》,首次把飞机安全性及可靠性作为概率的概念提出。

二次世界大战的 1944 年,德国在研制 VI 型火箭中,最早提出了系统可靠性的基本理论,即可靠性乘积定律。德国战败,终止研制,专家流落美国。

二次世界大战中,美国有 60% 的机载电子设备运到远东后不能使用,50% 的电子设备在储运期间失效。美国于 1943 年成立了电子管研究委员会,主要开展电子管的可靠性问题研究。

1949 年,美国无线电工程师学会成立了可靠性技术组,这是第一个可靠性专业学术组织。

2. 可靠性工程的兴起及形成阶段(20 世纪 50 年代)

20 世纪 50 年代初期,美国侵略朝鲜。由于电子设备不可靠,影响了战争,并增加了维修费用(每年维修费用是成本的两倍)。1955 年,举行美国第一届质量控制及可靠性年会。1957 年发表了第一份可靠性研究报告《军用电子设备可靠性》。

美国在这一时期,组织了可靠性研究力量,制定了可靠性管理大纲,在可靠性设计、试验的方法和程序、失效数据的收集及处理系统等方面对可靠性工程作出了贡献。

同时,前苏联、日本也在 20 世纪 50 年代后期着手开展可靠性研究工作。

3. 可靠性工程迅速、全面发展阶段(20 世纪 60 年代)

20 世纪 60 年代是美国经济发展较快的时期,航空航天业迅速发展。此时期称为美国的"航宇年代"。1963 年美国一颗同步卫星 SYNCOM I 因高压容器壳体破裂而在空间消失。"水手 III"航天飞行器也因机械部件失效而坠毁。

在这个阶段,美国主要做了如下研究工作:改善可靠性管理;建立可靠性研究中心;制定可靠性实验标准,发展新的可靠性试验方法;开辟失效物理研究新领域,发展新的失效模式分析技术;并重视机械部件的可靠性研究。建立起一种新的设计理论——"应力—强度干涉理论",其相应的设计方法,就是机械概率设计;注意人与可靠性、安全性以及维修性的研究;创建可靠性教育课程,起初只有几所学校开设可靠性课程,到 20 世纪 60 年代后期,美国 40% 的大学设有可靠性课程,并开办研究生班,设立硕士、博士学位。

此间,前苏联、日本、英国、法国等相继全面开展可靠性研究。

日本从美国引进可靠性技术,把美国在航空、航天及军事工业的可靠性研究成果应用于民用工业。

4. 可靠性工程深入发展的阶段(20 世纪 70 年代以后)

一些发展中国家也开展了可靠性研究,重视可靠性教育。此时,日本产品的可靠性研究工作取得了很大成就。在1978年召开的第四届国际质量管理会议上,对日本的可靠性研究工作给予了高度评价。可靠性研究工作在世界范围内达到成熟期。

我国关于可靠性的研究是从20世纪60年代末、70年代初开始的。航天工业部和电子工业部是开展可靠性研究比较早的行业。首先开展的是电子产品的可靠性研究,逐步扩大到其他的产品和其他的部门。我国汽车行业的可靠性研究始于20世纪80年代。

综上所述:可靠性的研究是从20世纪40年代起,由于处理电子产品所面临的问题而开展起来的。20世纪60年代,由于空间科学和宇航技术的发展,可靠性的研究水平得到了进一步的提高。其研究范围从电子产品逐渐扩展到机械产品。20世纪70年代初,集成电路的迅速发展又更进一步促进了可靠性的研究。

有人把可靠性研究发展成为一门学科的历史称为"教训史"。

二、汽车可靠性工程

所谓汽车可靠性工程,包括可靠性管理和可靠性技术两个方面,是从系统的观点出发对汽车全寿命周期中的各项可靠性技术活动进行规划、组织、协调、控制与监督,以实现确定的可靠性目标,并保持产品全寿命周期费用最省而贯穿于汽车产品开发、生产、销售、售后服务全过程的系统工程之中。

汽车产品质量的竞争,在很大程度上就是产品可靠性的竞争。因此,汽车企业在把产品推向市场的过程中,就必须高度重视产品的可靠性。

1. 可靠性工程与市场

市场占有率是企业管理的策划重点,市场占有率又一直以产品的"物优、价廉"为基础,而汽车产品的"物优、价廉"又必须以可靠性工程做后盾。随着我国经济发展和国民生活水平的提高,人们的消费观念正在发生变化,把汽车作为一种交通工具的观念更加明显。顾客更重视其可靠性、经济性、维修方便和较低的购置费用。汽车企业只有在充分掌握竞争对手的优势领域和薄弱环节的基础上,将对方竞争优势作为自己学习的榜样,将对方薄弱环节作为自己的改进目标,将顾客给对方产品的抱怨在自己的产品中得到彻底解决,才能制造出满足顾客要求的产品。汽车企业要实现这一目标,并不是从汽车产品首次销售开始的,而是从汽车产品的持续不断地销售过程中,就应该不断地研究产品的可靠性工程。这里所指的持续不断地销售的产品,就是用户认可的既价格便宜、又可靠性好的汽车产品。因此,汽车企业必须十分清楚地认识到产品可靠性工程是企业开拓市场和占领市场的重要法宝。

2. 可靠性工程与用户满意

市场经济是以用户需求为导向的经济,只有赢得用户才能占领市场,用户满意才是产品的最终标准。用户满意往往来源于对产品适用性的主观评价,汽车产品只有按用户愿望把用户关注的产品适用性要求转化为产品可靠性要求,才能赢得用户满意。汽车产品可靠性工程包括可靠性技术与可靠性管理,可靠性工程与质量管理的指导思想都是强调预防为主、事先控制。但可靠性工程的工作重点放在设计阶段,注重设计质量;而质量管理则是强调全过程管理和全面控制。可靠性工程与质量管理都强调"一切用数据说话"的信息收集,但可靠性工程更强调产品使用后故障缺陷模式的失效分析,以及从分析入手的科学设计。因此,汽车企业在进行产品开发时,就应引入可靠性工程,并根据国内产品使用环境进行故障缺陷模式的失效分析,并通过分析将所确定的各项质量改进措施落实到产品设计过程中,这样才能确保赢得用户满意。

3. 可靠性工程与产品成本

顾客需求的产品价格实质上是在产品质量保证的前提下,同等产品质量水平的可比价格。价格竞争是指通过运用比竞争对手更有效的价格方式进行设计、生产和销售同等产品而进行的竞争,其核心就是成本优势。汽车企业应充分认识到,为满足用户的适用性要求,产品可靠性工程与产品成本必然是一个对立的统一体,当年日本丰田汽车就是靠价格竞争策略占领美国市场。但是,如果有些汽车企业在进行产品设计中没有正确学习日本丰田的成功经验,而是简单地学习它降低成本的思路,这样就会造成这些企业开发的新产品的可靠性先天不足,必然会使顾客在今后的使用过程中后患无穷。因此,汽车企业在产品研制过程中,首先就应学习国外汽车企业的"以高投入换取高技术,用高技术确保产品可靠性"的设计理念,其次应在吸收国外先进技术的基础上,从国情出发,针对引进产品有些零部件不适应国内道路使用状况的致命弱点,在正确处理可靠性工程与产品成本的关系基础上尽快进行产品的设计改进。

第四节 可靠性的研究内容

可靠性研究在其发展过程中已逐渐形成如下几个方面的研究内容。

1. 可靠性工程

可靠性工程是一门以概率论、统计学为基础,与系统工程、环境工程、价值工程、运筹学、工程心理学、物理学、化学、质量控制技术、生产管理技术及计算机等学科密切相关的综合性学科。主要研究产品在开发、规划、设计、制造、管理与使用整个寿命过程中的可靠性问题,包括:可靠性设计;系统可靠性设计;系统可靠性分析;可靠性试验;制造和使用过程中的可靠性技术与可靠性管理,以及可靠性标准的建立等内容。

2. 故障物理学

研究产品失效的机理、失效的规律、防止措施以及材料性能的物理化学变化过程。

3. 可靠性数学

重点研究产品可靠性的定量规律,对可靠性研究的思想、数学模型及数学方法等进行综合研究。它是以概率论和数理统计为基础发展起来的一门数学分支。

汽车产品的可靠性研究不完全等同于其他产品的可靠性研究。汽车产品的可靠性有其本身的特点。

(1)不能要求太高的固有可靠度。汽车零件的生产批量大,精度要求不是很高,不像飞机及航天设备那样,有可能因一点"小故障"而带来毁灭性灾难,所造成的损失将相当惨重。因此汽车产品不必片面追求太高的固有可靠度,但汽车的保安系统则是需要较高的安全可靠度的。

(2)汽车产品是可维修产品。汽车产品与电子产品不同,它是可维修的产品。对于可维修产品,除了狭义的可靠性要求之外,还包含可维修性的内容。为了使汽车保持较高的正常状态,一方面要少出故障,使平均无故障工作时间增长;另一方面使平均维修时间尽量缩短。

(3)汽车系统以串联为主。汽车系统多半是串并联或并串联组合,且以串联为主(即系统中有一个零件损坏,系统就不能工作)。

复习思考题

1. 为什么说可靠性是产品质量的核心？
2. 为什么说可靠性学科的发展史是一部“教训史”？
3. 可靠性与质量管理有何联系？
4. 可靠性研究的主要内容有哪些？
5. 汽车产品的可靠性有什么特点？

第二章　可靠性基本概念及其主要数量指标

教学提示：汽车产品的可靠性可以从定性和定量两个方面来分析。从可靠性定义出发，阐述可靠性的5个要素，即：产品、规定的条件、规定的时间、规定的功能、能力，反映其定性特性；可靠性的定量分析是用具体的数量指标来度量的，有概率指标和寿命指标。可靠性与维修性既有联系又有区别。产品失效存在一定的规律。

教学目标：要求学生能准确理解可靠性定义；掌握可靠性的概率指标和寿命指标，如可靠度、失效概率、失效率、平均寿命等；认识产品失效的一般规律。

第一节　可靠性的定义

可靠性的定义：产品在规定的条件下和规定的时间内，完成规定功能的能力。

这里的"产品"是指作为单独研究和分别试验对象的任何一个零件、或由许多零件组成的机械、设备和系统，还可以表示产品的总体、样品等。产品的使用寿命都是有限的，有些产品在使用中会发生故障，发生故障后，可以修复的产品称为可修复产品；不能或不值得修复的产品称为不可修复的产品。如一部电视机可以发生故障多次，修复多次，因而电视机是可修复产品。汽车上的大部分零件是可修复产品。导弹、火箭、汽车上的灯泡是不可修复产品。有的修复费用比产品成本高得多，不值得修复，同样是不可修复产品。一般将不可修复产品的可靠性叫做狭义可靠性，将可修复产品的可靠性叫做广义可靠性。

由定义可看出产品的可靠性是与"规定的条件"、"规定的时间"、"规定的功能"三者密切相关的。离开这三者，讨论可靠性是没有意义的。

"规定的条件"包括使用时的应力条件、维修方法、对操作人员的技术要求、储存时的储存条件等。这里的"应力"是指对产品的功能有影响的各种外部因素，如环境温度、湿度、辐射、振动、冲击、电流及电压大小等。在不同的规定条件下产品的可靠性是不同的。

产品的可靠性将随着时间的增长而下降，不同的规定时间，将有不同程度的可靠性。一般来说，产品使用时间越长，故障越多，当然并不是所有的产品都必须有较长的使用时间，有的只要求在较短时间内完成一次性动作就行，这里所说的时间是广义的。可以是次数、周期、距离等。

"规定的功能"是指产品应具有的技术经济指标，也就是产品的失效标准。产品往往有多项技术经济指标，即有多种规定的功能，当产品丧失规定功能的状态(不论是否可修复)统称为"失效"，对可修复产品来说，可以称为故障，也可以称为失效。失效在某种意义上来说，有一定的相对性。所以，事先要对规定的功能有清晰的概念，才能准确地把握失效标准。

"能力"则是定量的刻画产品可靠性的程度。"能力"具有统计学的意义，是比较同类产品可靠性或提高产品可靠性的依据。“能力”有具体的内容，通常为度量产品可靠性的指标。

第二节　可靠性和维修性

产品的可靠性包括固有可靠性、使用可靠性和环境适应性。

固有可靠性是指产品从设计到制造整个过程所确定了的内在可靠性，是产品的固有属性。它主要取决于设计技术、制造技术、零部件材料和结构等。

使用可靠性是指使用、维修对产品可靠性的影响。包括使用维修方法、操作人员技术水平等可靠性的影响。

环境适应性是指产品所处的环境条件对可靠性的影响。环境因素很复杂，有气候环境、机械环境、化学环境、生物环境及储存、运输环境等。

维修性是对可修复产品而言的。它的定义指标是：在规定条件下使用的产品，在规定时间内，按规定的程序和方法进行维修时，保持或恢复到完成功能的能力，即为了保持产品的可靠性而采取的措施。这个措施就是实际的维修工作，包括检查、修理、调整和更换零部件等，直至重新恢复产品的功能为止。

可靠性与经济性有关，这里主要指研制产品的投资费用。可靠性越高，相应的投资费用越高。维修性也与经济性有关，这里主要指停工损失和修理费用。可靠性越高，产品出现故障的次数越少，维修费用和停工损失越少。图 2-1 描述了可靠度与成本的关系。

图 2-1 中横坐标的可靠度为包括维修性在内的广义可靠性。曲线 1 为研制投资费用；曲线 2 为使用费用，包括使用和维修费用及因偶然事故而造成的停工损失；曲线 3 为曲线 1 和曲线 2 之和，为总成本。由图 2-1 可见，若追求高可靠性，则购买费用（投资费用）较高；若可靠性较低，其使用费用却较高；两者的总成本都是偏高的。总成本曲线是可靠性的凸函数。在某一可靠性数值下，存在着总成本的一极小值，这是价值上的最佳点。也就是说，在考虑设备的投资费用时，同时应考虑设备的维护修理费用。

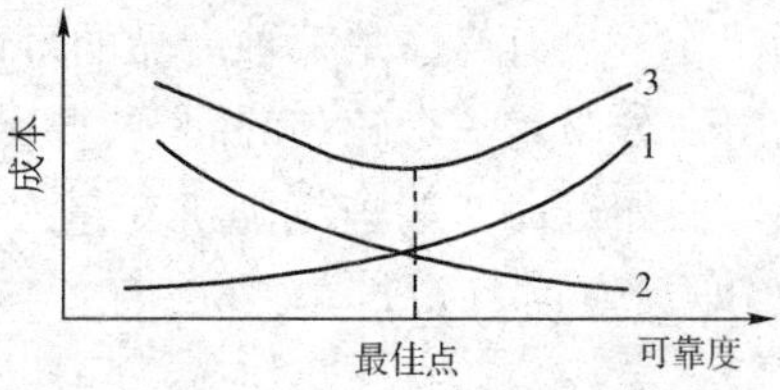

图 2-1　可靠度与成本关系曲线

1-研制投资费用；2-使用维修费用；3-总成本

第三节　可靠性的概率指标及其函数

产品的可靠性是用具体的数量指标来度量的。可靠性数量指标可以分为两类：概率指标和寿命指标。本节仅介绍概率指标及其函数。

一、可靠度 $R(t)$

可靠度的定义：产品在规定的条件下和在规定的时间内，完成规定的功能的概率。它是规定时间 t 的函数，记作 $R(t)$。可靠度又称为可靠度函数，用概率的方式来表示：

$$R(t) = P(T > t) \tag{2-1}$$

其中 T 为产品的寿命，即产品从开始工作到首次失效前的一段时间。由于产品发生失效是随机的，所以寿命 T 是一个随机变量，可靠度 $R(t)$ 就是产品的寿命（或失效时间）至少比规定的时间 t 长的概率。若给定时间 t，又知道产品寿命的分布规律（概率分布），就可以算得 $R(t)$ 的数值。

可靠度函数在可靠性研究中，是一个很重要的特征量。通过这个量，可以估计出产品在时间 t 以前能正常工作的可能性有多大。产品在开始被使用时，都是好的，$R(0)=1$；随着使用时间的增加，产品寿命 T 比规定时间 t 长的可能性减小。在 $(0,\infty)$ 区间内，$R(t)$ 是 t 的非增函数，如图 2-2 所示。$R(t)$ 的取值范围为：$0 \leqslant R(t) \leqslant 1$。

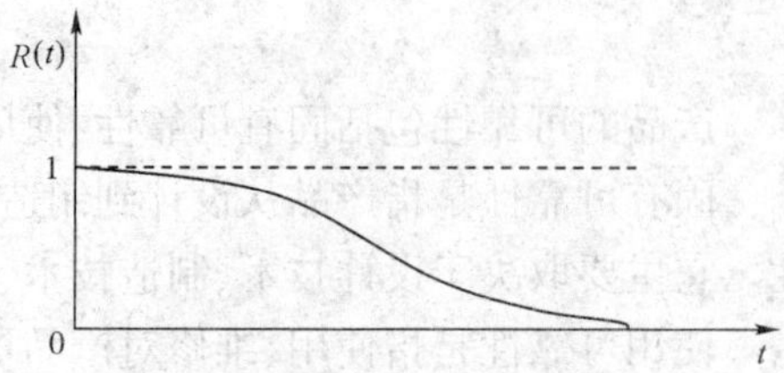

图 2-2　可靠度函数分布曲线

二、失效概率 $F(t)$

产品在规定的条件下和规定的时间内，不能完成规定功能的概率称为失效概率。它也是规定时间 t 的函数，记作 $F(t)$。失效概率又可称为不可靠度，或失效概率函数，用概率方式表示：

$$F(t) = P(T \leqslant t) \tag{2-2}$$

失效概率 $F(t)$ 就是产品的寿命 T 不超过给定时间 t 的概率，即产品在时间 t 以前发生失效的概率。$F(t)$ 有时简称"失效分布"或"寿命分布"。

一般来说，确定产品的寿命分布是可靠性研究和处理可靠性问题时的一项基础且重要的工作。只有弄清楚某种产品的寿命属于何种分布，才能采用相应的处理办法。弄清产品的寿命分布是一个较难的问题，要做大量的试验，来确定该产品的统计规律。

假如寿命 T 为连续随机变量，$F(t)$ 是随机变量 T 的分布函数，且 T 的取值总是非负实数，即 $t<0$ 时，$F(t)=0$，那么有：

$$F(t) = \int_0^t f(t)\,\mathrm{d}t \tag{2-3}$$

其中函数 $f(t)$ 为失效概率密度函数，简称失效密度。产品未使用时，失效为零，即 $F(0)=0$；产品使用时间无限长时，将全部失效，即 $F(\infty)=1$。在 $t \geqslant 0$ 的区间内，$F(t)$ 是 t 的非减函数，如图 2-3 所示。$F(t)$ 的取值范围为：$0 \leqslant F(t) \leqslant 1$。

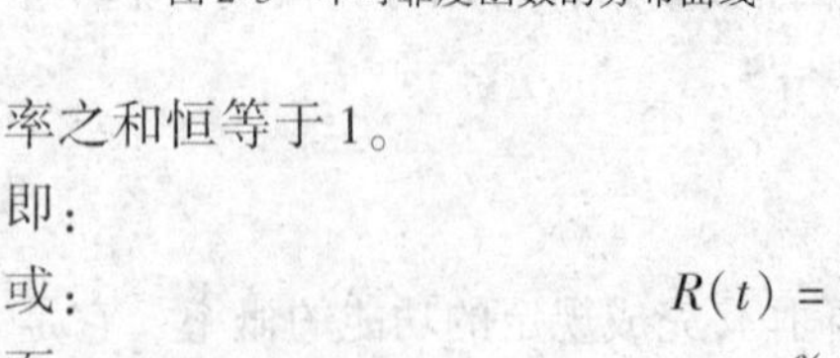

图 2-3　不可靠度函数的分布曲线

根据概率密度的性质，有：

$$f(t) = F'(t)$$

由于可靠度和失效概率为两个对立事件，其概率之和恒等于 1。

即：
$$R(t) + F(t) = 1 \tag{2-4}$$

或：
$$R(t) = 1 - F(t),\quad F(t) = 1 - R(t)$$

而：
$$f(t) = F'(t) = -R'(t)$$

可以得出 $f(t)$、$F(t)$、$R(t)$ 三者之间的关系，如图 2-4 所示。

在可靠性工程中，为估计产品的失效概率和可靠度，可通过大量的试验来确定，即用事件出现的频率来估计概率。假设在0时刻有 N 个产品,在规定的条件下开始工作,到 t 时刻有 $n(t)$ 件产品失效,仍在继续工作的产品有 $N-n(t)$ 件,则频率表示为:

$$\hat{F}(t) = \frac{n(t)}{N} \tag{2-5}$$

$$\hat{R}(t) = \frac{N-n(t)}{N} = 1 - F(t) \tag{2-6}$$

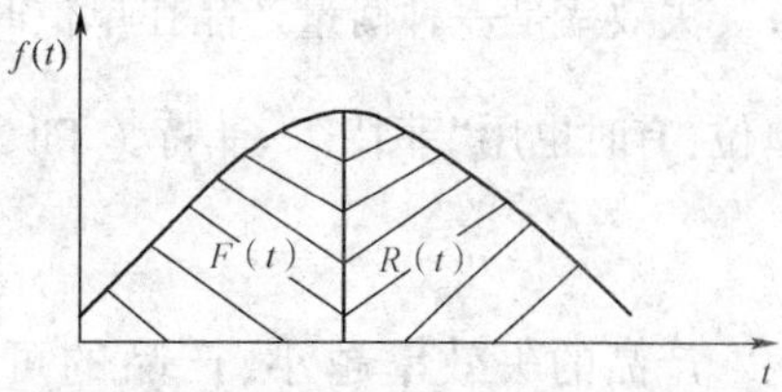

图2-4 可靠度 $R(t)$ 与不可靠度 $F(t)$ 之间的关系

用式(2-5)、式(2-6)来估计时刻 t 的失效概率和可靠度。

例2-1 有90个相同的汽车零件进行疲劳试验。从开始到试验400h内有80个失效。求该批零件工作到400h的可靠度。

解 由题意,$N=90$,$n(400)=80$

由 $\hat{R}(t)=\dfrac{N-n(t)}{N}$,得:

$$\hat{R}(400)=\frac{90-80}{90}=0.111\,1=11.11\%$$

三、失效率 $\boldsymbol{\lambda(t)}$

失效率(或故障率)的定义:产品工作到时刻 t 后,单位时间内发生失效的概率。失效率是时间 t 的函数,又称为失效率函数,记为 $\lambda(t)$。

根据定义,失效率是一条件概率。即当产品已工作到时间 t 后,在 $(t,t+\Delta t)$ 内发生故障的概率,表示为:

$$\begin{aligned}\lambda(t) &= \lim_{\Delta t\to 0}\frac{P\{t<T\leqslant t+\Delta t \mid T>t\}}{\Delta t}\\ &= \lim_{\Delta t\to 0}\frac{P\{(t<T\leqslant t+\Delta t)\cap(T>t)\}}{P\{T>t\}\cdot\Delta t}\end{aligned} \tag{2-7}$$

由于事件 $\{t<T\leqslant t+\Delta t\}$ 若发生,则事件 $\{T>t\}$ 一定能发生。故事件 $\{t<T\leqslant t+\Delta t\}$ 包含在事件 $\{T>t\}$ 内,所以有:

$$\begin{aligned}\lambda(t) &= \lim_{\Delta t\to 0}\frac{P\{(t<T\leqslant t+\Delta t)\cap(T>t)\}}{P\{T>t\}\cdot\Delta t} = \lim_{\Delta t\to 0}\frac{P\{(t<T\leqslant t+\Delta t)\}}{P\{T>t\}\cdot\Delta t}\\ &= \lim_{\Delta t\to 0}\frac{F(t+\Delta t)-F(t)}{R(t)\cdot\Delta t} = \lim_{\Delta t\to 0}\frac{F(t+\Delta t)-F(t)}{\Delta t}\cdot\frac{1}{R(t)}\\ &= \frac{F'(t)}{R(t)} = -\frac{R'(t)}{R(t)}\end{aligned} \tag{2-8}$$

这些都是失效率的数学表达式。

在实际工程计算中,可用产品工作到时刻 t 后,每单位时间内发生的失效频率来估计在时刻 t 的失效率 $\lambda(t)$。

$$\hat{\lambda}(t)=\frac{\dfrac{\Delta n(t)}{N-n(t)}}{\Delta t}=\frac{\Delta n(t)}{[N-n(t)]\cdot\Delta t} \tag{2-9}$$

式中:$\Delta n(t)$——在时间间隔 $(t,t+\Delta t)$ 内失效的产品数;

$n(t)$——N 个产品工作到 t 时刻的失效数。

失效率是一种衡量产品在单位时间内失效次数的数量指标,单位时间常以$\frac{1}{\text{h}}$,或$\frac{\%}{10^3\text{h}}$为单位,有时也用"菲特"。菲特(Fit)的定义为:

$$1\text{ 菲特} = \frac{10^{-9}}{\text{h}}$$

产品的失效率越小,产品的可靠性就越高。产品的失效率是产品可靠性的重要指标。

例 2-2 设有100个零件,工作5年失效4件,工作6年失效7件。时间单位取为年,求$t=5$时的失效率。时间单位也可取为10^3h。

解: 由$\hat{\lambda}(t) = \frac{\Delta n(t)}{[N - n(t)] \cdot \Delta t}$,得:

$$\hat{\lambda}(5) = \frac{7-4}{(100-4)\times 1} = 0.031\,2/\text{年} = 3.12\%/\text{年}$$

$$\hat{\lambda}(5) = \frac{3}{(100-4)\times 8.76} = 0.36\%/10^3\text{h} = 3.6/10^6\text{h}$$

注:$\Delta t = 1$ 年 $= 8.76\times 10^3$ h。

四、失效率与可靠度、失效密度函数的关系

前面已经推导出失效率的数学表达式:

$$\lambda(t) = \frac{F'(t)}{R(t)}$$

进一步可推得:

$$\lambda(t) = \frac{f(t)}{R(t)} \tag{2-10}$$

上式就是失效率、可靠度、失效密度函数三者间的关系。若已知其中之一,便可求得另外两个量。假如$\lambda(t)$已知时,可以求得可靠度函数或失效概率函数。

由式:

$$\lambda(t) = -\frac{R'(t)}{R(t)}$$

将该式从0到t进行积分,则得:

$$\int_0^t \lambda(t)\,\text{d}t = [\ln R(t)]_0^t$$

当$t=0$时,$R(t)=1$;当$t=t$时为$R(t)$,有:

$$\ln R(t) = -\int_0^t \lambda(t)\,\text{d}t$$

$$R(t) = \exp[-\int_0^t \lambda(t)\,\text{d}t] \tag{2-11}$$

式(2-11)是可靠度函数的一般表达式。

由可靠度函数与失效概率函数的关系,又可得到失效概率函数的一般表达式:

$$F(t) = 1 - R(t) = 1 - \exp[-\int_0^t \lambda(t)\,\text{d}t] \tag{2-12}$$

同理可得:

$$f(t) = F'(t) = \lambda(t)\exp[-\int_0^t \lambda(t)\,\text{d}t] \tag{2-13}$$

以上这些表达式都是很重要的,它们都能从不同的侧面描述产品寿命取值的统计规律。它们既有联系,又有区别。

失效概率 $F(t)$ 与失效率 $\lambda(t)$ 是不同的,$F(t)$ 是累计失效函数。它表示在时刻 t,产品累计故障数占产品总数的比例。而 $\lambda(t)$ 是产品已工作到时刻 t 的条件下,失效概率的变化率,这一点可以从式(2-8)反映出来。

失效概率密度 $f(t)$ 与失效率 $\lambda(t)$ 也是不同的。$\lambda(t)$ 表示的是某时刻 t 以后,单位时间内产品失效数与 t 时刻残存产品数(仍在工作的产品数)之比,是该时刻后单位时间内产品失效的概率。而 $f(t)$ 表示在时刻 t 后,单位时间内产品的失效数与总产品数之比。可见,$f(t)$ 与 $\lambda(t)$ 都能反映产品失效的变化速度,但 $f(t)$ 不够灵敏。

例 2-3 当 $t=0$ 时,有 $N=100$ 个产品开始工作。当 $t=100\text{h}$ 前已有 2 个产品失效,而在 100 ~ 105h 内又失效 1 个;待到 $t=1\,000\ \text{h}$ 前已有 51 个失效,而在 1 000 ~ 1 005h 内失效 1 个。求 $t=100\text{h}$、$t=1\,000\ \text{h}$ 的失效率和失效概率密度函数值。

解: 已知 $N=100$, $\Delta t=5$

由公式 $\hat{\lambda}(t)=\dfrac{\Delta n(t)}{[N-n(t)]\cdot\Delta t}$, $\hat{f}(t)=\dfrac{\Delta n}{N\cdot\Delta t}$

有: $t=100$ 时 $\hat{\lambda}(100)=\dfrac{1}{5\times(100-2)}=2.04\times10^{-3}(1/\text{h})$

$$\hat{f}(100)=\frac{1}{5\times100}=2\times10^{-3}(1/\text{h})$$

$t=1\,000$ 时 $\hat{\lambda}(1\,000)=\dfrac{1}{5\times(100-51)}=4.08\times10^{-3}(1/\text{h})$

$$\hat{f}(1\,000)=\frac{1}{5\times100}=2\times10^{-3}(1/\text{h})$$

五、产品的失效规律和类型

人们在对产品进行大量试验和使用后,发现一般产品的失效率 $\lambda(t)$ 随时间的变化如图 2-5所示。由于曲线形状有些像浴盆,所以又叫浴盆曲线,它反映了产品的失效规律。

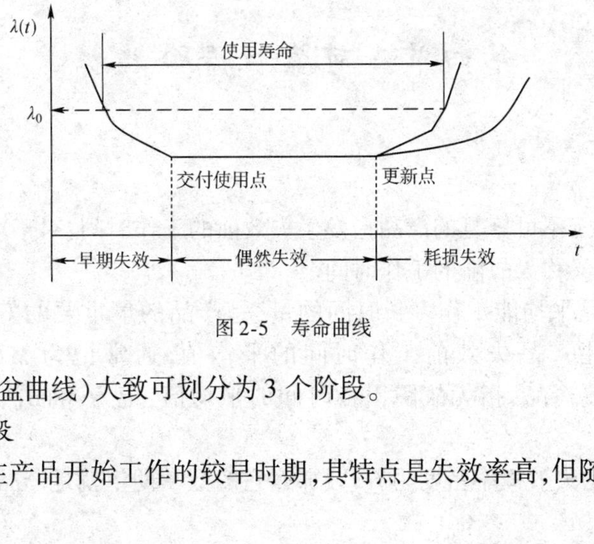

图 2-5 寿命曲线

失效率曲线(浴盆曲线)大致可划分为 3 个阶段。

1. 早期失效阶段

早期失效出现在产品开始工作的较早时期,其特点是失效率高,但随着产品工作时间的增加,失效率迅速降低。这一阶段产品失效的原因主要是由于设计和制造工艺的缺陷,以及原材料有缺陷、检验不严、装配调整不当等造成的。如果加强对原材料和工艺的检验,加强质量管理,就可以减少早期失效的产品。

产品从早期失效阶段到下一个失效阶段的交点所对应的时间称为交付使用点。为了使产品达到交付使用点,一般来说,产品经过试车走合(磨合)阶段。如发动机发送到总装厂之前,要进行20min的磨合,暴露不可靠产品、消除故障隐患,使出厂的发动机有较低的失效率。新装配的汽车要进行必要的调整和路试,也是为了消除早期故障。汽车真正达到交付使用点,是经过1 000km轻载磨合后,才进入下一个失效阶段。

2. 偶然失效阶段

在早期失效阶段之后,产品便进入偶然失效阶段。这一阶段的特点是失效率较低且稳定,可以看作常数。在这一阶段,产品的失效率是偶然的。其失效的原因是产品在使用过程中,由于应力条件突然变化,促使产品偶然失效。一般来说,产品在此阶段处于最佳状态时期,工作正常,故障少。这个阶段的长短程度,决定了产品的有效寿命。因此,要做好产品的维护工作,使这一阶段尽量延长。

当规定了产品失效率 λ_0 时,产品所处区域的失效率低于 λ_0 的工作时间,称为使用寿命。

3. 耗损失效阶段

这一阶段的特点是失效率随着时间的延长而迅速上升。在这一阶段,大部分产品都开始失效。耗损失效主要是由于材料的老化、疲劳、机械过度磨损等因素引起失效率增高。

从偶然失效阶段到耗损阶段的交界点,称为更新点。如果事先预计到耗损开始的时间,并在这个时期稍前一点时间将耗损件提前更换,就可以降低失效率,延长可修复产品的使用寿命。当然,如果更换或修复的费用较高,且失效率并没有明显的降低,倒不如将该产品报废更为合适。

值得指出的是,不是所有产品都具有这3个失效阶段,质量低劣的产品在早期失效期后就有可能立即进入耗损失效期。

根据失效率的3个阶段,可将失效率函数分为3种类型:早期失效型、偶然失效型和耗损失效型。

第四节　可靠性寿命指标

一、平均寿命

寿命的定义:对于不可修复的产品指发生失效前的工作时间;对于可修复产品指相邻两故障间的工作时间,又称无故障的工作时间。

平均寿命是产品平均能工作多长时间的量,是产品的最重要的寿命特征之一。对于不可修复的产品,指产品失效前工作时间的平均值,通常记为MTTF(Mean Time To Failure);对于可修复产品,指无故障工作时间的平均值,记为MTBF(Mean Time Between Failures)。

设产品寿命 T 的失效概率密度为 $f(t)$,那么它的数学期望就是产品的平均寿命 t_m。

$$t_m = E(T) = \int_0^{\infty} tf(t)\,\mathrm{d}t$$

又：
$$f(t) = -\frac{\mathrm{d}R(t)}{\mathrm{d}t}$$

则：
$$t_m = \int_0^{\infty} tf(t)\,\mathrm{d}t = \int_0^{\infty} t\left[-\frac{\mathrm{d}R(t)}{\mathrm{d}t}\right]\mathrm{d}t = -[tR(t)]\Big|_0^{\infty} + \int_0^{\infty} R(t)\,\mathrm{d}t = \int_0^{\infty} R(t)\,\mathrm{d}t$$

当产品的失效分布已知时,对可靠度函数积分,就可以求得产品的平均寿命。当失效分布未知时,一般是通过寿命试验,用获得的一些数据来估计产品的平均寿命,也就是用样本的算数平均值估计总体的数学期望。于是,有下列表达式。

对于不可修复的产品,平均寿命估计值为:

$$\hat{t}_m = \mathrm{MTTF} = \frac{1}{N_0}\sum_{i=1}^{N_0} t_i \tag{2-14}$$

式中:N_0——被测试产品总数;

t_i——第 i 个产品失效前的工作时间。

对于可修复的产品,平均寿命估计值为:

$$\hat{t}_m = \mathrm{MTBF} = \frac{1}{\sum_{i=1}^{N_0} N_i}\sum_{i=1}^{N_0}\sum_{j=1}^{N_i} t_{ij} \tag{2-15}$$

式中:N_0——被测试产品总数;

N_i——第 i 个产品的故障数;

t_{ij}——第 i 个产品从 $j-1$ 次故障数到 j 次故障的工作时间。

这里还规定两种修复状态:

(1)基本修复:指产品刚修复后的失效率和修复前的失效率是相同的。

例如:某产品的 $\lambda(t)$ 曲线如图 2-6 所示,在 t_1 时刻产品发生故障,这时对应的失效率为 λ_1,修复后,产品的失效率仍为 λ_1。

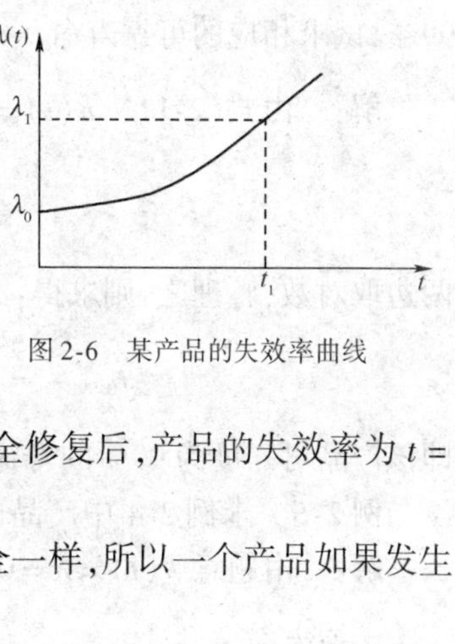

图 2-6　某产品的失效率曲线

(2)完全修复:指修复后的产品和崭新的产品没有任何区别。

仍以图 2-6 为例,在 t_1 时刻失效率 λ_1,此时发生故障,完全修复后,产品的失效率为 $t=0$ 所对应的失效率为 λ_0。

对于完全修复的产品,因修复后的状态和崭新的产品完全一样,所以一个产品如果发生了 N_0 次故障,就相当于 N_0 个新产品工作到失效,此时有:

$$\mathrm{MTBF} = \mathrm{MTTE} = \int_0^{\infty} R(t)\,\mathrm{d}t \tag{2-16}$$

注意:用算数平均值去估计平均寿命,只适合于完全寿命试验的情况。所谓完全寿命试验,是指样本中的所有个体都发生故障为止,对于那些不等试验全部做完,而只是部分样品失效的所谓截尾寿命试验,就需要用另外的估计公式来估计平均寿命。

二、可靠寿命 t_r、中位寿命 $t_{0.5}$、特征寿命 $t_{e^{-1}}$

可靠寿命的定义：设产品的可靠度函数为 $R(t)$，使可靠度等于给定值 r 的时间 t_r 称为可靠寿命。其中 r 称为可靠水平。

由于 $R(t)=P(T>t)$，当给定可靠度 r，其对应的时间为 t_r，则满足 $R(t_r)=r$，解出 t_r，得 $t_r=R^{-1}(r)$，$R^{-1}(r)$ 为 $R(t_r)$ 的反函数，如图 2-7 所示。

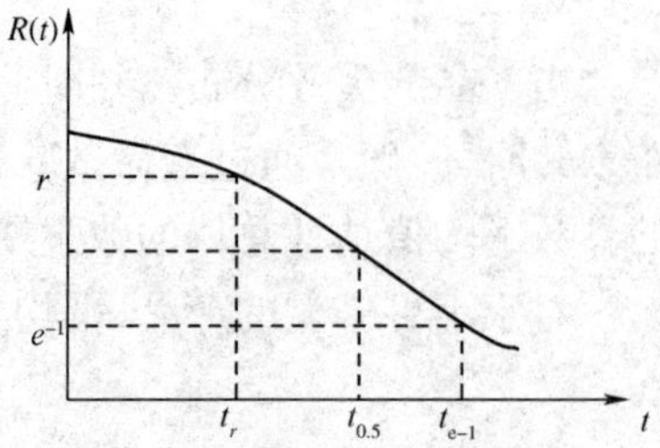

图 2-7　可靠寿命、中位寿命、特征寿命

通常预先给定 $R=0.9$、0.95、0.99，进而确定产品的 $t_{0.9}$、$t_{0.95}$ 或 $t_{0.99}$ 等。只要规定使用的时间小于 t_r，那么这个产品的可靠度就不会低于 r。

当 $r=0.5$ 时，相应的可靠寿命 $t_{0.5}$ 称为中位寿命。这意味着产品工作到中位寿命 $t_{0.5}$，约有一半的产品失效，此时：

$$\int_0^{0.5} R(t)\,\mathrm{d}t = \int_{0.5}^{\infty} R(t)\,\mathrm{d}t = 0.5$$

当 $r=e^{-1}$ 时，相应的可靠寿命 $t_{e^{-1}}$ 称为特征寿命。产品工作到特征寿命 $t_{e^{-1}}$，约有 63.2% 的产品失效。

对于可靠度有一定要求的产品，工作到可靠寿命 t_r 就要替换，否则就不能保证其可靠度。

例 2-4　某产品的失效率为常数，$\lambda(t)=\lambda=0.2\times10^{-4}$ (1/h)。若要求可靠度 $R=99\%$，试求相应的可靠寿命。

解：　由式(2-11)，$R(t)=\exp\left[-\int_0^t \lambda(t)\,\mathrm{d}t\right]=e^{-\lambda t}$，则得：

$$R(t_R)=\exp(-\lambda t_R)$$

两边取对数，整理之，则求得：

$$t_R=t_{0.99}=-\frac{\ln R(t_R)}{\lambda}=-\frac{\ln R}{\lambda}=-\frac{\ln(0.99)}{0.2\times10^{-4}}=502.5\ (\mathrm{h})$$

即该产品可靠度为 99% 的寿命为 502.5h。

例 2-5　求例 2-4 中产品的中位寿命和特征寿命。

解：　由题意 $\lambda(t)=\lambda=0.2\times10^{-4}$ (1/h)，故：

中位寿命
$$t_{0.5}=-\frac{\ln(0.5)}{0.2\times10^{-4}}=34\ 657\ (\mathrm{h})$$

特征寿命
$$t_{e^{-1}}=-\frac{\ln(e^{-1})}{0.2\times10^{-4}}=50\ 000\ (\mathrm{h})$$

例 2-6　某部件的失效率为 0.1×10^{-3} (1/h)，求可靠度为 0.90 和 0.95 时的工作寿命（该部件失效寿命呈指数分布）。工作寿命为 1600h 的可靠度为多少？

解：　由 $R(t)=e^{-\lambda t}$，有　$t_R=-\dfrac{1}{\lambda}\ln R(t)$，则：

当 $R = 0.90$ 时，$t_{0.9} = \frac{-1}{0.1 \times 10^{-3}} \ln 0.9 = 1\,053.6$ (h)；

当 $R = 0.95$ 时，$t_{0.95} = 512.9$ (h)

$R(1\,600) = e^{-0.1 \times 10^{-3} \times 1600} = 0.852$

第五节 维修性及其主要数量指标

维修性本来是可靠性理论中的一个概念。由于其重要性日益显著，因而维修工程逐渐发展成一门与可靠性工程有区别的学科。但维修性与可靠性有紧密联系，故作一简单介绍。

对于可修复产品，为了保持或恢复产品能完成规定功能的能力而采取的技术管理措施称为维修。

维修性的定义：在规定条件下使用的产品，在规定的时间内，按规定的程序和方法进行维修时，保持或恢复到完成规定功能的能力。

维修性的主要数量指标如下。

一、维修度 $M(t)$

定义：在规定条件下使用的产品，在规定的时间内，按照规定的程序和方法进行维修时，保持或恢复到完成规定功能状态的概率，记为 $M(t)$。

维修度 $M(t)$ 具有分布函数的特点，和 $F(t)$ 累计失效分布函数相似。

要使得产品具有较高的维修度，必须考虑下面 3 个因素：

(1) 产品设计时，要使产品发生故障后容易被发现或检查到故障，而且容易修理。

(2) 修理人员要有熟练的技术。

(3) 供修理使用的设备和系统，包括条件、维修工具、工具管理要良好。

二、平均修复时间 MTTR

平均修复时间 MTTR(Mean Time To Repair) 是修复时间的平均值。对一台设备而言，因故障修了 n 次，每次修理时间为 Δt_i，则其平均修复时间为：

$$\mathrm{MTTR} = \frac{1}{n} \sum_{i=1}^{n} \Delta t_i \tag{2-17}$$

三、有效度 A

对于可修复产品除了可靠度外，还必须考虑维修度。那么，有效度就是综合了可靠度和维修度的可靠性数量指标。

有效度也是时间的函数，对于某给定的时刻，产品正常工作的概率实际上是瞬时有效度。瞬时有效度定义为：产品在某时刻具有或维持其规定功能的概率。

实际中用到的是产品长时间使用中的有效度，也就是稳态有效度。稳态有效度是当时间趋于无限时，瞬时有效度的极限值，表示为 $A(\infty)$，一般简写为 A：

$$A = \frac{\text{能工作时间}}{\text{能工作时间} + \text{不能工作时间}} \tag{2-18}$$

式中：不能工作时间——包括一切维修时间和停机时间。

复习思考题

1. 可靠性定义强调哪5个要素？

2. 可靠性与经济性有什么关系？

3. 产品的失效呈现什么样的规律？

4. 可靠度、失效概率和失效率之间存在怎样的关系？

5. 可靠度和维修度有什么区别？

6. 已知某总成的失效率 $\lambda = 5 \times 10^{-4}(1/h)$，试求其使用100h、1 000h后的可靠度。

7. 从某批汽车轮胎试验数据可知：50个轮胎工作到 4×10^4km时，发生故障数12个；工作到 5×10^4km时，发生故障数20个。试计算汽车轮胎在 4×10^4km时的失效率。

第三章　可靠性常用分布函数

教学提示： 汽车产品的可靠性有其自身规律，如果能得到产品的失效分布，可靠性指标便容易求得。可靠性常用的分布有指数分布、正态分布、对数正态分布和威布尔分布。掌握这些分布的特性以及特征值的获取，对分析和解决可靠性问题具有较大帮助。

教学目标： 要求学生了解二项分布、泊松分布的含义；掌握指数分布、正态分布、对数正态分布和威布尔分布的特性以及特征值的获取；会应用威布尔概率纸估计威布尔分布的参数和数字特征值。

在可靠性研究中，要准确地给出寿命分布是不容易的，往往是通过统计推断得出可靠性的某些特征量。这些特征量大部分与具体的失效分布有密切的关系，可以根据失效机理和失效率函数形式导出其失效分布，所以研究失效分布函数具有重要的意义。

第一节　二 项 分 布

二项分布是离散型分布。二项分布必须满足的条件是：每次试验都是独立的，且每次试验只能出现两种结果或状态，要求母体很大。

若进行 n 次独立重复试验，设事件 A 表示成功，事件 B 表示失败，每次成功的概率为 p，有 K 次成功，每次失败的概率为 q，有 θ 次失败，以 X 表示 n 次试验中事件 B 发生的次数，则 X 是一个随机变量，它所有可能取的值为 0、1、2、…、n，且有：

$$P(X=\theta)=c_n^{\theta}p^{n-\theta}q^{\theta}\quad(\theta=0、1、2、\cdots、n)\tag{3-1}$$

这种分布称为随机变量 X 服从参数为 n、q 的二项分布。

由于 $p+q=1$，且式(3-1)正好是二项展开式的各项，所以有 $(p+q)^n$ 等于 1。因此，$(p+q)^n$ 的展开式也必须等于 1：

$$p^n+np^{n-1}q+\frac{n(n-1)}{2!}p^{n-2}q^2+\frac{n(n-1)(n-2)}{3!}p^{n-3}q^3+\cdots+q^n=1$$

二项分布可以用来计算冗余系统的可靠度，还可用于计算一次性使用装置或系统的可靠度估计。为了保证系统能正常工作，往往采用几个相同的单元并行工作，即为冗余单元。如汽车上采用双管路制动系统，便是冗余系统。计算冗余系统的可靠度，不仅依赖于各个单元的可靠度和冗余元件的数量，而且也依赖于系统成功所需元件的数量。如果要求系统中的全部元件工作正常时系统才工作正常，这时系统成功的概率为二项展开式的第一项 p^n。如果不发生失效或只有一个失效，系统便是成功的，这时系统成功的概率为前两项之和。一般来说，若允许 θ 个失效，则系统成功的概率为前 $\theta+1$ 项之和，即：

$$P(X \leqslant \theta) = \sum_{0}^{\theta} c_n^{\theta} p^{n-\theta} q^{\theta} \tag{3-2}$$

式中：
$$c_n^{\theta} = \frac{n!}{(n-\theta)!\ \theta!}$$

第二节 泊松分布

在可靠性研究中，泊松分布也是一个重要的分布。随机变量 X 服从参数为 n、q 的二项分布，则当 $n \to \infty$ 时，X 近似地服从泊松分布，此时 q 很小，$nq = \mu > 0$ 是常数，其近似等式为：

$$c_n^{\theta} p^{n-\theta} q^{\theta} \approx \frac{\mu^{\theta}}{\theta!} e^{-\mu}$$

当随机变量 X 所有可能取值为一切非负整数 0、1、…，而取各个值的概率为：

$$P(X = \theta) = \frac{\mu^{\theta} e^{-\mu}}{\theta!} \qquad (\theta = 0、1、2、\cdots) \tag{3-3}$$

则称 X 服从参数为 μ 的泊松分布。

根据概率定义的条件之一，有：

$$\sum_{\theta=0}^{\infty} P(X = \theta) = \sum_{\theta=0}^{\infty} \frac{\mu^{\theta}}{\theta!} e^{-\mu} = 1 \tag{3-4a}$$

相应地，随机变量 $X \leqslant \theta$ 的概率为：

$$P(X \leqslant \theta) = \sum_{0}^{\theta} \frac{\mu^{\theta}}{\theta!} e^{-\mu} \tag{3-4b}$$

泊松分布 $P(X \leqslant \theta) = P(\theta)$ 的计算可查泊松分布表。

在可靠性中，当元件或系统的失效率为常数时，若用 λt 代替 μ，这里 λ 为失效率，t 为时间。那么 λt 和前述的 np 一样，代表系统在 t 内的平均失效率。为了使系统失效率不变，必须使工作元件数不变。如有一个元件失效，必须修复，使它恢复到原来的状态，或者用相同的元件替换。这种工作方法称为后备冗余法，相应的系统称为后备冗余系统。

泊松分布可用来计算后备冗余系统的可靠度。将式(3-4a)中的 μ 改为 λt，则有：

$$e^{-\lambda t} + \lambda t e^{-\lambda t} + \frac{(\lambda t)^2}{2!} e^{-\lambda t} + \cdots = 1 \tag{3-5}$$

式(3-5)中，第一项代表没有元件失效的概率，第二项代表一个元件失效的概率，以此类推，展开式中项数是无限的。不过，一个系统中可以修复或替换的元件数量是有限的。所以，用展开式中的有限项数就可以确定系统成功的概率。

第三节 指数分布

在可靠性理论中，指数分布是最基本、最常用的分布。

第二章第三节中曾介绍过失效率的概念，当产品的失效率 $\lambda(t)$ 为常数，即：

$$\lambda(t) = \lambda \qquad (t > 0)$$

则其失效密度函数：

$$f(t) = \lambda(t) \exp\left[-\int_0^t \lambda(t)\,\mathrm{d}t\right] = \lambda e^{-\lambda t} \quad (t > 0) \tag{3-6}$$

相应的失效分布函数和可靠度函数为：

$$F(t)=1-e^{-\lambda t}$$

$$R(t)=e^{-\lambda t}$$

由以上表达式可知，当 $\lambda(t)=\lambda$ 常数时，产品的寿命分布是指数分布(或负指数分布)。

许多元件特别是电子元件，在工作时间内，可能由于偶然的原因而失效，这段时间里，没有一种元件或机构对失效起主导作用。产品失效率曲线的偶然失效阶段的失效率为常数，因而是服从指数分布的。

指数分布是单参数分布，即失效率一旦确定，可靠度函数 $R(t)$ 便完全确定了。只是可靠度曲线随 λ 值的不同，其下降速度有所不同，λ 值大，可靠度曲线下降急剧；反之，下降缓慢，如图 3-1 所示。

指数分布数字特征如下。

均值(平均寿命)：

$$t_m=E(T)=\int_0^{\infty}tf(t)\,\mathrm{d}t=\lambda\int_0^{\infty}te^{-\lambda t}\mathrm{d}t=\frac{1}{\lambda}\Gamma(2)=\frac{1}{\lambda} \tag{3-7}$$

寿命方差：

$$\sigma^2=D(T)=E(T^2)-E^2(T)=\frac{\Gamma(3)}{\lambda^2}-\frac{1}{\lambda^2}=\frac{1}{\lambda^2} \tag{3-8}$$

可靠寿命 $$t_R=\frac{1}{\lambda}\ln\frac{1}{R} \tag{3-9}$$

中位寿命：$$t_{0.5}=\frac{1}{\lambda}\ln 2 \tag{3-10}$$

特征寿命：$$t_{e^{-1}}=\frac{1}{\lambda} \tag{3-11}$$

从上述式子中可以看出，指数分布的平均寿命与失效率互为倒数，指数分布的特征寿命就是其平均寿命。

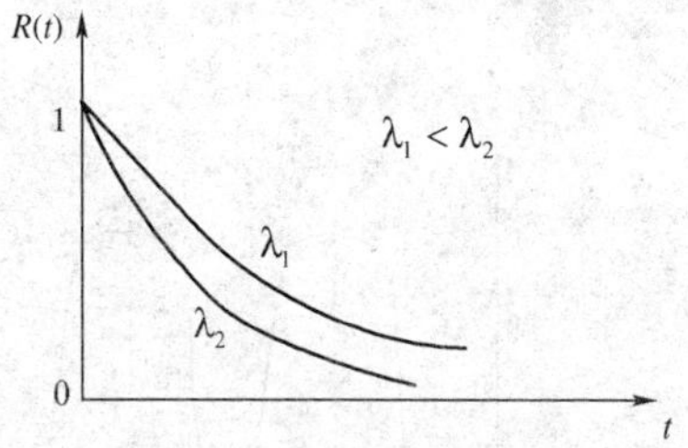

图 3-1　服从指数分布的可靠度函数曲线

指数分布的一个重要性质是“无记忆性”。就是说，如果产品的失效率为 λ，在某一间隔时间内的可靠度为 $e^{-\lambda t}$，若在本工作段结束时仍可工作，则在下一个间隔相同的时间段内可靠度仍为 $e^{-\lambda t}$，可靠度与工作过的时间长短无关，好像一个新产品开始工作一样。有人说，指数分布是“永远年青”的，就是这个道理。

例 3-1　设某元件在偶然失效阶段寿命服从指数分布($T\sim e(\lambda)$)，且已知数学期望为 10 000h。求：①寿命为 15 000h 的可靠度；②寿命为 9 000 ~ 11 000h 的概率。

解：　①由 $R(t)=e^{-\lambda t}$，有：

当 $t=15\,000$ 时，$R(15\,000)=e^{-\lambda 15\,000}$

$$\because\quad \lambda=\frac{1}{t_m}\quad\therefore\quad \lambda=\frac{1}{10^4}=10^{-4}\qquad R(15\,000)=e^{-1.5}=0.223$$

②$P(9\,000<T\leqslant 11\,000)=F(11\,000)-F(9\,000)$

$=[1-R(11\,000)]-[1-R(9\,000)]=R(9\,000)-R(11\,000)$

$=e^{-0.9}-e^{-1.1}=0.074$

第四节　正态分布

正态分布(或高斯分布)是数理统计理论中一个最基本的概率分布。正态分布的密度函数为：

$$f(t) = \frac{1}{\sqrt{2\pi}\sigma} e^{-\frac{(t-\mu)^2}{2\sigma^2}} \qquad (-\infty < t < +\infty) \tag{3-12}$$

式中：μ——均值，是位置参数；

σ——均方差，是尺度参数。

设随机变数 T 服从正态分布 $N(\mu,\sigma^2)$，它有如下性质。

(1)正态分布的密度函数 $f(t)$ 是一条关于 $t=\mu$ 对称的钟形曲线。在 $t=\mu$ 处，$f(t)$ 取得极大值 $\frac{1}{\sqrt{2\pi}\sigma}$；在 $t=\pm\infty$ 时，有 $f(t)\to 0$，t 轴是 $f(t)$ 的渐近线，如图 3-2 所示。

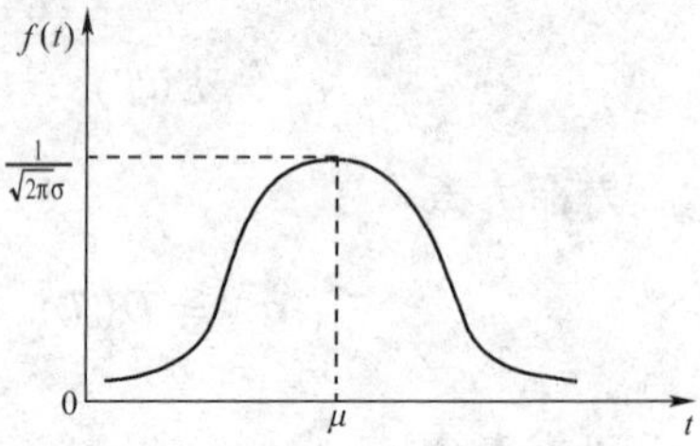

图 3-2　正态分布密度函数曲线

(2)正态分布是二参数分布，即 $f(t)$ 取决于数学期望 μ 和方差 σ^2。当 μ 和 σ 取不同值时，$f(t)$ 曲线是不一样的。μ 决定了分布的中心位置，σ^2 表示了分布的离散程度。当 σ 一定时，也就是曲线形状一定时，随着 μ 值的不同，形状一定的曲线沿 t 轴方向作平移，如图 3-3 所示。当 μ 一定时，也就是曲线分布中心一定，随着 σ 的取值不同，曲线形状亦不同。σ 取值越大，其离散程度越大，如图 3-4 所示。

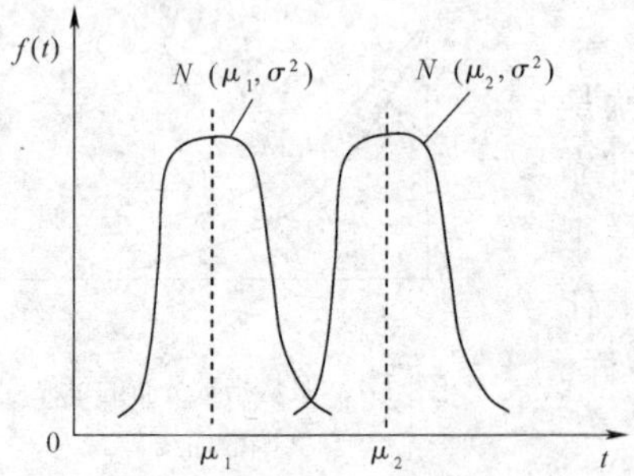

图 3-3　μ 值对 $f(t)$ 的影响

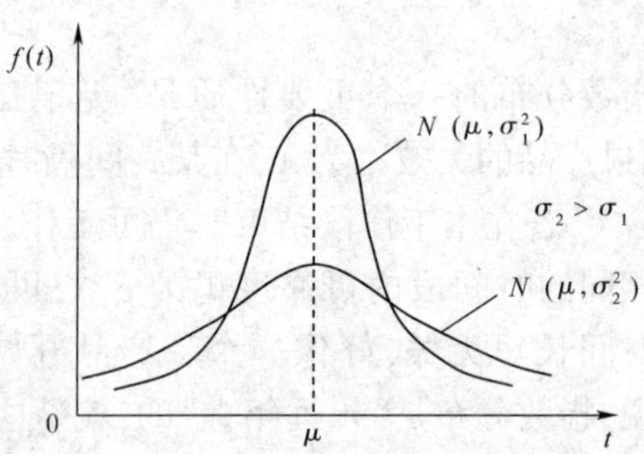

图 3-4　σ 对 $f(t)$ 的影响

(3)当 $\mu=0$，$\sigma=1$ 时的正态分布 $N(0,1)$ 称为标准正态分布，其密度函数为：

$$\varphi(t) = \frac{1}{\sqrt{2\pi}} \exp\left[-\frac{t^2}{2}\right] \qquad (-\infty < t < +\infty) \tag{3-13}$$

分布函数为：

$$\Phi(t) = \int_{-\infty}^{t} \varphi(t)\,dt = P(T \leqslant t) \tag{3-14}$$

对于一般的正态分布，可以通过变换 $z=\frac{t-\mu}{\sigma}$ 化为标准正态分布：

$$\varphi(z) = \frac{1}{\sqrt{2\pi}}\exp\left[-\frac{z^2}{2}\right] \quad (-\infty < z < +\infty) \tag{3-15}$$

$$\Phi(z) = \int_{-\infty}^{Z}\varphi(z)\,\mathrm{d}z \quad (-\infty < z < +\infty) \tag{3-16}$$

标准正态分布函数可查标准正态分布表。

若产品失效服从正态分布,其失效密度函数为:

$$f(t) = \frac{1}{\sqrt{2\pi}\sigma}\exp\left[-\frac{(t-\mu)^2}{2\sigma^2}\right] \quad (-\infty < t < +\infty) \tag{3-17}$$

失效分布函数为:

$$F(t) = \int_{-\infty}^{t}\frac{1}{\sqrt{2\pi}\sigma}\exp\left[-\frac{(t-\mu)^2}{2\sigma^2}\right]\mathrm{d}t \quad (-\infty < t < +\infty) \tag{3-18}$$

可靠度函数为:

$$R(t) = 1 - F(t) = \int_{t}^{\infty}\frac{1}{\sqrt{2\pi}\sigma}\exp\left[-\frac{(t-u)^2}{2\sigma^2}\right]\mathrm{d}t \quad (-\infty < t < +\infty) \tag{3-19}$$

失效率函数为:

$$\lambda(t) = \frac{f(t)}{R(t)} = \frac{\frac{1}{\sqrt{2\pi}\sigma}\exp\left[-\frac{(t-u)^2}{2\sigma^2}\right]}{\int_{t}^{\infty}\frac{1}{\sqrt{2\pi}\sigma}\exp\left[-\frac{(t-u)^2}{2\sigma^2}\right]\mathrm{d}t} \quad (-\infty < t < +\infty) \tag{3-20}$$

例 3-2 从一批弹簧中,取出 8 件在同一应力水平下进行疲劳试验。若已知失效时间服从正态分布,其均值为 $\mu = 302$ 千周,均方差 $\sigma = 68$ 千周。按要求寿命 t 大于 250 千周为合格,在 250 千周以下为不合格。求合格品的概率(百分数)。

解: 先求不合格品的概率 $P(t < 250)$

令:
$$z = \frac{t-\mu}{\sigma} = \frac{250-302}{68} = -0.765$$

则: $P(t<250) = P(z < -0.765) = 0.222\,1$ (查标准正态分布表)

得合格品的概率: $P(t \geqslant 250) = 1 - P(t<250) = 1 - 0.222\,1 = 0.777\,9 = 77.79\%$

第五节 对数正态分布

若 t 是一个随机变量,$x = \ln t$ 服从正态分布,则称 t 是一个服从对数正态分布的随机变量。其中,$t = e^x$,$x = \ln t$,即 $x \sim N(\mu, \sigma^2)$,则 $t \sim LN(\mu, \sigma^2)$。

对数正态分布的密度函数为:

$$f(t) = \frac{1}{\sqrt{2\pi}\sigma t}\exp\left[-\frac{1}{2\sigma^2}(\ln t - \mu)^2\right] \quad (t > 0, \sigma > 0, -\infty < \mu < +\infty) \tag{3-21}$$

累计分布函数为:

$$F(t) = \int_{0}^{t}\frac{1}{\sqrt{2\pi}\sigma t}\exp\left[-\frac{1}{2\sigma^2}(\ln t - \mu)^2\right]\mathrm{d}t \quad (t > 0, \sigma > 0, -\infty < \mu < +\infty) \tag{3-22}$$

如果 t 服从对数正态分布,则可靠度函数为:

$$R(t) = \frac{1}{\sqrt{2\pi}\sigma}\int_{t}^{+\infty} \frac{1}{t}\exp\left[-\frac{1}{2\sigma^2}(\ln t - \mu)^2\right]dt \tag{3-23}$$

对数正态分布的失效率函数为：

$$\lambda(t) = \frac{\frac{1}{t}\exp\left[-\frac{1}{2\sigma^2}(\ln t - \mu)^2\right]}{\int_{t}^{\infty} \frac{1}{x}\exp\left[-\frac{1}{2\sigma^2}(\ln x - \mu)^2\right]dx} \tag{3-24}$$

对数正态分布的两个参数 μ 和 σ，分别称为对数均值和对数标准离差。图 3-5 表示了对数均值 $\mu = 1$，对数标准离差 σ 取不同值时的失效率函数曲线。

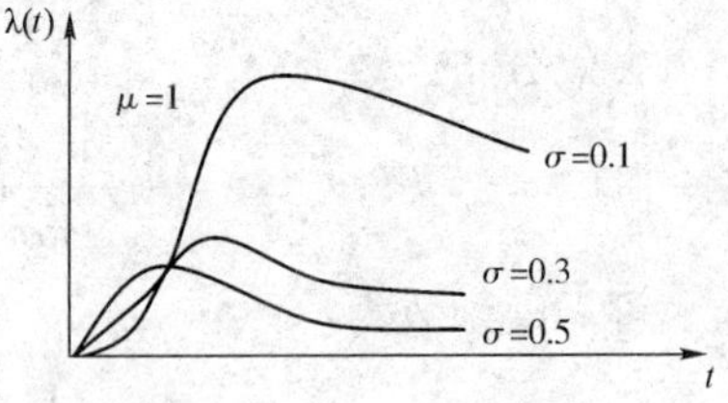

图 3-5　服从对数正态分布的失效率函数曲线

从图 3-5 可见，失效率曲线在开始阶段一般是随 t 增大而上升，达到最高峰后又开始下降，当 $t \to \infty$ 时，$\lambda(t) \to 0$。

计算可靠度和失效率均可利用标准正态分布表。如可靠度和失效率分别表示为：

$$R(t) = 1 - \Phi\left(\frac{\ln t - \mu}{\sigma}\right) \tag{3-25}$$

$$\lambda(t) = \frac{\frac{1}{t\sigma}\varphi\left(\frac{\ln t - \mu}{\sigma}\right)}{\left[1 - \Phi\left(\frac{\ln t - \mu}{\sigma}\right)\right]} \tag{3-26}$$

对数正态分布随机变量 t 的均值 $E(T)$ 和方差 $D(T)$，不同于随机变量 x 在正态分布曲线中的均值 μ 和均方差 σ，它们之间的关系及表达式为：

$$E(T) = \exp\left(\mu + \frac{\sigma^2}{2}\right) \tag{3-27}$$

$$D(T) = \{\exp[2\mu + \sigma^2]\} \cdot \{\exp(\sigma^2) - 1\} \tag{3-28}$$

例 3-3　已知某零件的寿命服从对数正态分布。随机抽取 5 个零件进行试验，测得其寿命分别为 93h、79h、83h、87h、92h。试计算：①分布参数 $E(T)$ 和 $D(T)$；②要求工作 80h 的可靠度；③可靠度为 0.95 的可靠寿命。

解：　①分布参数

随机变量 x 的均值 μ 和均方差 σ，由估计值 $\hat{\mu}$ 和 $\hat{\sigma}$ 代替，有：

$$\hat{\mu} = \frac{1}{N}\sum_{i=1}^{N}\ln t_i = \left[\frac{1}{5}(\ln 93 + \ln 79 + \ln 83 + \ln 87 + \ln 92)\right] = 4.462(\text{h})$$

$$\hat{\sigma} = \sqrt{\frac{1}{N-1}\sum_{i=1}^{N}(\ln t_i - \hat{\mu})^2} = 0.068(\text{h})$$

$$E(T) = \exp\left(\mu + \frac{\sigma^2}{2}\right) = e^{4.462 + \frac{1}{2}\times 0.068^2} = 86.86(\text{h})$$

$$\begin{aligned} D(T) &= \{\exp[2\mu + \sigma^2]\} \cdot \{\exp(\sigma^2) - 1\} \\ &= [e^{2\times 4.462 + 0.068^2}][e^{0.068^2} - 1] = 34.96(\text{h}) \end{aligned}$$

②工作 80h 的可靠度

由 $R(t) = 1 - \Phi(z) = 1 - \Phi\left(\frac{\ln t - \mu}{\sigma}\right)$，得：

$$R(80)=1-\Phi\left(\frac{\ln 80-4.462}{0.068}\right)=1-\Phi(-1.176)=1-0.121=0.879=87.9\%$$

③当 $R=0.9$ 时，有：

$$\begin{aligned} t_R &= \exp[\mu+\sigma\Phi^{-1}(1-R)] \\ &= \exp[4.462+0.068\Phi^{-1}(1-0.95)] \\ &= \exp[4.462+0.068\times(-1.645)] \\ &= 77.5(\mathrm{h}) \end{aligned}$$

第六节　威布尔分布

威布尔分布是以瑞典物理学家威布尔(W · Weibull)的名字命名的。这是他在 1939 年分析材料强度时在实际经验的基础上推导出来，后来在理论上加以证明了的分布类型。威布尔分布含有两个或三个参数，要比指数分布适应能力强，也就是说对各种类型的试验数据拟合的能力强。威布尔分布是可靠性中广泛使用的连续型分布。

一、威布尔分布函数

威布尔分布是从链条的强度模型推导出来的，其推导过程略去，直接得出有关的表达式。

威布尔分布密度函数为：

$$f(t)=\frac{m}{\eta}\cdot\left(\frac{t-\gamma}{\eta}\right)^{m-1}\cdot e^{-\left(\frac{t-\gamma}{\eta}\right)^m}\quad (t\geqslant\gamma, m、\eta>0) \tag{3-29a}$$

威布尔分布的分布函数为：

$$F(t)=1-e^{-\left(\frac{t-\gamma}{\eta}\right)^m}\quad (t\geqslant\gamma, m、\eta>0) \tag{3-29b}$$

式中：m——形状参数；

γ——位置函数；

η——真尺度参数，若令 $\eta^m=t_0$，则 t_0 称为尺度参数。

式(3-29)就是三参数的威布尔分布。

服从威布尔分布的可靠度函数为：

$$R(t)=1-F(t)=e^{-\left(\frac{t-\gamma}{\eta}\right)^m} \tag{3-30}$$

失效率函数为：

$$\lambda(t)=\frac{f(t)}{R(t)}=\frac{m}{\eta}\cdot\left(\frac{t-\gamma}{\eta}\right)^{m-1} \tag{3-31}$$

二、威布尔分布的参数

1. 形状参数 m

形状参数 m 的数值不同，将直接影响分布密度函数 $f(t)$ 的形状，故称为形状参数。当固定 t_0、γ 值(取 $t_0=1$，$\gamma=0$) m 取不同值时，大致可分为 3 大类型：$m<1$，$m=1$，$m>1$，其相应的威布尔分布的密度曲线 $f(t)$、可靠度曲线 $R(t)$ 以及失效率曲线 $\lambda(t)$，如图 3-6 所示。

当 $m<1$ 时，$\lambda(t)$ 为递减函数，反映了产品的早期失效过程；当 $m=1$ 时，$\lambda(t)$ 为常数，

成为指数分布，反映了产品的随机失效过程；当 $m>1$ 时，$\lambda(t)$ 为递增函数，反映了产品的耗损失效过程。

在分布形式上，威布尔分布具有较好的兼容性。当 $m=1$ 时，3 参数的威布尔分布密度函数即成为两参数的指数分布密度函数，因此指数分布是威布尔分布的特殊情形。$m=2$ 时的威布尔分布即为瑞利分布，当 $m=3.57$ 时，威布尔分布近似于正态分布。

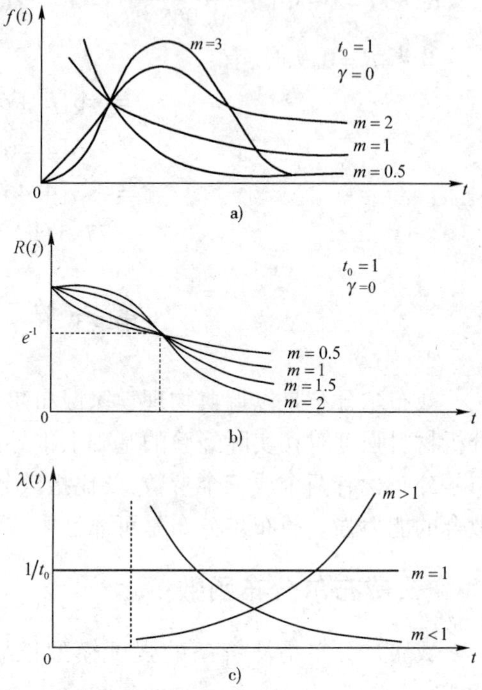

图 3-6 威布尔分布 $f(t)$、$R(t)$、$\lambda(t)$ 曲线

a) $f(t)$ 曲线；b) $R(t)$ 曲线；c) $\lambda(t)$ 曲线

2. 位置参数 γ

在相同的 m、t 数值下，不同的值将使曲线的起始位置不同。因而，称 γ 为起始参数或位置参数。

当 $\gamma=0$ 时，式(3-29a)可以写成：

$$y=f(t)=\frac{m}{\eta}\left(\frac{t}{\eta}\right)^{m-1}\cdot e^{-\left(\frac{t}{\eta}\right)^m}\quad(t\geqslant 0)\tag{3-32}$$

当 $\gamma\neq 0$ 时，令 $t'=t-\gamma$，$y=y'$，则式(3-29a)可以写成：

$$y'=f(t')=\frac{m}{\eta}\left(\frac{t'}{\eta}\right)^{m-1}\cdot e^{-\left(\frac{t'}{\eta}\right)^m}\quad(t'\geqslant 0)\tag{3-33}$$

比较式(3-32)和式(3-33)，其形式相同，所不同的仅是横坐标有变化，即横坐标作了平移，但并不影响威布尔分布曲线的形状。

位置参数的意义在于：当 $\gamma=0$ 时，说明产品一投入试验就有产品失效；当 $\gamma>0$ 时，说明产品在 $t<\gamma$ 时间内不发生失效；当 $\gamma<0$ 时，说明产品工作前就有失效产品。所以，也称 γ 为最小保证寿命，就是保证在 γ 时间以前不会失效。图 3-7 表示 $t_0=1$，$m=2$，γ 取不同值时的威布尔分布概率密度函数曲线。

3. 尺度参数 t_0

由于位置参数 γ 只影响威布尔曲线的起始位置，在讨论尺度参数 t_0 时，为讨论问题方便起见，设 $\gamma=0$，式(3-29a)可以写成如下形式：

$$y=f(t)=\frac{m}{\eta}\left(\frac{t}{\eta}\right)^{m-1}\cdot e^{-\left(\frac{t}{\eta}\right)^m}\quad(t\geqslant 0)\tag{3-34}$$

设 $\eta=1$，即 $t_0=1$，则式(3-34)变为：

$$y=f(t)=mt^{m-1}e^{-t^m}\quad(t\geqslant 0)\tag{3-35}$$

设 $\eta\neq 1$，令 $t'=\frac{t}{\eta}$，则式(3-34)变为：

$$f(t)=\frac{m}{\eta}\cdot t'^{m-1}\cdot e^{-t'^m}=\frac{1}{\eta}f(t')\quad(t\geqslant 0)\tag{3-36}$$

即：

$$y'=f(t')=\eta f(t)$$

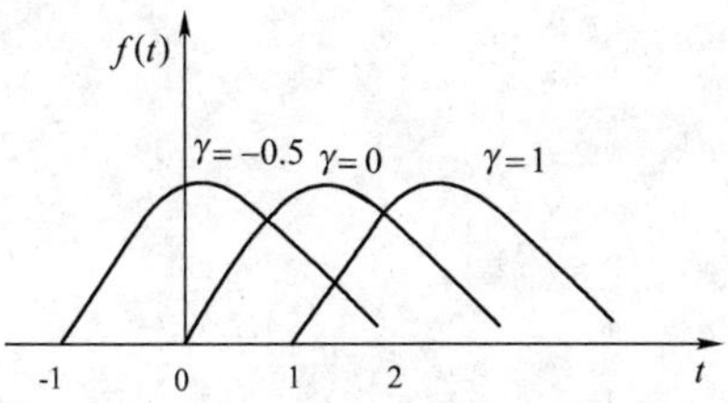

图 3-7　γ 取不同值时，$f(t)$ 曲线的平移

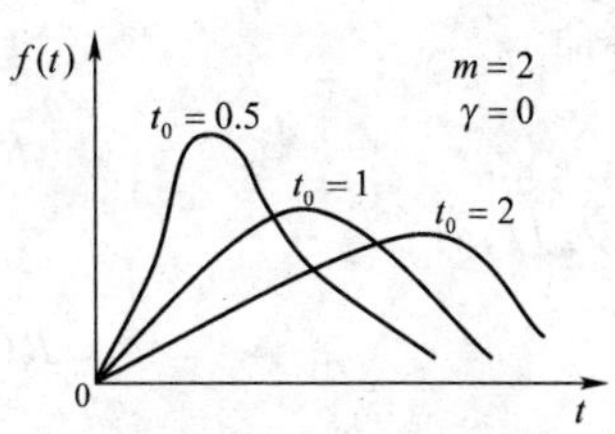

图 3-8　改变 t_0 时，$f(t)$ 的放大、缩小

可见，经过纵坐标 $y'=\eta f(t)$ 的放大(缩小)和横坐标 $t'=\frac{t}{\eta}$ 的缩小(放大)，式(3-35)和式(3-36)完全一样，即图形必定完全重合。所以，尺度参数只是坐标标尺不同所带来的图形差别，而对威布尔分布密度函数曲线的形状不起主要作用。当 $\gamma=0,\eta\neq1,m$ 相同时，只要把横坐标和纵坐标尺度适当改变，密度曲线就和 $\gamma=0,\eta=1$ 的曲线重合。图 3-8 是 $m=2,\gamma=0,t_0$ 取不同值时的密度函数曲线。

三、威布尔分布的数值特征

1. 均值

当 $\gamma=0$ 时：

$$E(T)=\mu=\int_0^{\infty}tf(t)\,dt=\int_0^{\infty}t\frac{m}{\eta}\left(\frac{t}{\eta}\right)^{m-1}e^{-\frac{t^m}{\eta^m}}dt=\int_0^{\infty}m\left(\frac{t}{\eta}\right)^{m}e^{-\left(\frac{t}{\eta}\right)^m}dt$$

令：
$$\left(\frac{t}{\eta}\right)^m=t'$$

则：
$$\frac{m}{\eta}\left(\frac{t}{\eta}\right)^{m-1}dt=dt',\quad t=\eta\cdot t'^{\frac{1}{m}}$$

所以：
$$\mu=\int_0^{\infty}\eta\cdot t'^{\frac{1}{m}}\cdot e^{-t'}dt'=\eta\cdot\Gamma\left(\frac{1}{m}+1\right)\tag{3-37}$$

当 $\gamma\neq0$ 时，$\mu=\gamma+\eta\cdot\Gamma\left(\frac{1}{m}+1\right)$

式中应用了 Γ 函数：$\Gamma(\alpha)=\int_0^{\infty}X^{\alpha-1}e^{-X}dX$

2. 威布尔分布的方差

$$E(T^2)=\int_0^{\infty}t^2f(t)\,dt=\int_0^{\infty}t^2\frac{m}{\eta}\left(\frac{t}{\eta}\right)^{m-1}e^{-\left(\frac{t}{\eta}\right)^m}dt\tag{3-38}$$

令：
$$\left(\frac{t}{\eta}\right)^m=t',$$

则：
$$\frac{m}{\eta}\left(\frac{t}{\eta}\right)^{m-1}dt=dt'$$

有：
$$E(T^2)=\int_0^{\infty}\eta^2\cdot t'^{\frac{2}{m}}\cdot e^{-t'}dt'=\eta^2\cdot\Gamma\left(\frac{2}{m}+1\right)$$

所以：
$$D(T)=E(T^2)-[E(T)]^2=\eta^2\left\{\Gamma\left(\frac{2}{m}+1\right)-\left[\Gamma\left(\frac{1}{m}+1\right)\right]^2\right\}\tag{3-39}$$

3. 威布尔分布的可靠寿命、中位寿命、特征寿命

威布尔分布的平均寿命即为均值 μ。

可靠寿命 t_R 为给定可靠度 R 时的产品工作时间。由威布尔分布的可靠度函数 $R(t)$ 可以推得可靠寿命 t_R。

$$R(t)=e^{-\frac{(t-\gamma)^m}{t_0}}$$

将自变量 t 变为 t_R,有:

$$R(t_R)=e^{-\frac{(t_R-\gamma)^m}{t_0}}$$

解得:

$$t_R=\gamma+t_0^{\frac{1}{m}}(\ln\frac{1}{R})^{\frac{1}{m}} \tag{3-40}$$

当 $R=0.5$ 时,为中位寿命:

$$t_{0.5}=\gamma+t_0^{\frac{1}{m}}(\ln\frac{1}{0.5})^{\frac{1}{m}}=\gamma+t_0^{\frac{1}{m}}(\ln 2)^{\frac{1}{m}} \tag{3-41}$$

当 $R=e^{-1}$ 时,为特征寿命 $t_{e^{-1}}$:

$$t_{e^{-1}}=\gamma+t_0^{\frac{1}{m}}(\ln e)^{\frac{1}{m}}=\gamma+t_0^{\frac{1}{m}} \tag{3-42}$$

例 3-4 已知某部件的疲劳寿命服从威布尔分布,并从历次的试验中已知 $m=2,\eta=200\text{h},\gamma=0\text{h}$。试计算该部件的平均寿命;可靠度为 $R=95\%$ 的可靠寿命;在 100h 内的最大失效率。

解: ①$E(T)=\eta\cdot\Gamma\left(\frac{1}{m}+1\right)=200\times\Gamma\left(\frac{1}{2}+1\right)=200\times0.886=177.2(\text{h})$

②$t_{0.95}=\eta\left(\ln\frac{1}{R}\right)^{\frac{1}{m}}=200\times\left(\ln\frac{1}{0.95}\right)^{\frac{1}{2}}\approx45.3(\text{h})$

③因 $m=2>1$,失效率逐渐上升,最大失效率在 $t=100\text{h}$ 处:

$$\lambda(t)=\frac{m}{\eta}\left(\frac{t-\gamma}{\eta}\right)^{m-1}$$

$$\lambda(100)=\frac{2}{200}\cdot\frac{100}{200}=\frac{1}{200}=0.005(1/\text{h})$$

第七节 威布尔概率纸及其参数估计

威布尔概率纸可以判断产品的失效分布,还能在知道产品失效符合威布尔分布后,来估计其分布参数。

一、威布尔概率纸构成原理

由式(3-29b),设 $\gamma=0$ 时,威布尔分布的分布函数为:

$$F(t)=1-e^{\frac{t^m}{t_0}}$$

移项后:

$$1-F(t)=e^{-\frac{t^m}{t_0}}$$

两边取自然对数:

得 $\ln[1-F(t)]=-\frac{t^m}{t_0}$

变换形式 $\ln\frac{1}{1-F(t)}=\frac{t^m}{t_0}$

两边再取自然对数：

$$\ln\ln\frac{1}{1-F(t)}=m\ln t-\ln t_0 \tag{3-43}$$

令：

$$y=\ln\ln\frac{1}{1-F(t)},x=\ln t,B=\ln t_0$$

则式(3-43)可写成线性函数：

$$y=mx-B \tag{3-44}$$

在 x—y 坐标系中，$y=mx-B$ 是一条斜率为 m，截距为 B 的直线。

在上述变换中，存在着下列关系：

$$x=\ln t \tag{3-45}$$

$$t=e^x$$

$$y=\ln\ln\frac{1}{1-F(t)} \tag{3-46}$$

$$F(t)=1-e^{-e^y}$$

现在来制作一种特殊的坐标纸，先取 x—y 坐标系，这是普通的直角坐标系，等刻度的。由式(3-45)和式(3-46)，在 x 轴上把和 x 对应的 t 刻在 x 的旁边；在 y 轴上把和 y 对应的 $F(t)$ 刻在 y 的旁边(图 3-9)。这样就构成了两对坐标系：x—y 坐标系和 t—$F(t)$ 坐标系。

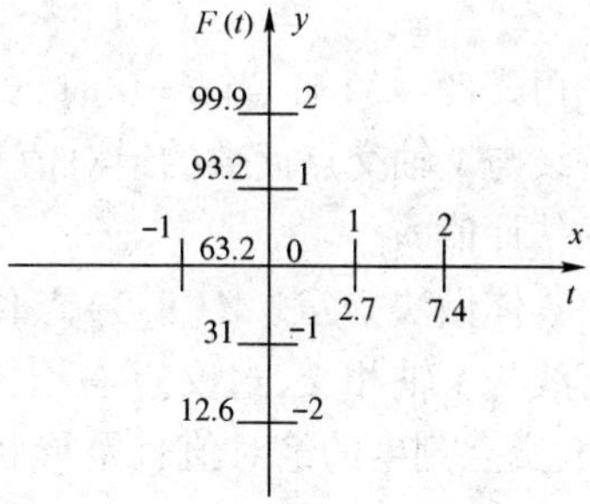

图 3-9　$x-y$ 坐标与 $t-F(t)$ 坐标

为了便于使用，将四把刻度尺分别平移至上、下、左、右四边。上边的刻度尺称为 x 尺，下边的刻度尺为 t 尺，左边的刻度尺为 $F(t)$ 尺，右边的刻度尺为 y 尺，它们之间的关系满足式(3-45)和式(3-46)，这是一张特殊的坐标纸，称为威布尔概率纸，如图 3-10 所示。

在威布尔概率纸上有一点，它是 $x=1,y=0$ 的点，称为 m 的估计点，简称 M 点，如图 3-11所示。

以数据 t_i、$F(t_i)$ 在概率纸上描点，如果产品寿命服从威布尔分布并且有 $\gamma=0$，那么这些点就会大致排列在一条直线的附近，因而可根据这些数据点形成一条回归直线。

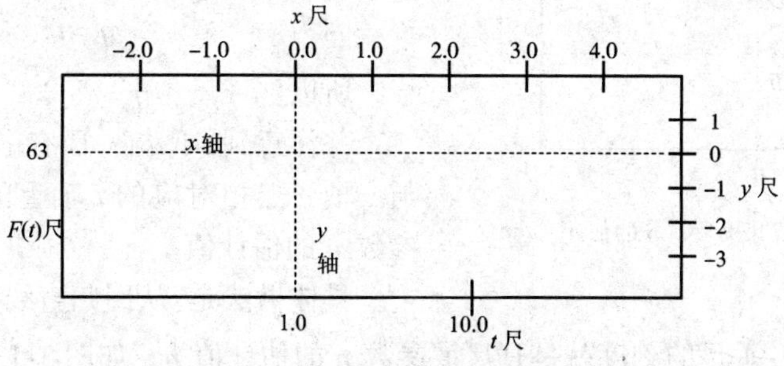

图 3-10　威布尔概率纸形成原理

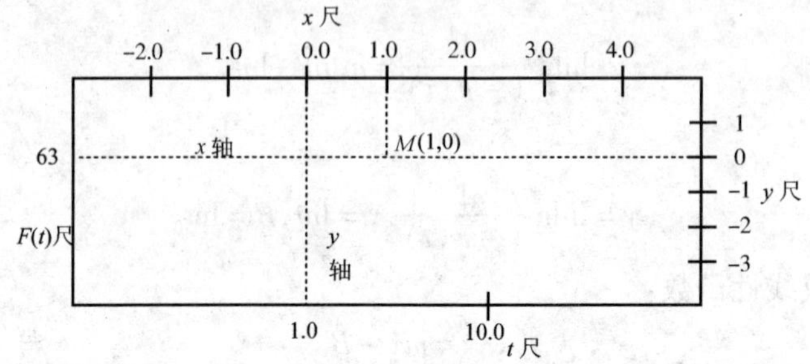

图 3-11　威布尔概率纸 m 估计点

二、参数估计

1. 形状参数 m 的估计

过 M 点作直线 $y=mx-B$ 的平行线，该平行线满足两个条件：其一，平行线的斜率与回归直线斜率是一致的，都是 m；其二，所作平行线应满足 $x=1,y=0$。由此，所作平行线的方程可表示为：

$$y=m(x-1) \tag{3-47}$$

由式(3-47)知：当 $x=0$ 时，$y=-m$。因此平行线与 y 轴交点读数的绝对值就是形状参数 m 的估计值 $\hat{m}$。

具体做法是：过 $M(1,0)$ 点作回归直线的平行线与 y 轴相交，过交点右引水平线与 y 尺相交，交点刻度的绝对值就是形状参数 m 的估计值 $\hat{m}$，如图 3-12 所示。

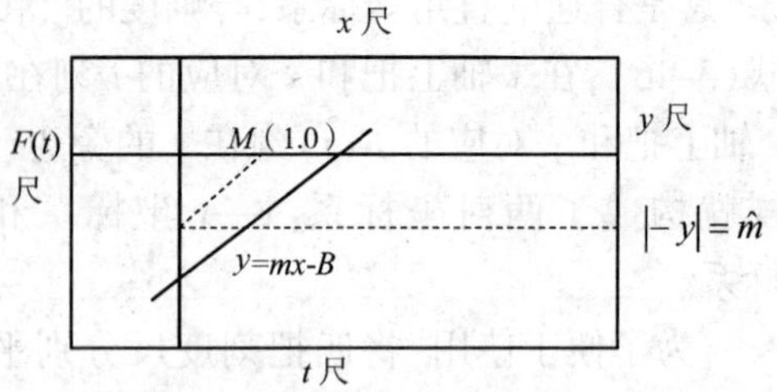

图 3-12　形状参数 m 的估计

2. 真尺度参数 η 的估计

假定回归直线 $y=mx-B$ 和 x 轴的交点为 $(a,0)$ 点，代入回归直线方程就有：

$$0=ma-B$$

从而得：　$ma=B$

又因：　$B=\ln t_0$

所以：　$t_0=e^B=e^{ma}$

因为：　$\eta=t_0^{\frac{1}{m}}$

所以：　$\eta=e^{\frac{ma}{m}}=e^a$

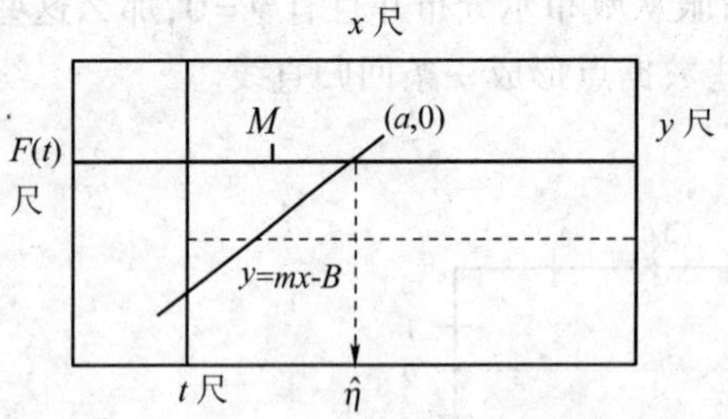

图 3-13　真尺度参数 η 的估计

并注意到 t 尺与 x 尺有一一对应关系，所以与 x 轴 a 点相对应的 t 轴上的刻度就是真尺度参数 η 的估计值。

具体做法是：从回归直线和 x 轴的交点处下引垂线和 t 轴相交，垂足的刻度就是真尺度参数 η 的估计值 $\hat{\eta}$。如图 3-13 所示。

3. 尺度参数 t_0 的估计

假定回归直线与 y 轴相交于 $(0,b)$ 点，则由方程式：

$$y = mx - B$$

有：

$$b = -B = -\ln t_0$$

所以：

$$t_0 = e^{|b|}$$

又由于 t 尺与 x 尺有一一对应关系，$t = e^x$。因此将回归直线与 y 轴的交点在 y 尺上的读数移到 x 尺上，并求出对应 t 尺上的读数，此读数即尺度参数 t_0 的估计值。

具体做法是：由回归直线与 y 轴的交点右引水平线与 y 尺相交，与 y 尺交点的刻度即为 b，在 x 尺上找到刻度为 $|b|$ 的点，从这点下引垂线，和 t 轴相交，垂足的刻度即为尺度参数的估计值 $\hat{t}_0$，如图 3-14 所示。

4. 位置参数 γ 的估计

威布尔概率纸是在 $\gamma = 0$ 的情况下构造出来的。当试验数据符合 $\gamma = 0$ 的威布尔分布时，由试验数据所作的回归线应近似为一条直线。但当 $\gamma \neq 0$ 时，则回归线并不是一条直线。当 $\gamma > 0$ 时所作之线稍向下弯，呈凸形；当 $\gamma < 0$ 时，所作之线则向上弯，呈凹形，如图 3-15 所示。

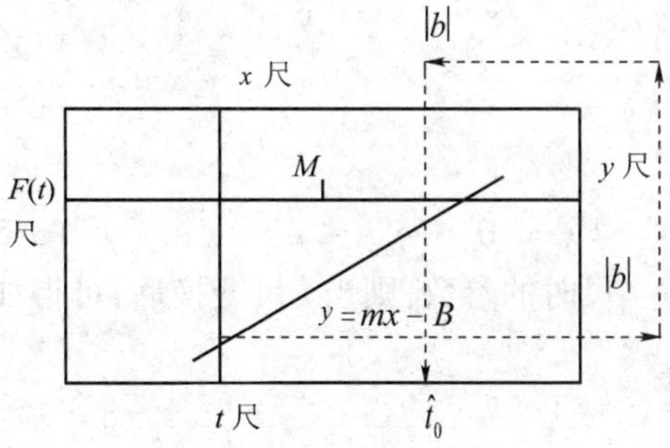

图 3-14　尺度参数 t_0 的估计

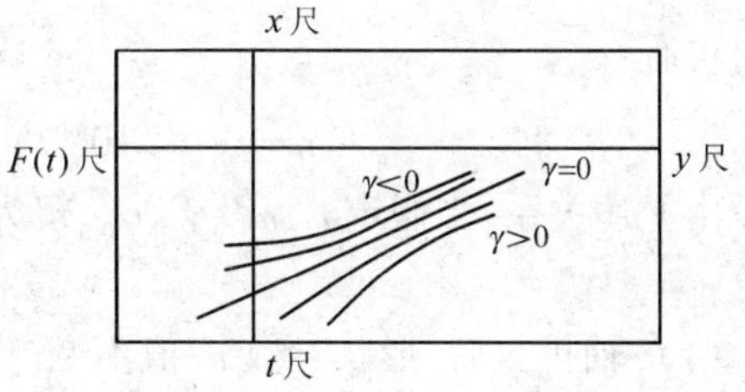

图 3-15　位置参数 γ 的估计

由威布尔分布函数 $F(t) = 1 - e^{-\frac{(t-\gamma)^m}{t_0}}$ 可知，当 t 轴进行位移后，即令 $t' = t - \gamma$，可得一个新的威布尔分布函数：

$$F_1(t') = 1 - e^{-\frac{(t')^m}{t_0}} = 1 - e^{-\frac{(t-\gamma)^m}{t_0}} = F(t)$$

这就是说，$\gamma \neq 0$ 时威布尔分布函数 $F(t)$ 可以经过位移转换为 $\gamma = 0$ 的威布尔分布 $F_1(t')$，使其分布的回归线由曲线变换成一条直线，如图 3-16 所示。这种做法叫直线化。

具体做法：$\gamma > 0$ 时，沿所构成的回归曲线顺势延长至与 t 轴相交，交点的刻度就是 γ 的初始估计值。因为当 $t = \gamma$ 时，有：

$$F(t) = 1 - e^{-\frac{(t-\gamma)^m}{t_0}} = 0$$

而威布尔概率纸的底边 $F(t) = 0.001$，所以用曲线和 t 尺的交点作为 γ 的初始估计值是可行的。有了 $\hat{\gamma}$ 值后，在所描的数据点中，按 $F(t)$ 的大小顺序适当地选 3 ~ 5 点，左移 γ，看移动后的各点是否大致在一条直线上，如果仍不在一条直线上，修改 $\hat{\gamma}$ 后再试，直到所得数据点呈现一条直线为止，这时 γ 的估计值就最后确定了。将所描的各点全部左移 γ，即

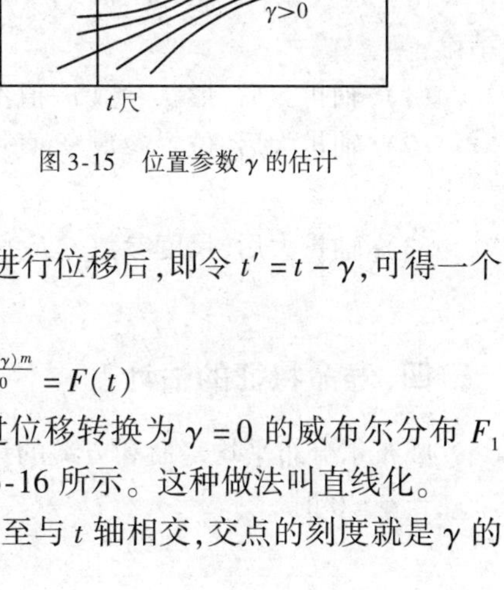

图 3-16　$\gamma \neq 0$ 时威布尔分布函数的直线化

$t'_i = t_i - \hat{\gamma}$。由移动后所得到的直线，按前述方法估计$m$和 t_0 值。图 3-16 给出了 γ 的估计和数据点平移的情况。

三、t 尺的数据变换

在威布尔概率纸上，t 尺的刻度范围是 0.1 ~ 100，即 $t = 0.1 \sim 100$。为了扩大数轴的范围，可作变换，令 $t = t' \cdot 10^{\alpha}$，式中，t'为试验数据的数值范围，α 为扩大倍数的幂指数。例如，t'值范围为 1 ~ 1 000 时，则选 $\alpha = -1$，依此类推。

对 t 尺作了变换以后，威布尔分布的参数也要发生相应的变化，因为

$$
\begin{aligned}
F(t) &= F(t' \cdot 10^{\alpha}) = 1 - e^{\frac{-(t' \cdot 10^{\alpha} - \gamma)^m}{t_0}} \\
&= 1 - e^{-\frac{(t' - 10^{-\alpha}\gamma)^m}{10^{-m\alpha} t_0}} \\
&= 1 - e^{-\frac{(t' - \gamma')^{m'}}{t'_0}} \\
&= F^*(t')
\end{aligned}
$$

式中：

$$m = m' \tag{3-48}$$

$$10^{-\alpha}\gamma = \gamma' \tag{3-49}$$

$$10^{-m\alpha} t_0 = t'_0 \tag{3-50}$$

同时也有：

$$\eta = t_0^{\frac{1}{m}} = (10^{m\alpha} t'_0)^{\frac{1}{m}} = 10^{\alpha} \cdot t'^{\frac{1}{m}}_0 = 10^{\alpha} \cdot \eta' \tag{3-51}$$

由上述关系，当假定 t'、m'、γ'、t'_0、η'为未变换 t 尺时的参数，则当 t 尺变换后，可得如下结论：

(1) t 轴扩大后，形状参数 m 值不变。

(2) t 轴扩大后，位置参数 γ、真尺度参数 η 的扩大倍数与 t 轴扩大倍数相同，即：

$$\gamma = 10^{\alpha} \cdot \gamma' \tag{3-52}$$

(3) t 轴扩大后，尺度参数 t_0 应作如下变换

$$t_0 = t'_0 \cdot 10^{m\alpha} \tag{3-53}$$

四、寿命特征的估计

威布尔分布平均寿命和方差的计算公式为：

当 $\gamma = 0$ 时

$$\mu = \eta \Gamma(1 + \frac{1}{m})$$

$$\sigma^2 = \eta^2 [\Gamma(1 + \frac{2}{m}) - \Gamma^2(1 + \frac{1}{m})]$$

由此可以得到

$$\frac{\mu}{\eta} = \Gamma(1 + \frac{1}{m}) \tag{3-54}$$

$$\frac{\sigma}{\eta} = [\Gamma(1 + \frac{2}{m}) - \Gamma^2(1 + \frac{1}{m})]^{\frac{1}{2}} \tag{3-55}$$

又由分布函数

$$F(t) = 1 - e^{-(\frac{t}{\eta})^m}$$

当令 $t=\mu$ 和 $t=\sigma$ 时,分别有

$$F(\mu)=1-e^{-[\Gamma(1+\frac{1}{m})]^{m}} \tag{3-56}$$

$$F(\sigma)=1-e^{-[\Gamma(1+\frac{2}{m})-\Gamma^{2}(1+\frac{1}{m})]^{\frac{m}{2}}} \tag{3-57}$$

式(3-54)~式(3-57)中$\frac{\sigma}{\eta}$、$\frac{\mu}{\eta}$、$F(\mu)$、$F(\sigma)$都是 m 的函数,因此它们与 m 之间有一一对应关系。将这些关系用四把与 m 相对应的尺子,即$\frac{\sigma}{\eta}$尺、$\frac{\mu}{\eta}$尺、$F(\mu)$尺与 $F(\sigma)$尺列于威布尔概率纸的右边,就可用来对产品的寿命特征进行估计,用作图来求得所需要的值。

1. 平均寿命 μ 的估计

(1)利用$\frac{\mu}{\eta}$尺估计 μ:过回归直线 $y=mx-B$ 与 x 轴的交点,下引垂线与 t 轴相交,其垂足就是真尺度参数的估计值 $\hat{\eta}$;然后过概率纸上的 M 点作回归直线 $y=mx-B$ 的平行线与 y 轴相交,过交点右引水平线在 y 尺上读出 m 值。再延伸到$\frac{\mu}{\eta}$尺上,读出$\frac{\mu}{\eta}$的估计值。最后由 $\hat{\mu}=(\frac{\mu}{\eta})\times\hat{\eta}$ 计算得到平均寿命的估计值 $\hat{\mu}$。其过程如图 3-17 所示。

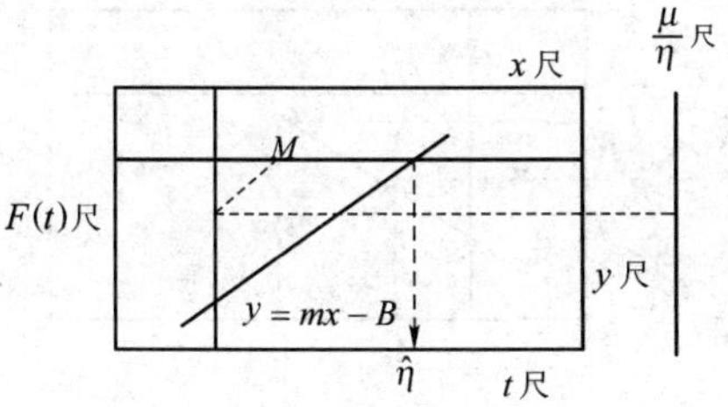

图 3-17 利用$\frac{\mu}{\eta}$尺估计 μ

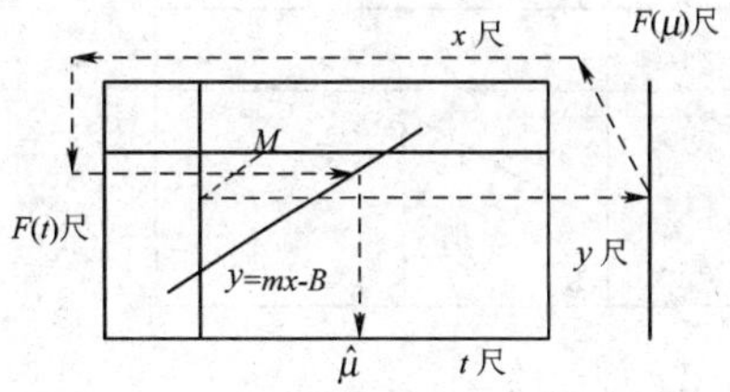

图 3-18 利用 $F(\mu)$尺估计 μ

(2)利用 $F(\mu)$尺估计 μ:过 M 点作回归直线 $y=mx-B$ 的平行线与 y 轴相交,由交点右引水平线过与 y 尺相交的 m 估计点延伸到 $F(\mu)$尺上,然后在 $F(t)$尺上找到读数为 $F(\mu)$值的点,过此点右引水平线与回归直线 $y=mx-B$ 相交,由交点下引垂线与 t 轴相交,其垂足就是平均寿命的估计值 $\hat{\mu}$,如图 3-18 所示。

2. 均方差 σ 的估计

(1)利用$\frac{\sigma}{\eta}$尺估计 σ:过 M 点作回归直线 $y=mx-B$ 的平行线与 y 轴相交,过交点右引水平线,通过 y 尺上的 m 估计点后再延长到$\frac{\sigma}{\eta}$尺上得到$\frac{\sigma}{\eta}$的估计值$\frac{\hat{\sigma}}{\hat{\eta}}$。另一方面,由回归直线 $y=mx-B$ 与 x 轴的交点下引垂线与 t 尺的交点就是 η 的估计值 $\hat{\eta}$。因此,用公式 $\hat{\sigma}=\hat{\eta}\cdot(\frac{\sigma}{\eta})$ 计算得到均方差的估计值 $\hat{\sigma}$,其过程如图 3-19 所示。

(2)利用 $F(\sigma)$尺估计 σ:过 M 点作回归直线 $y=mx-B$ 的平行线与 y 轴相交,过交点右引水平线与 y 尺相交,通过 m 的估计点再延伸到 $F(\sigma)$尺上,得到 $F(\sigma)$值,然后在 $F(t)$上读到读数为 $F(\sigma)$的点,过此点右引水平线与回归直线 $y=mx-B$ 相交,由交点下引垂线与 t 尺相交,其垂足就是估计值 $\hat{\sigma}$,其做法如图 3-20 所示。

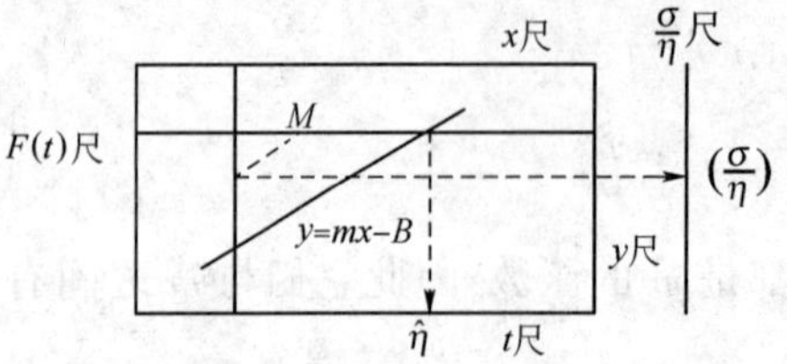

图 3-19　利用$\frac{\sigma}{\eta}\sigma$尺估计

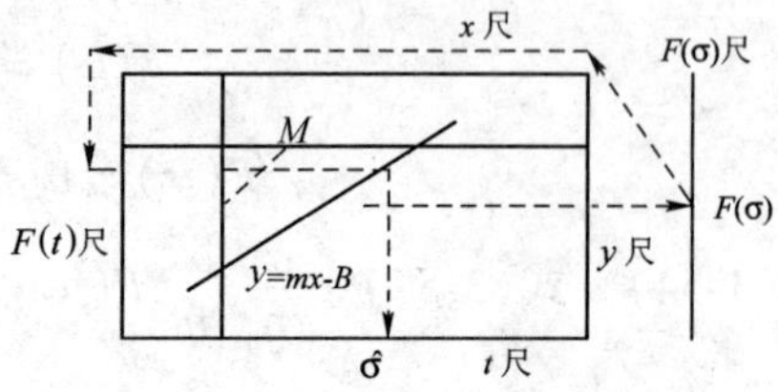

图 3-20　利用 $F(\sigma)$尺估计 σ

3. 产品可靠度的估计

首先在 t 轴上找到时间为 t_1 的点，然后由 t_1 点上引垂线与回归直线 $y=mx-B$ 相交，过交点左引水平线与 $F(t)$ 轴交于 $F(t_1)$ 的点，再由 $R(t)=1-F(t)$ 计算求得对应时间为 t_1 时产品的可靠度，做法如图 3-21 所示。

4. 可靠寿命 t_R 的估计

对于给定的可靠度 R^*，在 $F(t)$ 轴上找到其值为 $1-R^*$ 的点，由此点右引水平线与回归直线 $y=mx-B$ 相交，其垂足就是可靠寿命的估计值 t_R，如图 3-22 所示。

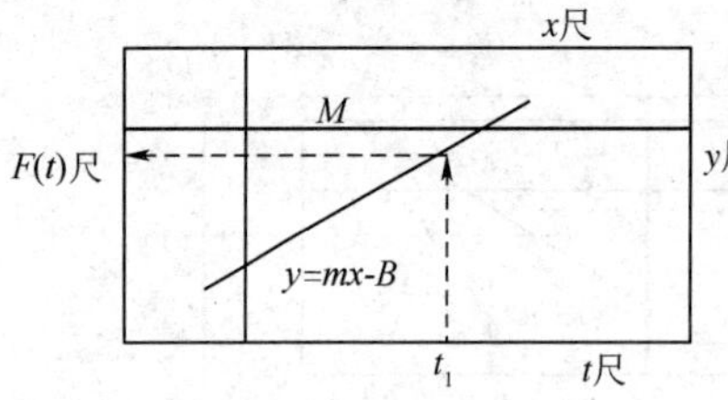

图 3-21　利用回归线估计可靠度值

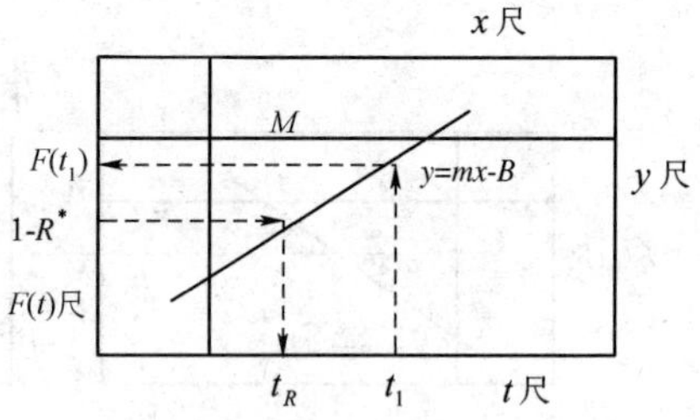

图 3-22　利用回归线估计可靠寿命

五、威布尔概率纸应用实例

应用威布尔概率纸进行数据处理的主要步骤如下。

(1)将失效时间 t'_i(广义)从小到大顺序排列。

(2)作数据单位变换，即 $t_i=t'_i\times10^{\alpha}$，使 t_i 的最大值落入威布尔概率纸标尺范围内。

(3)计算累计失效频率 $F(t_i)\%$。

①当样本个数 $n\leqslant20$ 时，用公式 $F(t_i)=\dfrac{i-0.5}{n}$，或 $F(t_i)=\dfrac{i}{n+1}$，或 $F(t_i)=\dfrac{i-0.3}{n+0.4}$，计算 $F(t_i)\%$。

②$n\geqslant21$ 时，用公式 $F(t_i)=\dfrac{i}{n}$，计算 $F(t_i)\%$。

(4)用 i、t'_i、t_i、$F(t_i)\%$ 列表。

(5)用[t_i、$F(t_i)\%$]在威布尔概率纸上描点，并作最佳拟合直线，从概率纸上得到估计值 $\hat{\gamma}$。

(6)当 $\hat{\gamma}\neq0$ 时，计算 $(t_i-\hat{\gamma})$并列表，按[$(t_i-\hat{\gamma})$、$F(t_i)\%$]重新描点，若 $F(t_i)\%$ 在 50%～90% 段内，拟合线近似一条直线，则该产品失效分布服从威布尔分布。

(7)用图解求分布函数的参数值 m、t_0、γ、η 的估计值,并将数据单位还原。

(8)用图解或计算求分布函数的寿命特征参数 μ、σ、$t_{0.5}$ 和 R 的估计值。

例 3-5 某批零件,取 10 个样本进行可靠性试验,全部试验到失效为止。试验结果为:140h,90h,190h,220h,270h,200h,115h,170h,260h,330 h。试用威布尔概率纸进行试验数据处理。

解: (1)设零件的失效时间 t'_i 从小到大顺序排列;

(2)作数据单位对换 $t_i = t'_i \times 10^{-1}$ $(\alpha = -1)$;

(3)按 $F(t_i) = \dfrac{i-0.3}{n+0.4}$,计算 $F(t_i)\%$;

(4)将以上数据列表:

i	1	2	3	4	5	6	7	8	9	10
t'_i	90	115	140	170	190	200	220	260	270	330
$t_i = t'_i \times 10^{-1}$	9	11.5	14.0	17.0	19.0	20.0	22.0	26.0	27.0	33.0
$F(t_i)\%$	6.7	16.2	25.9	35.5	45.2	54.8	64.5	74.1	83.8	93.3

(5)按 $[t_i$、$F(t_i)\%]$ 作图,得 $\hat{\gamma} = 1.75$;

(6)$\gamma \neq 0$,但 $F(t_i)$ 在 10% ~90% 范围内呈直线,该批零件的失效分布服从威布尔分布;

(7)图解得出:$m^* = 2.6$,$\eta^* = 22$

将数据单位还原:

$$\hat{\gamma} = \gamma^* \times 10 = 1.75 \times 10 = 17.5(\mathrm{h});\hat{\eta} = \eta^* \times 10 = 22 \times 10 = 220(\mathrm{h})$$

(8)寿命特征值估计值。

①平均寿命 μ 的估计。

利用 $\dfrac{\mu}{\eta}$ 尺估计 μ:$\hat{\mu} = \hat{\gamma} + \dfrac{\mu}{\eta} \cdot \hat{\eta} = 17.5 + 0.888\,5 \times 220 = 213(\mathrm{h})$

利用 $F(\mu)$ 尺估计 μ:$m = 2.6$ 时,$F(\mu)$ 尺上 $F(\mu) = 0.52$,在 $F(t)$ 尺上找到读数为 $F(\mu)$ 值的点,过此点右引水平线与拟合线相交,由交点下引垂线与 t 轴相交,得:$\mu^* = 20$,还原数据单位,有:

$$\hat{\mu} = \hat{\gamma} + \mu^* = 17.5 + 20 \times 10 = 217.5(\mathrm{h})$$

②均方差 σ 的估计。

利用 $\dfrac{\sigma}{\eta}$ 尺估计 σ:$\hat{\sigma} = \dfrac{\sigma}{\eta} \times \hat{\eta} = 0.365 \times 220 = 80.3(\mathrm{h})$

③可靠寿命 t_R 的估计。

$R = 0.5$ 时,$t^*_{0.5} = 19.2$

还原数据单位,有:$\hat{t}_{0.5} = t^*_{0.5} \times 10 = 19.2 \times 10 = 192(\mathrm{h})$

复习思考题

1. 为什么说指数分布是“永远年青”的分布?

2. 威布尔分布的 3 个参数各表示什么样的具体含义?

3. 为什么说威布尔分布具有很好的兼容性?

4. 已知某部件的寿命分布为威布尔分布,且 $m=2$、$t_0=40\,000\text{h}$、$\gamma=0$。试计算该部件的平均寿命,可靠度 $R=0.90$ 的可靠寿命和在150h之内的最大失效率。

5. 有一批轴,按要求轴径不超过1.5 cm就是合格品,根据经验已知轴径尺寸服从正态分布,其均值 $\mu=1.480\text{cm}$,标准差 $\sigma=0.004\text{cm}$。试计算:①该批轴的废品率是多少? ②若要保证有0.95的合格率,其轴径的合格尺寸是多少?

6. 设某元件的寿命分布服从指数分布,它的平均寿命为5000h,试求其失效率和使用125h的可靠度。

7. 某产品的寿命分布服从 $\mu=5$、$\sigma=1$(其单位为小时)的对数正态分布,求 $t=150\text{h}$ 的可靠度。

8. 某批零件,抽取8个样本进行可靠性试验,测得各零件从开始试验到失效为止的时间为:123h,170h,552h,215h,779h,289h,290h,462h。试用威布尔概率纸判断该批零件失效分布是否服从威布尔分布,并估计其参数和数字特征值。

第四章　汽车系统可靠性分析

教学提示：汽车是一个复杂的系统，汽车系统可靠性分析是可靠性的主要工作内容之一。具体而言，系统可靠性分析包括两个方面：已知构成系统各组成单元的可靠度，计算系统的可靠度，也称为系统可靠度预测；确定了系统的可靠性指标，将系统的可靠度分配给各组成单元，就是系统可靠度分配。

教学目标：要求学生理解系统结构图和可靠性逻辑框图的概念，会用等效的办法简化可靠性逻辑框图；掌握串联系统、并联系统和混联系统的可靠度计算方法；能运用等分配法、按比例分配法和 AGREE 方法进行系统可靠度分配。

第一节　系统可靠性的基本概念

一、系统与单元

汽车由许多零件、部件及总成组合而成，通过彼此间的联系，来完成一定的功能。

可靠性中规定：由若干个部件（可以是整机、元器件等）相互有机地组合成一个可完成某一功能的综合体，称为系统。组成系统的部件，称为单元。

例如，汽车发动机的润滑系统，是由机油盘、机油泵、滤清器、油道等单元构成的一个系统，功能是保证发动机各相对运动摩擦表面的润滑。

系统和单元是相对的两个概念，视研究对象不同而不同。当研究润滑系统时，其中的机油泵、滤清器就是单元。当研究机油泵时，对于齿轮式机油泵则是由齿轮、传动轴、壳体等单元组成的系统。因此，只要在理论上研究一套处理系统和单元之间可靠性关系的方法，就可以普遍地适用于各种大大小小的系统。

二、可靠性逻辑框图

在分析、研究汽车系统可靠性时，要准确地处理各单元之间、各单元与系统之间的关系，往往要作一些假设，忽略一些次要因素，建立起表示系统中各单元之间关系的示意图。常用的有系统结构图和可靠性逻辑框图。

系统结构图用来表示系统中各单元之间的连接关系或物理关系。

可靠性逻辑框图用来表示系统中各单元之间的功能关系。可靠性逻辑框图又可称为可靠性模型，利用可靠性模型可以定量地计算系统可靠性指标。

物理关系和功能关系是两个不同的概念，要注意两者之间的差别。可靠性理论关心的是功能关系，但却是以物理关系作为基础的。

简单系统的逻辑框图是串联系统框图和并联系统框图。

一个系统由 n 个单元 A_1、A_2、…、A_n 组成，如每个单元都正常工作时，系统才能正常工作，或者说当其中任何一个单元失效时，系统就失效，称这种系统为串联系统，其逻辑框图如图 4-1 所示。

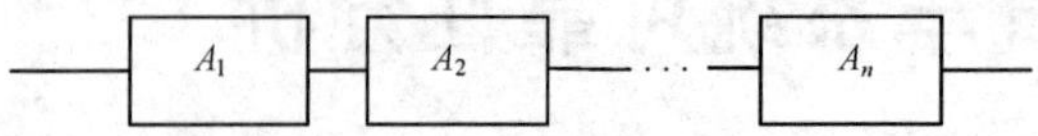

图 4-1　串联系统的逻辑框图

一个系统由 n 个单元 A_1、A_2、…、A_n 组成，如果只要有一个单元工作，系统就能工作，或者说只有当所有单元都失效时，系统才失效，称这种系统为并联系统，其逻辑框图如图 4-2 所示。

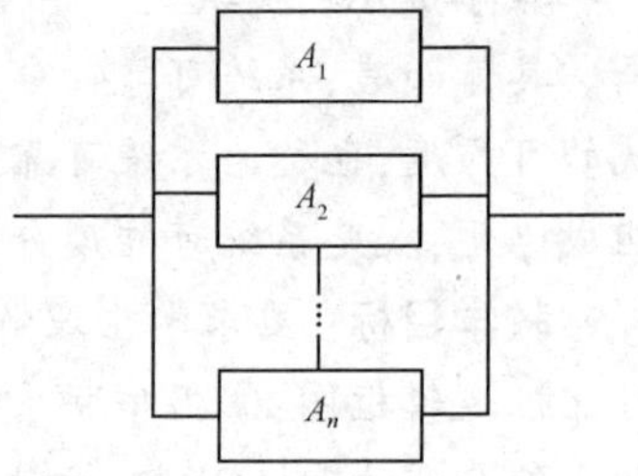

图 4-2　并联系统逻辑框图

举例说明物理关系与功能关系的差别如下。

一个流体系统，是由导管和两个阀门组成的简单系统，如图 4-3 所示。

从系统结构图来看，这是一个串联系统。那么，可靠性逻辑框图是怎样的呢？这就要弄清系统要实现的功能是什么。

如果系统的功能是使液体由左端流入，右端流出，即系统正常工作是保证液体流出。若有一个阀门打不开，则系统失效。所以，可靠性逻辑框图为串联逻辑图，如图 4-4a) 所示。

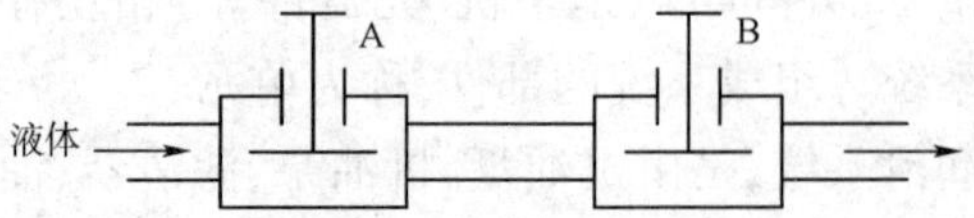

图 4-3　流体系统结构图

如果系统的功能是使液体截流，即系统正常工作是不允许液体流过，即只要其中任一阀门关闭，就可使系统正常工作。也就是说，只有当两个阀门都不能关闭时，系统才失效。所以，可靠性逻辑框图为并联逻辑图，如图 4-4b) 所示。

从上例可以看出，系统结构图相同，若功能要求不同，则可靠性逻辑图完全不同。

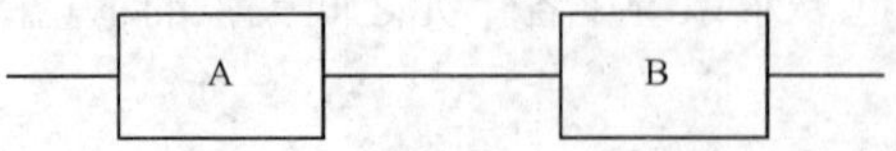

a)

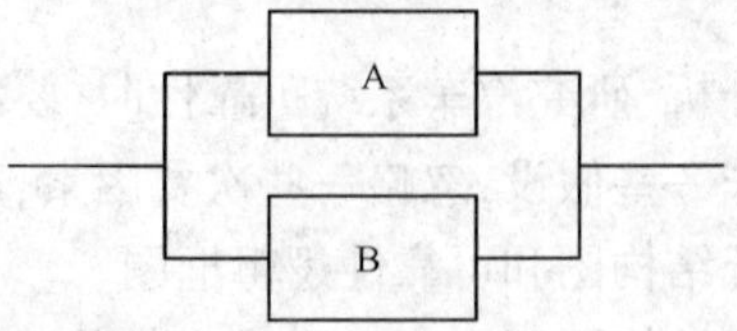

b)

图 4-4　流体系统可靠性逻辑框图

a) 串联逻辑图；b) 并联逻辑图

第二节 简单系统的可靠度计算

在可靠性设计方案的研究过程中,常常要依据系统和单元之间的可靠性功能关系,计算所设想的系统可靠性指标。系统的可靠度计算方法有:串联系统的可靠度计算、并联系统的可靠度计算、串并联系统的可靠度计算。

一、串联系统的可靠度计算

串联系统的定义已在前面给出,其实质就是系统中的每个单元都必须正常工作,系统才能正常工作,其逻辑框图如图4-5所示。

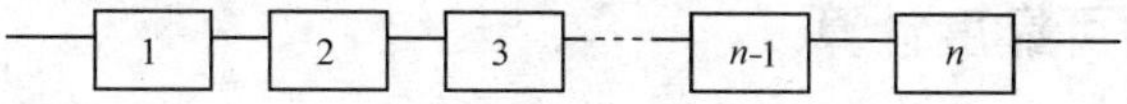

图4-5 串联系统逻辑框图

汽车及其所组成的总成大多数为串联系统。

设各单元的可靠度分别为 R_1、R_2、R_3、…、R_{n-1}、R_n,且各单元的失效相互独立,则这种串联系统的可靠度可根据概率乘法定理计算,有:

$$R_s = R_1R_2\cdots R_n = \prod_{i=1}^{n} R_i \tag{4-1}$$

当系统由 n 个等可靠度的单元组成时,则:

$$R_s = R^n \tag{4-2}$$

可见,串联系统可靠度取决于两个因素:系统的单元数目和单元可靠度,即系统中单元数目越多,系统可靠度越小。就可靠性而言,应尽量用较少的零件组成串联系统;另一方面,系统的可靠度总是小于任一单元的可靠度。因此,在串联系统中,要找出系统中的“最薄弱环节”,设法提高可靠度,这样系统的可靠度便相应提高。从经济方面考虑,由等可靠度单元组成的系统具有较好的效益。

设各单元的寿命分布为指数分布,即失效率 λ 为常数,有:

$$R_i(t) = e^{-\lambda_i t} \tag{4-3}$$

则:

$$R_s(t) = \prod_{i=1}^{n} e^{-\lambda_i t} = e^{-\sum_{i=1}^{n}\lambda_i t} = e^{-\lambda_s t} \tag{4-4}$$

式中:λ_s——系统的失效率,$\lambda_s = \sum_{i=1}^{n}\lambda_i$。

可见,串联系统各单元的寿命为指数分布时,系统的寿命也为指数分布。

若各单元的失效率不为常数,设为 $\lambda_1(t)$、$\lambda_2(t)$、…、$\lambda_n(t)$则:

$$R_s(t) = e^{-\int_0^t \lambda_s(t)\mathrm{d}t} \tag{4-5}$$

式中:$\lambda_s(t)$——系统的失效率,$\lambda_s(t) = \lambda_1(t) + \lambda_2(t) + \cdots + \lambda_n(t)$。

串联系统的工作寿命 t_s 总是取系统中寿命最短的一个单元的寿命,即:

$$t_s = \min t_i \quad (1 \leqslant i \leqslant n) \tag{4-6}$$

设各单元的失效率为常数,得系统平均寿命:

$$E(t_s) = t_m = \int_0^{\infty} R_s(t)\mathrm{d}t = \int_0^{\infty} e^{-\sum_{i=1}^{n}\lambda_i t}\mathrm{d}t = \frac{1}{\sum_{i=1}^{n}\lambda_i} = \frac{1}{\lambda_s} \quad (4\text{-}7)$$

当 $\lambda_1 = \lambda_2 = \cdots = \lambda_n = \lambda$ 时：

$$t_m = \frac{1}{n\lambda} \quad (4\text{-}8)$$

就是说，等可靠度时，串联系统的平均寿命为其组成单元平均寿命的$\frac{1}{n}$。

例 4-1 由 4 个零件串联组成的系统中，零件的可靠度分别为：$R_A = 0.9$、$R_B = 0.8$、$R_C = 0.7$、$R_D = 0.6$，求该系统的可靠度 R_s。

解： $R_s = R_A \cdot R_B \cdot R_C \cdot R_D = 0.9 \times 0.8 \times 0.7 \times 0.6 = 0.3024$

二、并联系统的可靠度计算

并联系统的特点就是所有单元失效时系统才失效，其逻辑框图如图 4-6 所示。

设各单元的失效相互独立，各单元的可靠度分别为 R_1、R_2、…R_n，则各单元的失效概率分别为 $(1-R_1)$、$(1-R_2)$、…、$(1-R_n)$，系统的失效概率 F_s 可依据概率乘法定理得出：

$$F_s = (1-R_1)(1-R_2)\cdots(1-R_n) = \prod_{i=1}^{n}(1-R_i) \quad (4\text{-}9)$$

故并联系统的可靠度为：

$$R_s = 1 - F_s = 1 - \prod_{i=1}^{n}(1-R_i) \quad (4\text{-}10)$$

当系统为 n 个等可靠度单元组成时，即 $R_1 = R_2 = \cdots = R_n = R$

则：

$$R_S = 1 - (1-R)^n \quad (4\text{-}11)$$

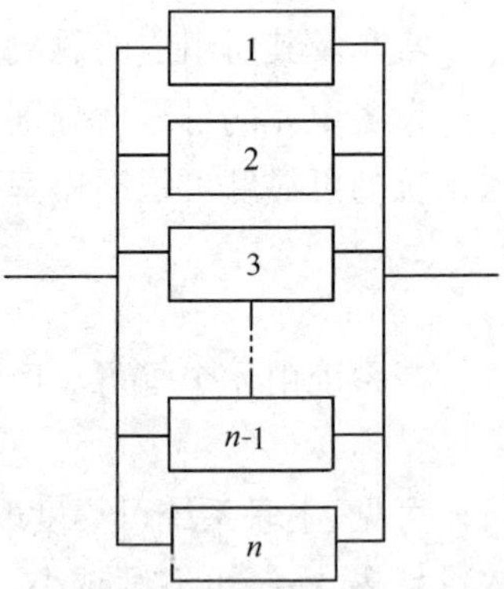

图 4-6 并联系统逻辑框图

可见，并联系统的可靠度仍取决于两个因素：系统的单元数目和单元可靠度，即系统中单元数目越多，系统可靠度越高。这与串联系统恰恰相反。只要并联系统中有一个单元不失效，整个系统仍可以正常工作，这种系统又称为工作冗余系统或有储备系统；另一方面，并联系统的可靠度总是大于任一单元的可靠度。

设各单元的寿命分布为指数分布，即失效率 λ_i 为常数。

当 $n=2$ 时：

$$R_s(t) = 1 - [(1-e^{-\lambda_1 t})(1-e^{-\lambda_2 t})] = e^{-\lambda_1 t} + e^{-\lambda_2 t} - e^{-(\lambda_1+\lambda_2)t} \quad (\lambda_1 \neq \lambda_2)$$

或：

$$R_s(t) = 2e^{-\lambda t} - e^{-2\lambda t} \quad (\lambda_1 = \lambda_2 = \lambda) \quad (4\text{-}12)$$

式(4-12)已表明，当单元的寿命分布为指数分布时，并联系统的寿命分布已不是指数分布。

当 $n=2$ 时，系统的失效率$(\lambda_1 = \lambda_2 = \lambda)$：

$$\lambda_s(t) = -\frac{R'_s(t)}{R_s(t)} = \frac{2\lambda e^{-\lambda t} - 2\lambda e^{-2\lambda t}}{2e^{-\lambda t} - e^{-2\lambda t}} \quad (4\text{-}13)$$

可见，失效率是常数时，并联系统的失效率并不是常数，已经是时间的函数了。并联系统的工作寿命总是取系统中寿命最长的一个单元的寿命，即：

$$t_s = \max t_i \qquad (1 \leqslant i \leqslant n) \tag{4-14}$$

取 $n=2$，单元的失效率为 $\lambda_1=\lambda_2=\lambda$，求系统的平均寿命：

$$E(t_s) = \int_0^\infty R_s(t)\,\mathrm{d}t = \int_0^\infty (2e^{-\lambda t} - e^{-2\lambda t})\,\mathrm{d}t = \frac{3}{2\lambda} \tag{4-15}$$

可以推导出，有 n 个单元组成的并联系统的平均寿命：

$$E(t_s) = \frac{1}{\lambda}\cdot\sum_{i=1}^{n}\frac{1}{i} = \frac{1}{\lambda}\left(1+\frac{1}{2}+\frac{1}{3}+\cdots+\frac{1}{n}\right)$$

例 4-2 设每个单元的 $R(t)=e^{-\lambda t}$，且 $\lambda=0.001/\mathrm{h}$，求 $t=100\mathrm{h}$ 时，求如下情况的系统可靠度：(1)两个单元构成的串联系统；(2) 两个单元构成的并联系统。

解： $t=100\mathrm{h}$，$\lambda=0.001/\mathrm{h}$，一个单元的可靠度为：

$$R_1 = R(100) = e^{-0.001\times100} = e^{-0.1} = 0.905$$

(1) 两个单元构成的串联系统 R_2

$$R_2 = R_1^2 = e^{-0.2} = 0.819$$

(2)两个单元构成的并联系统 R_3

$$R_3 = 1-(1-R_1)^2 = 1-(1-e^{-0.1})^2 = 0.991$$

三、串并联系统的可靠度计算

串并联系统称为混联系统或附加单元系统，如图 4-7 所示。

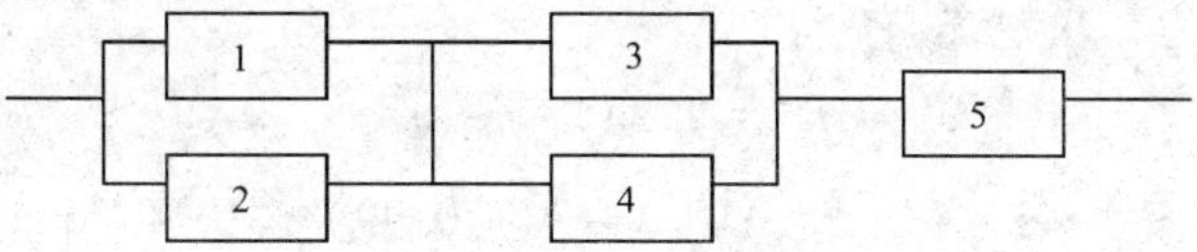

图 4-7　串并联系统

对于串并联系统，可以用等效的办法进行计算。将图 4-7 简化成图 4-8 等效串联系统。

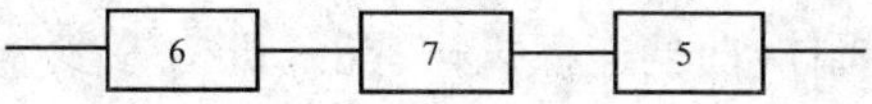

图 4-8　等效图

计算过程如下：

$$R_6 = 1-(1-R_1)(1-R_2)$$
$$R_7 = 1-(1-R_3)(1-R_4)$$
$$R_s = R_5\cdot R_6\cdot R_7$$

第三节　系统可靠度分配

系统可靠度分配是根据设计任务书中规定的系统可靠性指标，将系统的可靠度分配给组成该系统的各单元，在满足一定约束的条件下，达到系统的可靠性设计目标。

系统可靠度分配的前提是明确设计目标和限制条件，设计目标和限制条件不同，则分配方法不同。主要的系统可靠度分配方法有：等分配法、按比例分配法、按重要度和复杂度的分配方法。

在进行系统可靠度分配时,作如下假设:

(1)各单元的失效是互相独立的。

(2)各单元的失效率 λ 都是常数,即寿命均服从指数分布。

一、等分配法

这是一种最简单的分配方法。设系统由 n 个单元串联而成,若给定系统可靠度指标为 R_s^*,则:

$$R_s^* = \prod_{i=1}^{n} R_i^*$$

各单元的可靠度指标为:

$$R_i^* = (R_s^*)^{\frac{1}{n}} \tag{4-16}$$

对于并联系统:

$$R_s^* = 1 - (1 - R_i^*)^n$$

各单元的可靠度指标为:

$$R_i^* = 1 - (1 - R_s^*)^{\frac{1}{n}}$$

这种分配方法虽然简单,但并不合理。其缺点是没有考虑各单元的重要性、成本等。这种方法仅在拟订初步方案时作粗略的分配。

例 4-3 一个由 3 个子系统并联组成的系统,已知系统可靠度指标为 $R_s^* = 0.99$,试按等分配法求每一子系统的可靠度。

解: 已知系统为并联系统,有:

$$R_s^* = 1 - (1 - R_i^*)^3$$

则:

$$R_i^* = 1 - (1 - R_s^*)^{\frac{1}{3}} = 1 - (1 - 0.99)^{\frac{1}{3}} = 0.784\ 6$$

即:

$$R_1^* = R_2^* = R_3^* = 0.784\ 6$$

二、按比例分配法(ARINC)

如果一个新设计的系统与老的系统非常相似,也就是说组成系统的各单元类型相同。如新老汽车发动机,都是由机体、曲柄连杆机构、配气机构等多个分系统组成。新的发动机只是根据新的情况,对其系统提出了新的可靠性要求。这样就可根据老系统中各单元的失效率比例,按新系统可靠性的要求,给新系统的各单元分配失效率,从而可以得出各单元的可靠度,其数学表达式为:

$$\lambda'_i = \lambda_i \cdot \frac{\lambda'_s}{\lambda_s} = K_{Ai} \cdot \lambda'_s \tag{4-17}$$

式中:λ'_i——分配给新系统中第 i 个单元的失效率;

λ'_s——新系统的失效率;

λ_i——老系统中第 i 个单元的失效率;

λ_s——老系统的失效率;

K_{Ai}——比例系数,$K_{Ai} = \frac{\lambda_i}{\lambda_s}$。

这种方法的基本观点是:考虑到原有系统基本上反映了一定时期内产品能实现的可靠性,可以按现实水平,把新的可靠性指标按其原有能力成比例进行调整。

此方法适用于新、老系统结构相似,而且有统计数据的情况。

例4-4 设由3个子系统串联组成的系统,其失效率分别为0.003/h、0.002/h和0.001/h,取任务时间为40h,要求系统的可靠度达到0.96,试按比例分配法求各子系统的可靠度分配值。

解: (1)已知 $\lambda_1=0.003/h$; $\lambda_2=0.002/h$; $\lambda_3=0.001/h$

(2)计算比例系数 K_{Ai} $K_{Ai}=\frac{\lambda_i}{\lambda_s}$

$$K_1=\frac{\lambda_1}{\sum\lambda_i}=\frac{0.003}{0.003+0.002+0.001}=0.5000$$

$$K_2=\frac{0.002}{0.006}=0.3333 \quad K_3=\frac{0.001}{0.006}=0.1667$$

(3)计算 λ'_s $R^*(t)=e^{-\lambda'_s\cdot t}$

$$\lambda'_s=-\frac{\ln R_s^*}{t}$$

$$R^*(40)=e^{-\lambda'_s\cdot 40}=0.96$$

(4)子系统的可靠度分配 R_i^*

$$R_i^*=e^{-\lambda'_i\cdot t}=\exp\{-K_{Ai}\cdot\lambda'_s t\}=\exp\{-K_{Ai}(-\frac{\ln R_s^*}{t})t\}=\exp\{K_{Ai}\cdot\ln R_s^*\}$$

$$R_1^*=e^{0.5\times\ln 0.96}=0.9798$$

$$R_2^*=e^{0.3333\times\ln 0.96}=0.9865$$

$$R_3^*=e^{0.1667\times\ln 0.96}=0.9932$$

三、按重要度和复杂度的分配方法

1. 重要度的概念

一个系统可以由各分系统(子系统)或单元串联组成,而分系统则可由串联、并联方式组成。用一个定量的指标来表示各分系统或单元对系统故障的影响,这就是重要度 w_i,其表达式为:

$$w_i=\frac{\text{由第}\,i\,\text{个单元失效所引起的系统故障次数}}{\text{第}\,i\,\text{个单元失效总次数}} \tag{4-18}$$

亦称 w_i 为故障重要性因子。

2. 考虑重要度的分配方法

设系统由 n 个单元串联组成,没有考虑重要度的第 i 个单元的可靠度为:

$$R_i=R_i(t_i)=e^{-\frac{t_i}{t_{mi}}} \tag{4-19}$$

式中:t_{mi}——第 i 个单元的平均寿命;

t_i——第 i 个单元的规定工作时间。

若第 i 个单元的失效概率为 $1-R_i$,第 i 个单元失效引起系统故障的比例数为 w_i,则此单元在考虑重要性因子 w_i 的可靠度为:

$$R_i'=1-w_i(1-R_i) \quad (i=1,2,3\cdots,n) \tag{4-20}$$

整个系统的可靠度为:

$$R_s = \prod_{i=1}^{n} R_i^{\cdot} = \prod_{i=1}^{n}[1 - w_i(1 - R_i)] = \prod_{i=1}^{n}[1 - w_i(1 - e^{-\frac{t_i}{t_{mi}}})] \tag{4-21}$$

当 x 很小时，有 $e^x \approx 1 + x$，将式(4-21)改写成为：

$$R_s \approx \prod_{i=1}^{n}[(1 - w_i \cdot \frac{t_i}{t_{mi}}) \approx \prod_{i=1}^{n} e^{-\frac{w_i t_i}{t_{mi}}} = \exp\{-\sum_{i=1}^{n} w_i \cdot \frac{t_i}{t_{mi}}\} \tag{4-22}$$

如果规定了系统的可靠度指标为 R_s^*，利用等分配原则分配到各单元上去，则单元可靠度为：

$$R_i^{\cdot} = (R_s^*)^{\frac{1}{n}} \approx \exp(-\frac{w_i t_i}{t_{mi}}) \tag{4-23}$$

$$\frac{1}{n}\ln R_s^* \approx -\frac{w_i t_i}{t_{mi}}$$

有：

$$t_{mi} \approx \frac{n w_i t_i}{-\ln R_s^*} \tag{4-24}$$

或：

$$\lambda_i = \frac{1}{t_{mi}} \approx -\frac{\ln R_s^*}{n w_i t_i} \tag{4-25}$$

这种分配方法的实质在于使 t_{mi} 与 w_i 成正比，即第 i 个子系统越重要，其可靠度指标 t_{mi} 也相应成比例地加大。在方案设计阶段，当许多约束条件还未提出来时，用这种方法分配比较简单。

3. 复杂度的概念

当第 i 个单元由 n_i 个子单元组成，系统总的子单元数为 $N = \sum_{i=1}^{n} n_i$，复杂度的定义为：

$$c_i = \frac{n_i}{N} = \frac{n_i}{\sum_{i=1}^{n} n_i} \tag{4-26}$$

式中：n_i——第 i 个单元的子单元数；

n——单元数。

即某个单元中子单元数所占百分比越大就越复杂。

4. 考虑复杂度的分配方法

可靠度分配时，假设这些子单元对串联系统可靠度的贡献是相同的，则第 i 个单元的可靠度为：

$$R_i^{\ *} = (R_s^{\ *\frac{1}{N}})^{n_i} = R_s^{\ *\frac{n_i}{N}} \tag{4-27}$$

这种分配方法的实质是：复杂的单元容易出故障，其分配的可靠度值就低一些。

5. 按重要度和复杂度的分配方法(AGREE 方法)

由式(4-23)和式(4-27)，有：

$$R_i^* \approx \exp(-\frac{w_i t_i}{t_{mi}})$$

又：

$$R_i^{\ *} = R_s^{\ *\frac{n_i}{N}}$$

得：

$$\exp(-\frac{w_i t_i}{t_{mi}}) \approx R_s^{\ *\frac{n_i}{N}}$$

$$-\frac{w_i t_i}{t_{mi}} \approx \frac{n_i}{N} \ln R_s^*$$

有：

$$t_{mi}^* \approx \frac{N w_i t_i}{n_i(-\ln R_s^*)}$$

或：

$$\lambda_i^* \approx \frac{n_i(-\ln R_s^*)}{N w_i t_i} \tag{4-28}$$

从式(4-28)可看出，第 i 个单元的失效率 λ_i 与该单元的重要度成反比，与复杂度成正比。就是说，单元重要度越高，组成单元的子单元越少，工作时间越长，所分配到的失效率 λ_i 越小。

例 4-5 一个由 4 个单元组成的串联系统，要求在连续工作 24h 的期间内具有 0.96 的可靠度水平，其中单元 1 和 3 对于系统的成功运行有极大的重要性，即取 $w_1 = w_3 = 1$，单元 2 的工作时间为 10h，重要度 $w_2 = 0.90$，单元 4 具有的重要度 $w_4 = 0.85$，其工作时间为 12h，试用 AGREE 方法作可靠度分配，它们的组件数 n_i 分别为 10、20、90、50。

解： 总组件数 $N = \sum_{i=1}^{4} n_i = 10 + 20 + 90 + 50 = 170$

由：

$$\lambda_i^* \approx \frac{n_i(-\ln R_s^*)}{N w_i t_i}$$

得：

$$\lambda_1^* = \frac{10(-\ln 0.96)}{170 \times 1 \times 24} = 0.000\,1(1/\mathrm{h})$$

$$\lambda_2^* = \frac{20(-\ln 0.96)}{170 \times 0.90 \times 10} = 0.000\,534(1/\mathrm{h})$$

$$\lambda_3^* = \frac{90(-\ln 0.96)}{170 \times 1 \times 24} = 0.000\,9(1/\mathrm{h})$$

$$\lambda_4^* = \frac{50(-\ln 0.96)}{170 \times 0.85 \times 12} = 0.001\,39(1/\mathrm{h})$$

由：

$$R_i^*(t_i) = e^{-\lambda_i^* \cdot t_i}$$

得：

$$R_1^*(24) = e^{-0.000\,1 \times 24} = 0.997\,6$$

$$R_2^*(24) = e^{-0.000\,534 \times 10} = 0.994\,67$$

$$R_3^*(24) = e^{-0.000\,9 \times 24} = 0.978\,6$$

$$R_4^*(24) = e^{-0.001\,39 \times 12} = 0.983\,46$$

复习思考题

1. 试分析系统结构图和可靠性逻辑框图的异同点。

2. 某系统由 3 个子系统组成。若各子系统的平均故障间隔时间分别为 200h、80h、300h，求系统的平均故障间隔时间是多少？

3. 一串联系统由 n 个具有相同可靠度 R 的独立元件组成，设 R 取 5 个典型数据：1、0.99、0.98、0.97、0.96，试分别求出当 n 为 1、10、20、50、100、200、400 时系统的可靠度，并绘制 $R_s = f(R_i)$ 的关系曲线。

4. 若有 4 个单元，其可靠度分别为 $R_A(t) = 0.9$，$R_B(t) = 0.8$，$R_C(t) = 0.7$，$R_D(t) =$

0.6。试求：①组成串并联系统的可靠度；②组成并串联系统的可靠度。

5. 一串并联系统如图 4-9 所示，试计算图 4-9 系统的可靠度。

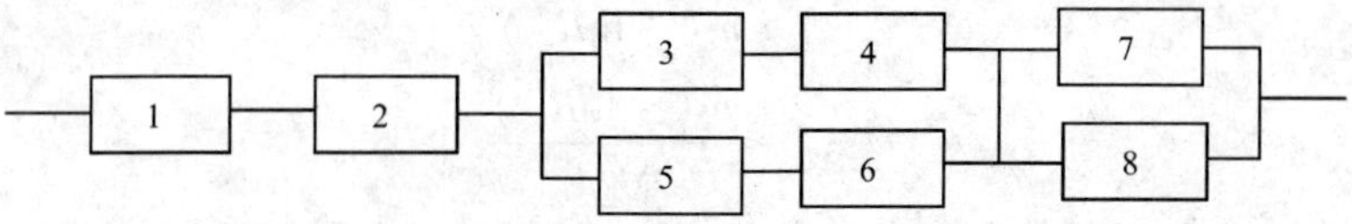

图 4-9 串并联系统

6. 一个由 4 个子系统串联组成的系统，设系统可靠度指标为 $R_S^* = 0.93$，试按等分配法求各子系统的可靠度。

7. 一个由 4 个子系统并联组成的系统，设系统可靠度指标为 $R_S^* = 0.93$，试按等分配法求各子系统的可靠度。

8. 系统由 4 个分系统串联组成，每个分系统的构成单元数 n_i 和重要性因子 W_i 见表 4-1。要求系统的可靠度为 0.9，求各系统失效率的分配值。

各分系统的构成单元数与重要性因子　　表 4-1

分系统	1	2	3	4
构成单元数	20	30	200	50
重要性因子	0.7	0.5	0.8	0.2

第五章　汽车可靠性设计

教学提示：汽车产品设计影响汽车的固有可靠性，汽车可靠性设计方法的运用对提升汽车产品的可靠性具有重要意义。本章主要介绍应力—强度干涉理论、零件的强度和应力服从不同分布时的可靠度计算、可靠性与安全系数的关系、典型零部件的可靠性设计以及零部件疲劳强度的可靠性设计。

教学目标：要求学生掌握应力—强度干涉理论，掌握零件的强度和应力服从不同分布时的可靠度计算，了解可靠性与安全系数的关系，熟悉典型零部件的可靠性设计方法，了解零部件疲劳强度的可靠性设计方法。

第一节　可靠性设计原理

一、概述

评价汽车产品质量，有多项考核指标，可靠性是其中重要指标之一。产品可靠性的高低，取决于产品设计和制造的固有可靠性。因而，将可靠性溶入汽车产品的设计过程，是保证产品可靠性水平的关键问题。

在常规的机械强度设计方法中，假设材料为均匀弹性体。判断结构强度是否满足要求，首先要分析零件上所受到的载荷作用，然后用结构力学或材料力学的方法算出零件所承受的载荷及由这些载荷计算出零件中的应力分布，确定危险点上工作应力 σ_s，再根据经验、失效类型及统计资料确定许用应力 $[\sigma]$；设计时保证最大工作应力不超过许用应力，其强度判据为 $\sigma_s \leqslant [\sigma]$。若零件满足强度判据，说明该零件保证了强度要求，在工作中不会被破坏。对于静强度设计来说，其许用应力用材料的静强度指标（塑性材料用屈服极限，脆性材料用强度极限）除以相应的安全系数。若有动载荷作用于零件上时，将动载荷换算成静载荷进行计算。对于疲劳强度设计用材料的疲劳极限。这种设计方法对于一般的机械零件的设计是可行的，但其设计的合理性和有效性并不充分。用常规设计方法设计的零件，是偏保守的设计，尽管如此，仍然存在破坏危险，其可靠程度不能量化。用户对汽车可靠性的要求越来越高，常规的设计方法已不能满足，汽车设计正向着更加精确的方向发展。

常规的机械强度设计之所以不能说明零件在运行中的破坏概率（或可靠度），一是因为设计中所用的载荷及材料性能等数据，取的是平均值或者取最大或最小值，没有考虑到数据的分散性，忽略了使设计参数产生变化的随机因素；二是因为缺乏对设计参数统计规律的认识。安全系数本身的不确定性，其选取又具有较大的主观性，因人而异。为保证设计的零件不失效，常选取偏大（远大于1）的安全系数。问题在于，采用较大的安全系数,零件的可靠度却未必高;相反,将造成材料的浪费和产品性能的降低。所以要求设计者在设计中预知设备在运行中的破坏概率(或可靠度),并希望破坏概率限制在一个较小的给定范围之内。

可靠性设计又称为概率设计。这种设计方法将各设计参数视为随机变量,即作用于零件的真实外载荷及零件的真实承载能力及零件的实际尺寸等,都看成是属于某种概率分布的统计量。以此为出发点,应用概率论与数理统计及力学理论,考虑各种随机因素的影响,可以推导出在给定设计条件下零件不产生破坏的概率(或可靠度)公式和设计公式,能够得到与客观实际情况更符合的零件设计,用可靠度来确保结构的安全性,把失效的发生控制在可接受的水平。概率设计法能够解决两方面的问题:根据设计要求进行分析计算,以确定产品的可靠度;根据设计任务提出的可靠性指标,确定零件的参数。

运用可靠性设计方法,可以充分发挥零件材料的固有性能,节省材料;可以找出各零件中的薄弱环节或应力最高的危险点,从而采取相应措施,降低危险点的应力峰值,或采取强化措施使材料的强度提高,达到提高零件可靠度的目的。可靠性设计可以量化每个零件是否破坏或产生故障,使设计者和产品的使用者做到心中有数。当然,提高零件的可靠度,必须综合考虑其经济效果,做到尽量合理。

二、可靠性设计原理(应力—强度干涉理论)

实际上,零部件的载荷、几何尺寸、材料性能等都是随机变量,是某种概率分布的统计量。可靠性设计正是考虑设计参数的分散性,在常规设计公式的基础上,引入了可靠度或其他可靠性指标,不单纯用一个安全系数来衡量零件的强度,用概率统计的方法来处理各个设计变量,同时对系统失效的可能性进行定量分析和预测。

前已叙述,常规设计方法中,满足强度的判据为:零件的强度必须大于工作应力。而可靠性设计的目标是:零件的强度 h 大于工作应力 s 的概率要大于或等于所要求满足的可靠度 R。这里的强度 h ,狭义地讲是指零件材料单位面积能承受的最大作用力,广义地讲是指阻止零件(系统)失效的因素,简称强度。这里的工作应力 s,狭义地讲是指单位面积所受外力的大小,广义地讲是指引起零件(系统)失效的因素,简称应力。这个设计准则的变换,对设计过程本身有着深远的影响。

可靠性设计准则(或基本方程)为:

$$P\{h > s\} \geqslant R \quad 或 \quad P\{h - s > 0\} \geqslant R \tag{5-1}$$

由于零件的强度 h 和工作应力 s 都是随机变量,所以具有一定的概率密度函数 $f_h(h)$ 和 $f_s(s)$。$f_h(h)$ 和 $f_s(s)$ 可能存在的 3 种应力强度分布情形如图 5-1 所示。

如图 5-1a)所示,强度的最大值 h_{max} 小于应力的最小值 s_{min}。这种情况下,零件一旦投入使用必然失效,故零件的可靠度 $R = 0$。这种情况应避免出现。

如图 5-1b)所示,应力的最大值 s_{max} 小于强度的最小值 h_{min}。此时零件的可靠度 $R = 1$。这种情况下零件完全可靠,但结构庞大、成本费用高。

如图 5-1c)所示,$\bar{h}$ 为强度的均值,$\bar{s}$ 为应力的均值,即使当 $\bar{h} > \bar{s}$ 时,这两条概率密度曲线有部分重叠的地方,出现 $h \leqslant s$ 的干涉区,这是在实际设计中经常遇到的。

图 5-2 为应力—强度干涉区的放大图。如果应力 s 落在某一个区间 $(s_1 - ds/2, s_1 + ds/2)$ 内取值,则这一事件发生的概率:

$$P(s_1 - ds/2 \leqslant s \leqslant s_1 + ds/2) = f_s(s_1)\,ds \tag{5-2}$$

以图 5-2 中的面积 A_1 表示应力落在这一区间的概率,而强度大于应力这一事件发生的概率,以图中的面积 A_2 表示:

$$P(h > s) = \int_{s_1}^{\infty} f_h(h)\,\mathrm{d}h \tag{5-3}$$

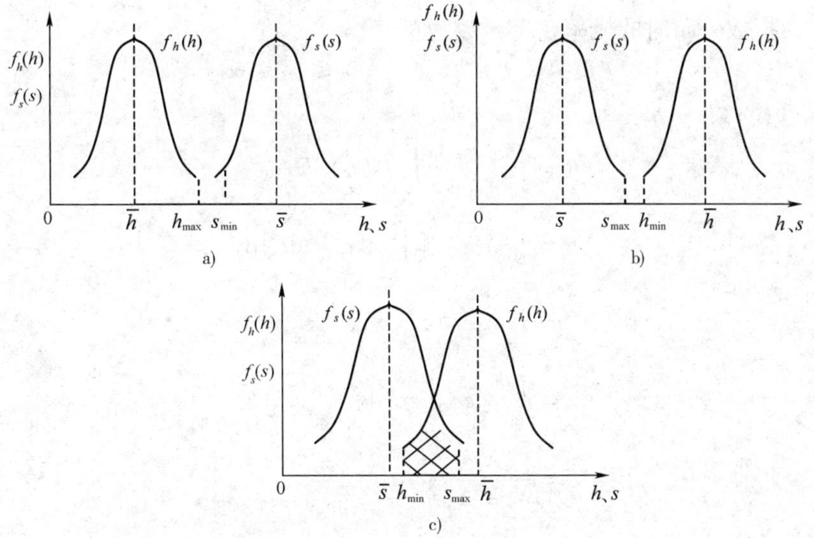

图 5-1　$f_h(h)$ 和 $f_s(s)$ 的 3 种应力强度分布

因强度与应力为两个独立的随机变量,若零件不发生破坏这一事件发生,则应力落在干涉区和强度大于应力两个事件同时发生。根据概率的乘法定理可知,应力落在 s_1 邻域内的可靠度 $\mathrm{d}R$ 为:

$$\mathrm{d}R = f_s(s_1)\,\mathrm{d}s\int_{s_1}^{\infty} f_h(h)\,\mathrm{d}h \tag{5-4}$$

对于整个应力分布,零件的可靠度为:

$$R = \int_{-\infty}^{+\infty} f_s(s)\left[\int_{s}^{\infty} f_h(h)\,\mathrm{d}h\right]\mathrm{d}s \tag{5-5}$$

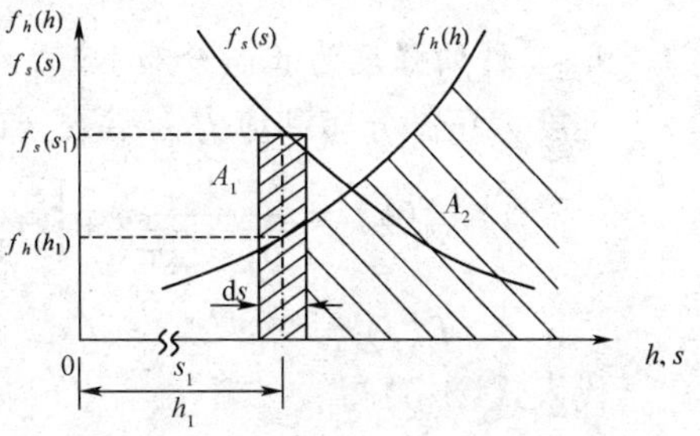

图 5-2　应力—强度干涉区的放大图

同理,强度 h 落在某一 h_1 邻域内,若要零件不发生破坏,则应力要小于强度。此时,两个事件同时发生的概率,即为零件的可靠度,可以导出 R 的另一表达式:

$$R = \int_{-\infty}^{+\infty} f_h(h)\left[\int_{-\infty}^{h} f_s(s)\,\mathrm{d}s\right]\mathrm{d}h \tag{5-6}$$

式(5-5)和式(5-6)是计算零件可靠度的一般表达式。

因可靠度与失效概率之和等于 1,可以得出失效概率 P_f,即可靠度的补数:

$$P_f = 1 - R = \int_{-\infty}^{+\infty} f_h(h)\left[\int_{h}^{\infty} f_s(s)\,\mathrm{d}s\right]\mathrm{d}h \tag{5-7}$$

这样,根据强度与应力不同分布形式的组合,可按式(5-5)、式(5-6)和式(5-7)求出其可靠度和失效概率。需要指出的是,任何一种分布与威布尔分布的组合,其失效概率的积分式一般不能直接解出,需采用数值积分方法。

三、常用分布的可靠度计算

1. 零件的强度和应力均为指数分布时的可靠度计算

强度 h 为指数分布时的概率密度函数为：

$$f_h(h) = \lambda_h e^{-\lambda_h h} \qquad (0 \leqslant h \leqslant \infty)$$

应力 s 为指数分布时的概率密度函数为：

$$f_s(s) = \lambda_s e^{-\lambda_s s} \qquad (0 \leqslant s \leqslant \infty)$$

代入式(5-5)得：

$$\begin{aligned} R &= \int_0^\infty f_s(s)\left[\int_s^\infty f_h(h)\,\mathrm{d}h\right]\mathrm{d}s \\ &= \int_0^\infty \lambda_s e^{-\lambda_s s}\left[\int_s^\infty \lambda_h e^{-\lambda_h h}\,\mathrm{d}h\right]\mathrm{d}s \\ &= \int_0^\infty \lambda_s e^{-\lambda_s s}\cdot e^{-\lambda_h s}\,\mathrm{d}s \\ &= \int_0^\infty \lambda_s e^{-(\lambda_s+\lambda_h)s}\,\mathrm{d}s \\ &= \frac{\lambda_s}{\lambda_s+\lambda_h} \end{aligned} \tag{5-8}$$

若强度的均值为 $\bar{h}=\dfrac{1}{\lambda_h}$，应力的均值为 $\bar{s}=\dfrac{1}{\lambda_s}$，则式(5-8)可改写为：

$$R = \frac{\bar{h}}{\bar{s}+\bar{h}} \tag{5-9}$$

2. 零件的强度为正态分布，应力为指数分布时的可靠度计算

强度为正态分布和应力为指数分布时的概率密度函数分别为：

$$f_h(h) = \frac{1}{\sigma_h\sqrt{2\pi}}\exp\left[-\frac{1}{2}\left(\frac{h-\mu_h}{\sigma_h}\right)^2\right] \qquad (-\infty < h < +\infty)$$

$$f_s(s) = \lambda_s e^{-\lambda_s s} \qquad (s \geqslant 0)$$

代入式(5-6)得：

$$\begin{aligned} R &= \int_0^\infty f_h(h)\left[\int_0^h f_s(s)\,\mathrm{d}s\right]\mathrm{d}h \\ &= \int_0^\infty \frac{1}{\sigma_h\sqrt{2\pi}}\exp\left[-\frac{1}{2}\left(\frac{h-\mu_h}{\sigma_h}\right)^2\right]\cdot\left[\int_0^h \lambda_s e^{-\lambda_s s}\,\mathrm{d}s\right]\mathrm{d}h \\ &= \int_0^\infty \frac{1}{\sigma_h\sqrt{2\pi}}\exp\left[-\frac{1}{2}\left(\frac{h-\mu_h}{\sigma_h}\right)^2\right]\cdot\left[1-e^{-\lambda_s h}\right]\mathrm{d}h \\ &= \int_0^\infty \frac{1}{\sigma_h\sqrt{2\pi}}\exp\left[-\frac{1}{2}\left(\frac{h-\mu_h}{\sigma_h}\right)^2\right]\mathrm{d}h - \int_0^\infty \frac{1}{\sigma_h\sqrt{2\pi}}\exp\left[-\frac{1}{2}\left(\frac{h-\mu_h}{\sigma_h}\right)^2\right]\cdot e^{-\lambda_s h}\,\mathrm{d}h \\ &= 1-\Phi\left(-\frac{\mu_h}{\sigma_h}\right)-\frac{1}{\sqrt{2\pi}\sigma_h}\int_0^\infty \exp\left\{-\frac{1}{2\sigma_h^2}\left[(h-\mu_h+\lambda_s\sigma_h^2)^2+2\lambda_s\mu_h\sigma_h^2-\lambda_s^2\sigma_h^2\right]\right\}\mathrm{d}h \end{aligned} \tag{5-10}$$

令：

$$t=\frac{h-\mu_h+\lambda_s\sigma_h^2}{\sigma_h}, \quad \sigma_h\,\mathrm{d}t=\mathrm{d}h$$

则式(5-10)可写成:

$$R = 1 - \Phi(-\frac{\mu_h}{\sigma_h}) - \frac{1}{\sqrt{2\pi}}\int_{-\frac{\mu_h-\lambda_s\sigma_h^2}{\sigma_h}}^{\infty} e^{-\frac{t^2}{2}} e^{-\frac{1}{2}(2\lambda_s u_h - \lambda_s^2\sigma_h^2)} \mathrm{d}t$$

$$= 1 - \Phi(-\frac{\mu_h}{\sigma_h}) - [1 - \Phi(-\frac{\mu_h - \lambda_s\sigma_h^2}{\sigma_h})] e^{-\frac{1}{2}(2\lambda_s\mu_h - \lambda_s^2\sigma_h^2)} \tag{5-11}$$

在一般情况下,$\Phi(-\frac{\mu_h}{\sigma_h})$及$\Phi(-\frac{\mu_h - \lambda_s\sigma_h^2}{\sigma_h})$均近似为零,故得零件的可靠度为:

$$R \approx 1 - e^{-(\lambda_s u_h - \frac{1}{2}\lambda_s^2\sigma_h^2)} \tag{5-12}$$

当强度为指数分布,应力为正态分布时,可用式(5-5)求得零件的可靠度:

$$R \approx e^{-(\lambda_h u_s - \frac{1}{2}\lambda_h^2\sigma_s^2)} \tag{5-13}$$

3. 零件的强度和应力均为正态分布时的可靠度计算

强度为正态分布时的概率密度函数为:

$$f_h(h) = \frac{1}{\sigma_h\sqrt{2\pi}}\exp[-\frac{1}{2}(\frac{h-\mu_h}{\sigma_h})^2] \quad (-\infty < h < +\infty)$$

应力为正态分布时的概率密度函数为:

$$f_s(s) = \frac{1}{\sigma_s\sqrt{2\pi}}\exp[-\frac{1}{2}(\frac{s-\mu_S}{\sigma_s})^2] \quad (-\infty < s < +\infty)$$

由正态分布的性质可知,两个相互独立的随机变量之差,$y = h - s$ 仍然服从正态分布,其均值μ_y和均方差σ_y为:

$$\mu_y = \mu_h - \mu_s, \sigma_y = \sqrt{\sigma_h^2 + \sigma_s^2} \tag{5-14}$$

零件的可靠度可表达为:

$$R = P\{h > s\} = P\{y > 0\}$$

$$= \int_0^{+\infty} \frac{1}{\sigma_y\sqrt{2\pi}}\exp[-\frac{1}{2}(\frac{y-\mu_y}{\sigma_y})^2]\mathrm{d}y \tag{5-15}$$

令:$z = \frac{y-\mu_y}{\sigma_y}$,有 $\sigma_y d_z = \mathrm{d}y$

当 $y = 0$ 时,z 的下限为:

$$z = \frac{0-\mu_y}{\sigma_y} = -\frac{\mu_h - \mu_s}{\sqrt{\sigma_h^2 + \sigma_s^2}} \tag{5-16}$$

当 $y \to +\infty$ 时,$z \to +\infty$,式(5-15)可变为:

$$R = \frac{1}{\sqrt{2\pi}}\int_{-\frac{\mu_y}{\sigma_y}}^{\infty} e^{-\frac{z^2}{2}}\mathrm{d}z = 1 - \Phi(z)$$

$$= 1 - \Phi(-\frac{\mu_h - \mu_s}{\sqrt{\sigma_h^2 + \sigma_s^2}}) \tag{5-17}$$

式(5-16)称为耦合方程(或联结方程)。

例 5-1 根据市场调查,某汽车后车门的开关次数为随机变量服从正态分布,其均值和均方差分别为 15.4 次/d 和 4.1 次/d。根据扭转弹簧的强度试验结果知道,强度服从正态分布,其均值为 28 000 次,均方差为 1 350 次。试估计 3 年后该汽车后车门弹簧的故障率及可靠度。

解： 3 年共 360 ×3 = 1 080d，3 年后弹簧所承受应力的均值和均方差为：

$$\mu_s = 15.4 \times 1\ 080 = 16\ 632 \text{ 次}$$
$$\sigma_s = 4.1 \times 1\ 080 = 4\ 428 \text{ 次}$$

根据式(5-17)，弹簧的不可靠度 $\bar{R}$ 为：

$$\bar{R} = \Phi\left(-\frac{\mu_h - \mu_s}{\sqrt{\sigma_h^2 + \sigma_s^2}}\right) = \Phi\left(-\frac{28\ 000 - 16\ 632}{\sqrt{1\ 350^2 + 4\ 428^2}}\right)$$
$$= \Phi\left(-\frac{11\ 368}{4\ 629.22}\right) = \Phi(-2.46) = 0.006\ 9$$

即可靠度为：

$$R = 1 - 0.006\ 9 = 0.993\ 1$$

所以 3 年后汽车后车门弹簧发生故障数约为总数的 0.7%，3 年后弹簧的可靠度为 0.993 1。

例 5-2 有一个汽车零件，已知其强度为 $\mu_h = 1\ 800\text{MPa}$，$\sigma_h = 225\text{MPa}$，其作用应力 $\mu_s = 1\ 300\text{MPa}$，$\sigma_s = 130\text{MPa}$；设强度和应力均服从正态分布，试计算该零件的失效概率及可靠度。若设法控制强度的标准差，使其降低到 $\sigma'_h = 140\text{MPa}$ 时，其失效概率又如何？

解： (1) 如按常规设计，以强度和应力的均值来计算安全系数 $\bar{n}$

得：

$$\bar{n} = \frac{\mu_h}{\mu_s} = \frac{1\ 800}{1\ 300} = 1.385$$

(2) 按概率设计

$$\mu_y = \mu_h - \mu_s = 500\ \text{MPa}$$
$$\sigma_y = \sqrt{\sigma_h^2 + \sigma_s^2} = 260\ \text{MPa}$$
$$z = -\frac{\mu_Y}{\sigma_y} = -\frac{500}{260} = -1.923$$
$$P_f = \Phi(-1.923) = 2.72\%$$
$$R = 1 - P_f = 97.28\%$$

(3) 当 $\sigma'_h = 140\text{MPa}$ 时，$\sigma'_y = \sqrt{\sigma'^2_h + \sigma_s^2} = 191\text{MPa}$

$$z' = -\frac{\mu_y}{\sigma'_y} = -\frac{500}{191} = -2.618$$
$$P'_f = \Phi(-2.618) = 0.44\%$$
$$R' = 1 - P'_f = 99.56\%$$

以上说明，常规设计的安全系数无法反映可靠度的变化。

4. 零件的强度和应力均为对数正态分布时的可靠度计算

如果随机变量 y 服从对数正态分布，其概率密度函数的标准形式为：

$$f(y) = \frac{1}{y\sigma\sqrt{2\pi}}\exp\left[-\frac{1}{2\sigma^2}(\ln y - \mu)^2\right] \qquad (y > 0) \qquad (5\text{-}18)$$

当 y 服从对数正态分布时，则 $x = \ln y$ 服从正态分布。式(5-18)中的 μ 和 σ 分别为随机变量 x 的均值和均方差。首先建立对数正态分布参数 y 和正态分布参数 x 之间的关系，然后解决服从对数正态分布时的可靠度计算问题。

由 $x = \ln y$，则 $y = e^x$，$\mathrm{d}x = \frac{1}{y}\mathrm{d}y$，求 y 的均值 $E(y)$ 和方差 $D(y)$。

$$
\begin{aligned}
E(y) &= \int_{-\infty}^{+\infty} y \cdot f(y)\,\mathrm{d}y \\
&= \int_{-\infty}^{+\infty} y \cdot \frac{1}{y\sigma\sqrt{2\pi}} \exp\left[-\frac{(\ln y-\mu)^2}{2\sigma^2}\right]\mathrm{d}y \\
&= \int_{-\infty}^{+\infty} \frac{1}{\sigma\sqrt{2\pi}} e^x \cdot \exp\left[-\frac{(x-\mu)^2}{2\sigma^2}\right]\mathrm{d}x \\
&= \int_{-\infty}^{+\infty} \frac{1}{\sigma\sqrt{2\pi}} \exp\left[x-\frac{(x-\mu)^2}{2\sigma^2}\right]\mathrm{d}x \\
&= \int_{-\infty}^{+\infty} \frac{1}{\sigma\sqrt{2\pi}} \exp\left\{\left(\mu+\frac{\sigma^2}{2}\right)-\frac{1}{2\sigma^2}[x-(\mu+\sigma^2)]^2\right\}\mathrm{d}x \\
&= \exp\left(\mu+\frac{\sigma^2}{2}\right) \cdot \int_{-\infty}^{+\infty} \frac{1}{\sigma\sqrt{2\pi}} \exp\left\{-\frac{[x-(\mu+\sigma^2)]^2}{2\sigma^2}\right\}\mathrm{d}x \\
&= \exp\left(\mu+\frac{\sigma^2}{2}\right)
\end{aligned}
\tag{5-19}
$$

积分式 $\int_{-\infty}^{+\infty}=1$，故得上式。

为了求得 y 的方差，先考虑 $E(y^2)$：

$$
\begin{aligned}
E(y^2) &= \int_{-\infty}^{+\infty} y^2 \cdot f(y)\,\mathrm{d}y \\
&= \int_{-\infty}^{+\infty} \frac{1}{\sigma\sqrt{2\pi}} \cdot \exp\left[2x-\frac{1}{2\sigma^2}(x-\mu)^2\right]\mathrm{d}x \\
&= \int_{-\infty}^{+\infty} \frac{1}{\sigma\sqrt{2\pi}} \cdot \exp\left\{(2\mu+2\sigma^2)-\frac{1}{2\sigma^2}[x-(\mu+2\sigma^2)]^2\right\}\mathrm{d}x \\
&= \exp[2(\mu+\sigma^2)]
\end{aligned}
$$

由方差的定义得：

$$
\begin{aligned}
D(y) &= E(y^2)-[E(y)]^2 \\
&= \exp[2(\mu+\sigma^2)]-\left[\exp\left(\mu+\frac{\sigma^2}{2}\right)\right]^2 \\
&= [\exp(2\mu+\sigma^2)]\cdot[\exp(\sigma^2)-1]
\end{aligned}
\tag{5-20}
$$

由式(5-20)得：

$$\frac{D(y)}{[E(y)]^2}=e^{\sigma^2}-1$$

解得：

$$\sigma^2=\ln\left[\frac{D(y)}{[E(y)]^2}+1\right] \tag{5-21}$$

由式(5-19)：

$$E(y)=e^{\mu+\frac{\sigma^2}{2}}$$

解得：

$$\mu=\ln E(y)-\frac{1}{2}\sigma^2 \tag{5-22}$$

对于对数正态分布，应利用强度和应力的均值 μ_h、μ_s 及均方差 σ_h、σ_s 与 $\mu_{\ln h}$、$\mu_{\ln s}$ 及 $\sigma_{\ln h}$ 与 $\sigma_{\ln s}$ 的换算关系，然后按正态分布计算零部件的可靠度。

$$
\begin{aligned}
\mu_{\ln h} &= \ln\mu_h-\frac{1}{2}\sigma_{\ln h}^2 \\
\sigma_{\ln h}^2 &= \ln\left[\left(\frac{\sigma_h}{\mu_h}\right)^2+1\right]
\end{aligned}
\tag{5-23}
$$

$$\mu_{\ln s} = \ln\mu_s - \frac{1}{2}\sigma_{\ln s}^2$$
$$\sigma_{\ln s}^2 = \ln[(\frac{\sigma_s}{\mu_s})^2 + 1] \tag{5-24}$$

例 5-3 已知汽车上某一种拉杆的强度和应力均服从对数正态分布,其特征值分别为:$\mu_h = 100\text{MPa}$,$\sigma_h = 10\text{MPa}$,$\mu_s = 60\text{MPa}$,$\sigma_s = 10\text{MPa}$,试求这种拉杆的可靠度。

解: 由 $\sigma_{\ln h}^2 = \ln\left[\left(\frac{\sigma_h}{\mu_h}\right)^2 + 1\right]$ $\quad \mu_{\ln h} = \ln\mu_h - \frac{1}{2}\sigma_{\ln h}^2$

得:
$$\sigma_{\ln h}^2 = \ln\left[\left(\frac{10}{100}\right)^2 + 1\right] = 0.009\ 95$$
$$\mu_{\ln h} = \ln 100 - \frac{1}{2} \times 0.009\ 95 = 4.600\ 2$$

同理:
$$\sigma_{\ln s}^2 = \ln\left[\left(\frac{10}{60}\right)^2 + 1\right] = 0.027\ 40$$
$$\mu_{\ln s} = \ln 60 - \frac{1}{2} \times 0.027\ 40 = 4.080\ 6$$
$$z = -\frac{\mu_{\ln h} - \mu_{\ln s}}{\sqrt{\sigma_{\ln h}^2 + \sigma_{\ln s}^2}} = -\frac{4.600\ 2 - 4.080\ 6}{\sqrt{0.009\ 95 + 0.027\ 40}} = -2.689$$
$$R = 1 - \Phi(z) = 1 - \Phi(-2.689) = 1 - 0.003\ 6 = 0.996\ 4$$

四、可靠性与安全系数

在汽车零部件的设计中,把强度与应力之比称为安全系数。常规设计中,视这种安全系数为常数,其特点是直观、简单,有一定的实践依据,目前还在应用。但正如前面所述,由于强度和应力的随机性,常数安全系数不可避免地带有一定的盲目性和经验性,乃至保守性,它不能很好地反映结构的可靠性。

1. 平均安全系数

设强度和应力分别为 h 和 s,它们都是随机变量,则所谓安全系数 n 为:
$$n = \frac{h}{s} \tag{5-25}$$

显然,n 也是随机变量。产品的可靠度 R 应为:
$$R = P(h > s) = P(h - s > 0) = P(n > 1) \tag{5-26}$$

如果强度和应力相互独立且均服从正态分布 $h \sim N(\mu_h, \sigma_h)$ 和 $s \sim N(\mu_s, \sigma_s)$,则零部件的可靠度由式(5-17)得:
$$R = 1 - \Phi\left(-\frac{\mu_h - \mu_s}{\sqrt{\sigma_h^2 + \sigma_s^2}}\right)$$

即安全系数大于 1 的概率为:
$$P(n > 1) = 1 - \Phi\left(-\frac{\mu_h - \mu_s}{\sqrt{\sigma_h^2 + \sigma_s^2}}\right) \tag{5-27}$$

在常规设计中,安全系数被定义为强度的均值与应力的均值之比, 即:

$$n_0 = \frac{\mu_h}{\mu_s} \tag{5-28}$$

称 n_0 为平均安全系数，它是常数。平均安全系数不能确切地反映零部件的可靠性，且具有一定程度的盲目性。

在寻求新的安全系数的度量指标时，提出以最小强度 $h_{\min}$ 和最大应力 $s_{\max}$ 之比作为零部件安全系数 n_k 的度量指标，即：

$$n_k = \frac{h_{\min}}{s_{\max}} \tag{5-29}$$

但是，如何取 $h_{\min}$ 和 $s_{\max}$，还存在着许多不同的看法。

对于强度与应力均服从正态分布时，通常可以分别取最小强度和最大应力为：

$$h_{\min} = \mu_h - 3\sigma_h, s_{\max} = \mu_s + 3\sigma_s \tag{5-30}$$

于是安全系数 n_k 便为：

$$n_k = \frac{h_{\min}}{s_{\max}} = \frac{\mu_h - 3\sigma_h}{\mu_s + 3\sigma_s} \tag{5-31}$$

由正态分布的性质可知，应力大于 $(\mu_s + 3\sigma_s)$ 和强度低于 $(\mu_h - 3\sigma_h)$ 的概率均分别为 0.13%，这时，零部件失效概率（即应力大于强度的概率）为 $0.13\% \times 0.13\% = 0.169 \times 10^{-5}$。用式(5-31)评价安全系数具有一定的可靠度。

2. 可靠度意义下的安全系数

从可靠性的角度而言，在考虑强度的最小值和应力的最大值的取法时，应该根据它们的分布及它们的可靠度来确定。

设强度 $h > h_{\min}$ 的概率为 $P(h > h_{\min})$，且：

$$R_h = P(h > h_{\min}) \tag{5-32}$$

则称 R_h 为强度 $h > h_{\min}$ 的可靠度。因此，强度的最小值 $h_{\min}$ 与强度可靠度 R_h 对应。将强度的可靠度为 R_h 时所对应的 $h_{\min}$，记为 $h_{\min}(R_h)$。

同样，应力 $s \leqslant s_{\max}$ 的概率为 $P(s \leqslant s_{\max})$，且：

$$R_s = P(s \leqslant s_{\max}) \tag{5-33}$$

则称 R_s 为应力 $s \leqslant s_{\max}$ 的可靠度。因此，应力的最大值 $s_{\max}$ 与应力的可靠度 R_s 对应。将应力的可靠度为 R_s 时所对应的 $s_{\max}$，记为 $s_{\max}(R_s)$。

在强度和应力的可靠度分别为 R_h 和 R_s 时，则称：

$$n_R = \frac{h_{\min}(R_h)}{s_{\max}(R_s)} \tag{5-34}$$

为零部件在可靠度意义下的安全系数。

例如，当 $R_h = 0.95$，$R_s = 0.99$，应力和强度均服从正态分布时，则有：

$$\int_{h_{\min}}^{\infty} \frac{1}{\sigma_h \sqrt{2\pi}} e^{-\frac{(h-\mu_h)^2}{2\sigma_h^2}} \mathrm{d}h = 0.95 \text{ 或 } 1 - \Phi\left(\frac{h_{\min} - \mu_h}{\sigma_h}\right) = 0.95 \tag{5-35}$$

$$\int_{-\infty}^{s_{\max}} \frac{1}{\sigma_s \sqrt{2\pi}} e^{-\frac{(s-\mu_s)^2}{2\sigma_s^2}} \mathrm{d}s = 0.99 \text{ 或 } \Phi\left(\frac{s_{\max} - \mu_s}{\sigma_s}\right) = 0.99 \tag{5-36}$$

查正态概率表，可得 $\frac{h_{\min} - \mu_h}{\sigma_h} = -1.65$ 和 $\frac{s_{\max} - \mu_s}{\sigma_s} = 2.33$。

整理后便得到：

$$h_{\min}(0.95)=\mu_h-1.65\sigma_h=(1-1.65C_h)\mu_h$$
$$s_{\max}(0.99)=\mu_s+2.33\sigma_s=(1+2.33C_s)\mu_s$$

式中，$C_h=\dfrac{\sigma_h}{\mu_h}$，$C_s=\dfrac{\sigma_s}{\mu_s}$，并称 C_h 和 C_s 为强度和应力的变差系数。于是，在可靠度意义下的安全系数 n_R 为：

$$n_R=\frac{h_{\min}(0.95)}{s_{\max}(0.99)}=\frac{(1-1.65C_h)\mu_h}{(1+2.33C_s)\mu_s} \tag{5-37}$$

3. 安全系数含义的讨论

(1)只有在强度和应力的分布都很集中(即 σ_h 和 σ_s 都很小)时，平均安全系数才有意义，如图 5-3 所示，可以定义 $n_0\approx n_k=\dfrac{h_{\min}}{s_{\max}}$。

(2)当强度和应力分布很分散(即 σ_h 和 σ_s 都很大)时，平均安全系数 n_0 已失去了确定的含义，如图 5-4 所示，这时 $n_0\approx n_{0.5}=\dfrac{\mu_h}{\mu_s}\left[\text{其中 } n_{0.5}=\dfrac{h_{\min}(50\%)}{s_{\max}(50\%)}\right]$。

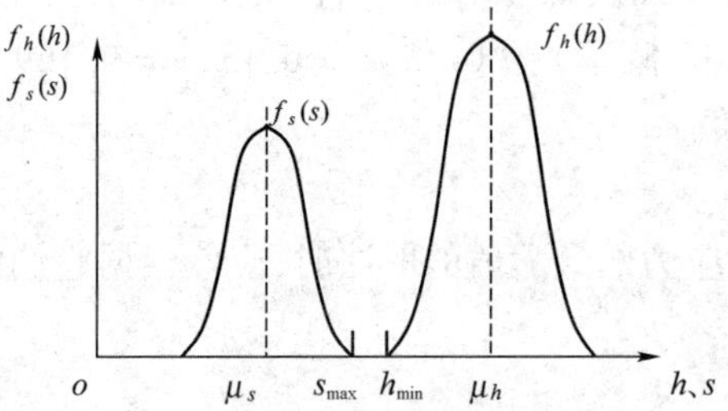

图 5-3 σ_h 和 σ_s 很小时的 n_0 和 n_k

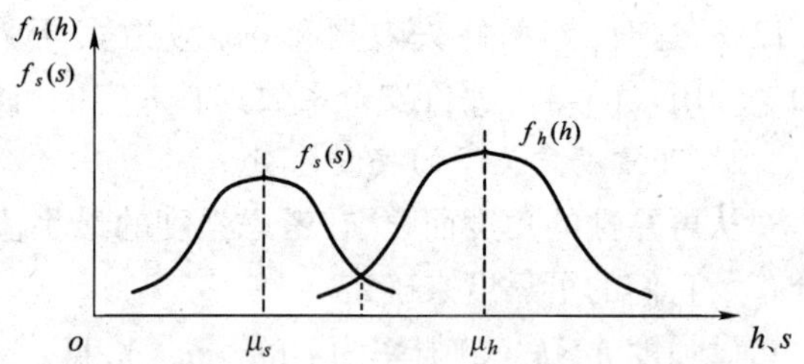

图 5-4 σ_h 和 σ_s 很大时的 n_0 和 n_k

还可以从应力—强度干涉图上直观地看到安全系数与可靠度之间的关系，如图 5-5a)所示。

①当强度和应力的标准差不变时，提高强度的均值($\mu'_h>\mu_h$)，即提高 $n_0=\mu_h/\mu_s$ 就会提高可靠度，图中阴影面积 $A'<A$，干涉区变小。

②强度和应力的均值不变时，减少它们的标准差也可以提高可靠度，图 5-5b)中阴影面积 $A'<A$，干涉区变小。

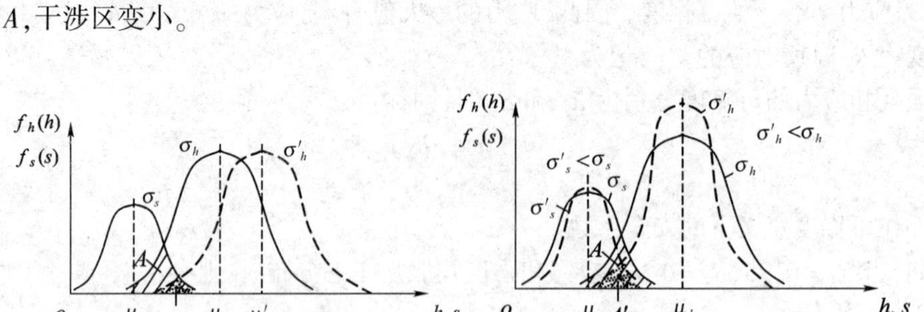

图 5-5 平均安全系数与可靠度的关系

(3)可靠度意义下的安全系数 n_R 与产品可靠度 R 的关系

设 $u_0=-\dfrac{\mu_h-\mu_s}{\sqrt{\sigma_h^2+\sigma_s^2}}$为联结方程，由此可得：

$$\mu_h = \mu_s - u_0\sqrt{\sigma_h^2 + \sigma_s^2}$$
$$= \mu_s - u_0\sqrt{(\mu_h C_h)^2 + (\mu_s C_s)^2}$$
$$= \mu_s\left[1 - u_0\sqrt{\left(\frac{\mu_h}{\mu_s}\right)^2 C_h^2 + C_s^2}\right]$$

故有：
$$\frac{\mu_h}{\mu_s} - 1 = -u_0\sqrt{\left(\frac{\mu_h}{\mu_s}\right)^2 C_h^2 + C_s^2}$$

上式经过整理后可得：

$$(1 - u_0^2 C_h^2)\left(\frac{\mu_h}{\mu_s}\right)^2 - 2\frac{\mu_h}{\mu_s} + (1 - u_0 C_s^2) = 0$$

解上述方程，舍弃增根，便可得：

$$\frac{\mu_h}{\mu_s} = \frac{1 + u_0\sqrt{C_h^2 + C_s^2 - u_0^2 C_h^2 C_s^2}}{1 - u_0^2 C_h^2} \tag{5-38}$$

式中：C_h、C_s——分别为强度、应力的变差系数。

将式(5-38)代入式(5-37)得：

$$n_R = \frac{h_{\min}(0.95)}{s_{\max}(0.99)} = \frac{(1 - 1.65C_h)\mu_h}{(1 + 2.33C_s)\mu_s}$$
$$= \frac{(1 - 1.65C_h)\left[1 + u_0\sqrt{C_h^2 + C_s^2 - u_0^2 C_h^2 C_s^2}\right]}{(1 + 2.33C_s)\times(1 - u_0 C_h^2 C_s^2)}$$

式(5-38)就是可靠度意义下的安全系数与产品可靠度(即相应的 u_0)之间的关系。由变差系数 C_h、C_s 及可靠度 R 便可计算安全系数 n_R。可靠度 R 不变，R_h 和 R_s 取值不同[即对应的 $h_{\min}(R_h)$ 和 $s_{\max}(R_s)$ 不同]，安全系数 n_R 也将不同。例如，当 $R_h = 0.5$，$R_s = 0.5$ 时，则 $n_R = n_0$，即：

$$n_R = \frac{h_{\min}(0.5)}{s_{\max}(0.5)} = \frac{\mu_h}{\mu_s} = n_0 = \frac{1 + u_0\sqrt{C_h^2 + C_s^2 - u_0^2 C_h^2 C_s^2}}{1 - u_0^2 C_h^2} \tag{5-39}$$

式(5-39)就是平均安全系数 $n_0 = \mu_h/\mu_s$ 与可靠度 R 的关系式。所以，常规设计时的平均安全系数 n_0 就是应力和强度的可靠度均取为50%时的可靠度意义下的安全系数(记为 $R_{0.5}$)，即：

$$n_0 = R_{0.5} = \frac{\mu_h}{\mu_s}$$

第二节　可靠性设计要求

一、可靠性设计在可靠性工程中的地位

汽车产品设计中，要综合满足用户对各种使用性能(动力性、燃油经济性、舒适性、安全性等)的要求，满足国家制定的各项标准、法规(安全、排放、噪声等)的要求，满足用户对可靠性、维修性、耐久性的要求，还要考虑到工艺性、制造成本、投产时间等。设计工作是以上各个方面的综合平衡，哪一方面都不能忽视。

在诸多方面设计要求中,对产品的声誉与竞争力最有影响,也就是用户对汽车产品最为关切的性能,莫过于可靠性。一般来说,制造原因(材料、加工、装配等)产生的可靠性问题表现为局部性的、短期性的,它影响一部分产品或一个时期的产品质量。而设计原因(指产品设计与工艺设计)所造成的产品可靠性问题表现为全局性的、长期性的,它是不可能通过加强生产过程的质量管理来解决的。设计上造成的可靠性问题是"先天性"的毛病,投产后难以治愈。即在产品设计阶段留有产品缺陷,在事后的制造、使用、维修中不管如何努力,均不可能得到解决,还要导致不断修改,赔偿用户损失,增加维修费用,带来人力、物力和时间上的巨大浪费。汽车的固有可靠性主要取决于设计。

所以说,可靠性工程必须从设计抓起。设计工作是汽车可靠性工程的起点和基础。为了使汽车具有满意的可靠性,应首先重视汽车设计阶段的工作质量。高度重视汽车设计阶段的可靠性问题是至关重要的。

产品的可靠性像其他性能参数一样,是产品的一个特性参数。在做产品可靠性设计工作的过程中,应该尽早开展可靠性分析工作。利用系统性能指标、原理图、工作流程图、图样等设计文件作为可靠性分析的原始资料,既要注意满足产品性能的要求,又要分析设计中是否存在缺陷,避免投入生产以后更改设计而造成多方面浪费。新产品的研制一般总是要经过若干次更改。但更改的时间越早,浪费越小。投入生产以后更改设计浪费大,投入使用以后再改,浪费更大。设计还在纸面上时,更改最容易,浪费最小。所以从开始设计起就要开始做可靠性分析,这是保障设计可靠性最好、最经济的办法。

二、可靠性设计的内容

所说的可靠性是指广义上的可靠性,即包括可靠性、维修性与耐久性。从广义可靠性含义出发,可靠性设计至少应包括以下内容。

1. 系统可靠性目标的制定

根据市场的预测、竞争的需要、技术上的可行性分析、制造成本高低等因素的研究,提出可靠性目标值,这些目标值主要有如下几方面。

(1)可靠性指标:MTBF,MTTFF,当量故障率。

(2)维修性指标:MTTR,维修时间率,维修费,有效度。

(3)耐久性指标:大修里程,报废里程。

2. 可靠性指标的分配与预测

将整车可靠性指标逐级分配下去,明确每个系统、每个总成、每个零件的可靠性要求,并根据过去的资料及试验数据结果预测可靠性。

3. 结构可靠性设计与验证

进行每个具体结构的设计,通过试制、试验进行验证是否达到预期目标。没有达到时,进行改进设计或酌情调整目标值。

4. 系统可靠性设计与验证

重点是各结构间的连接、协调、匹配。通过整车的试制,试验来验证。

5. 维修制度的设计与验证

确定采取哪种维修制度,即维修方法、维修点、润滑点、检测点、监测装置等的设计与试验,使用维修文件、备件图册的编制、维修工具、装备的设计、备件数量的预测等。

6. 耐特殊环境设计

明确汽车可能工作的最恶劣的环境,针对这些环境条件进行必要的可靠性和维修性设计,进行特殊环境试验(包括零部件与整车)。

7. 外购件的选用与可靠性验证

在现代汽车产品生产中,外购件往往占一半以上。因此,要根据整车或系统的可靠性要求,规定外购件的可靠性要求,并通过严格的试验、检验,选择性能与可靠性符合要求的外购件。

8. 工艺可靠性设计

在工艺设计中充分考虑保证可靠性的措施,包括工序能力设计、检测工艺设计、防止误装、误加工的设计与检验等。

9. 运输、储存、包装的可靠性

产品设计与工艺设计中,要考虑运输、储存、包装过程中防止汽车产品损坏、腐蚀等的可靠性。

10. 用户使用中可靠性信息的收集与可靠性改进

根据销售部门反馈的信息,了解产品的可靠性状况与问题,进行失效分析;凡属于设计的问题,及时加以改进。

三、可靠性的设计原则

总结以往产品设计中成功的经验和失败的教训,提出以下几条可靠性设计原则。

1. 确保可靠性原则

任何设计都必须确保达到预定的可靠性目标。采用任何新的结构、选用新的外购件,都必须以保证可靠性为前提。如果某种新结构虽然会带来性能上的好处,但同时也会带来可靠性下降的坏处,原则上这种新结构不能采用。也就是说,当性能改善(不包括标准、法规内容)与可靠性冲突时,首先要保证可靠性。

2. 一切通过试验原则

任何新结构的采用或老结构的改进,都必须通过严格的试验。这些试验必须有足够的有效性,即试验的标准合理,试验的方法正确,确保产品投放市场后的可靠性要求。绝不允许未经试验通过就投入生产。外购件要进行严格的选型、可靠性试验与入厂检验。

3. 简单化、标准化、通用化原则

在性能满足要求的情况下,尽量采用简单的结构,不要盲目追求局部的新颖与复杂。元件数量少,结构简单,工艺简单,使用简单,维修简单,这样可靠性就高。最大限度地采用标准化的零件、组件,采用市场上通用、可互换并经使用证明可靠的零部件。

4. 技术上成熟、可靠性增长原则

尽可能采用成熟的、具有良好可靠性的结构,使新的设计保持原有结构的可靠性优势,消除老结构不可靠的部分,使新结构的可靠性较老结构有所增长,而不是下降。在新产品研制过程与工艺设计过程中,采取边设计、边试验、边改进的“滚动”办法,不断消除可靠性方面存在的问题,使系统的可靠性不断增长。避免在改进过程中轻易推翻设计方案,使可靠性从“零”开始的现象发生。

5. 充分考虑维修性原则

在设计中要把维修性作为重要因素,必须满足基本维修性。

四、汽车可靠性设计的基本要求

实施汽车可靠性设计必须全面考虑包括从研究、制作,到使用、维修的整个产品周期内的各个方面的问题,其基本要求如下。

(1)凡是事前已考虑到的缺陷,从设计一开始,就应该设法予以消除。即使发生了故障,也应容易诊断和修理。这些是根本的可靠性和维修性。

(2)设计应包括:汽车系统设计、可靠性分配、详细设计以及与其相应的预测、分析、试验和设计审查等。

(3)设计要在过去的技术积蓄的基础上,提高效率。为了做好设计工作,要有计划、有组织地积累必要的数据资料(建立数据库)。

(4)可靠性和维修性设计,不能只限于如何提高可靠性与维修性,还要和设计对象的系统、产品质量要求、成本费用等要素结合起来综合平衡进行设计。

总之,汽车可靠性设计应围绕影响汽车可靠性质量的因素全面考虑,这些因素概括起来有如下几方面。

(1)时限性:包括系统有效性、可维修性。

(2)功能性:包括使用方便、功能指标等。

(3)商业性:包括经济性、时尚等。

(4)生产性:包括易制造性、管理措施等。

(5)物理性:包括外观造型、尺寸、材质等。

第三节　汽车零部件可靠性设计

按广义可靠性含义,可靠性设计方法包括:系统工程方法、设计评审方法、可靠性分析方法、人机工程方法和概率统计学方法,内容丰富。本节仅限于机械静强度方面的可靠性设计方法。

在汽车拖拉机等机械零部件的设计中,可靠性已成为最重要的技术指标之一。可靠性同其他性能一样,都必须在研制过程中设计到产品中去,而由制造和管理来保证。对于产品的设计,必须考虑各参量统计分散性,进行随机不确定分析。只有这样,才能更正确地反映产品的真实情况,使产品的设计工作性能与实际工作性能更加符合,得到既有足够的安全可靠性,又有适当经济性的优化产品。

在本节的计算与设计实践中,为了简化计算,都假设基本随机变量服从正态分布,这不仅因为正态分布能反映多数零部件的实际工作情况,而且能使事件发生的概率或可靠度的计算十分简单;否则,就需要采用数值积分进行多重积分运算或采用等效转化的程序运算。另外,即使当强度与应力均为非正态分布时,若采用正态分布假设,一般将得到偏于保守的结果。总之,在机械零件的可靠性设计中,只要没有充分的根据说明这种分布为何种分布状态时,通常第一个选择就是假设它为正态分布。

一、可靠性设计的统计基础

在强度可靠性设计中,多采用正态分布。对于一些基本的正态分布的随机变量,以及其统计特征值的计算公式,已列在表5-1中,供计算时使用。

基本函数的统计特征数　　表 5-1

基本函数	数学期望(μ_Z)	标准差(σ_Z)	基本函数	数学期望(μ_Z)	标准差(σ_Z)
$Z=a$	a	0	$Z=aX$	$a\mu_X$	$a\sigma_X$
$Z=X+a$	μ_X+a	σ_X	$Z=X^3$	$\approx\mu_X^3$	$3\mu_X^2\sigma_X$
$Z=X\pm Y$	$\mu_X\pm\mu_Y$	$\sqrt{\sigma_X{}^2+\sigma_Y{}^2}$	$Z=X^{\frac{1}{2}}$	$\approx\mu_X^{\frac{1}{2}}$	$\approx\frac{1}{2}\sigma_X\frac{1}{\mu_X}$
$Z=1/X$	$\frac{1}{\mu_X}$	$\approx\frac{\sigma_X}{\mu_X^2}$	$Z=XY$	$\mu_X\mu_Y$	$\approx\sqrt{\mu_X{}^2\sigma_Y{}^2+\mu_Y{}^2\sigma_X{}^2}$
$Z=X^2$	$\mu_X^2+\sigma_X^2$	$\sqrt{4\mu_X^2\sigma_X^2+2\sigma_X^4}$	$Z=\frac{X}{Y}$	$\frac{\mu_X}{\mu_Y}$	$\approx\frac{1}{\mu_Y{}^2}\sqrt{\mu_X{}^2\sigma_Y{}^2+\mu_Y{}^2\sigma_X{}^2}$ 或$\frac{1}{\mu_Y}\sqrt{\frac{\mu_Y^2\sigma_X^2+\mu_X^2\sigma_Y^2}{\mu_Y^2+\sigma_Y^2}}$

理论上对于一般函数都可以按照数学期望和方差的定义求解数学期望和方差,但有一定的困难。解决工程问题大多采用近似计算方法,其计算精度可以满足工程实际的要求。所以可靠性设计中常采用泰勒(Taylor)级数展开的近似方法。

1. 一维随机变量函数

设函数 $Y=f(x)$,其在 $x=\mu$ 处的泰勒展开式的前三项为:

$$Y=f(x)=f(\mu)+(x-\mu)f'(\mu)+\frac{(x-\mu)^2}{2!}f''(\mu)+K \tag{5-40}$$

式中:K——余项。

对上式求数学期望得:

$$\begin{aligned}E(Y) &= E[f(x)]\\ &= E[f(\mu)]+E[xf'(\mu)-\mu f'(\mu)]+E\{\frac{1}{2}[f''(\mu)(x-\mu)^2]\}+E[K]\\ &= f(\mu)+[\mu f'(\mu)-\mu f'(\mu)]+\frac{1}{2}f''(\mu)D(x)+E[K]\\ &\approx f(\mu)+\frac{1}{2}f''(\mu)D(x)\end{aligned} \tag{5-41}$$

上式中已将余项的数学期望 $E[K]$ 略去,故为近似式;如果方差 $D(x)$ 又很小,其第两项也可略去,则得:

$$E[Y]=E[f(x)]\approx f(\mu) \tag{5-42}$$

同样,对于 $Y=f(x)$ 的方差,取泰勒展开式的前二项为:

$$Y=f(x)=f(\mu)+(x-\mu)f'(\mu)+K$$

对上式取方差:

$$\begin{aligned}D(Y)&=D[f(\mu)]+D[(x-\mu)f'(\mu)]+D[K]\\ &\approx D[f(\mu)]+D[(x-\mu)f'(\mu)]\\ &=f'^2(\mu)D(x)\end{aligned}$$

2. 多维随机变量函数

设函数 $Y=f(x_1,x_2,\cdots,x_n)=f(x)$,用 x 表示向量$(x_1,x_2,\cdots,x_n)$,μ 表示$(\mu_1,\mu_2,\cdots,\mu_n)$

和 σ 表示$(\sigma_1,\sigma_2,\cdots,\sigma_n)$。根据泰勒展开式为：

$$\begin{aligned} Y &= f(x_1,x_2,\cdots,x_n) \\ &= f(\mu_1,\mu_2,\cdots,\mu_n) + \sum_{i=1}^{n} \left.\frac{\partial f(x)}{\partial x_i}\right|_{x=\mu}(x_i-\mu_i) \\ &\quad + \frac{1}{2}\sum_{j=1}^{n}\sum_{i=1}^{n}\left.\frac{\partial^2 f(x)}{\partial x_i \partial x_j}\right|_{x=\mu}(x_i-\mu_i)(x_j-\mu_j) + K \end{aligned} \tag{5-43}$$

取上式的数学期望：

$$\begin{aligned} E(Y) &= f(\mu_1,\mu_2,\cdots,\mu_n) + \sum_{i=1}^{n}\left.\frac{\partial f(x)}{\partial x_i}\right|_{x=\mu}E(x_i-\mu_i) \\ &\quad + \frac{1}{2!}\sum_{j=1}^{n}\sum_{i=1}^{n}\left.\frac{\partial^2 f(x)}{\partial x_i \partial x_j}\right|_{x=\mu}E[(x_i-\mu_i)(x_j-\mu_j)] + E(K) \end{aligned}$$

如果 $x_1,x_2,\cdots,x_n$ 是相互独立的，则上式成为：

$$E(Y) \approx f(\mu_1,\mu_2,\cdots,\mu_n) + \frac{1}{2}\sum_{i=1}^{n}\left.\frac{\partial^2 f(x)}{\partial x_i^2}\right|_{x=\mu}D(x_i) + E(K)$$

舍去余项的数学期望得：

$$E(Y) \approx f(\mu_1,\mu_2,\cdots,\mu_n) + \frac{1}{2}\sum_{i=1}^{n}\left.\frac{\partial^2 f(x)}{\partial x_i^2}\right|_{x=\mu}D(x_i) \tag{5-44}$$

如果诸 $D(x_i)$ 均很小，则可得其数学期望和方差分别为：

$$E[f(x)] \approx f(\mu_1,\mu_2,\cdots,\mu_n) \tag{5-45}$$

$$D(Y) \approx D[f(x)|_{x=\mu}] + D\left[\sum \left.\frac{\partial f(x)}{\partial x_i}\right|_{x=\mu}(x_i-\mu_i)\right] = \sum_{i=1}^{n}\left[\left.\frac{\partial f(x)}{\partial x_i}\right|_{x=\mu}\right]^2 D(x_i)$$

或简写成：

$$\sigma_Y^2 = \sum_{i=1}^{n}\left[\left.\left(\frac{\partial Y}{\partial x_i}\right)\right|_{x=\mu}\right]^2\sigma_{xi}^2 \tag{5-46}$$

例 5-4 设 x_1、x_2 是相互独立的随机变量，且已知 μ_1、μ_2、σ_1^2、σ_2^2 分别是 x_1、x_2 的均值与方差，求函数 $f(x_1,x_2)=\dfrac{x_1}{x_2}$的均值与方差。

解： 均值 $E[f(x_1,x_2)]=f(\mu_1,\mu_2)=\dfrac{\mu_1}{\mu_2}$

方差 $\left.\dfrac{\partial f(x)}{\partial x_1}\right|_{x=\mu}=\left.\dfrac{1}{x_2}\right|_{x=\mu}=\dfrac{1}{\mu_2}$

$$\left.\frac{\partial f(x)}{\partial x_2}\right|_{x=\mu} = -\left.\frac{x_1}{x_2^2}\right|_{x=\mu} = -\frac{\mu_1}{\mu_2^2}$$

$$\sigma_y^2 \approx \left(\frac{1}{\mu_2}\right)^2\cdot\sigma_1^2 + \left(-\frac{\mu_1}{\mu_2^2}\right)^2\cdot\sigma_2^2 = \frac{\mu_2^2\cdot\sigma_1^2+\mu_1^2\cdot\sigma_2^2}{\mu_2^4}$$

3. 可靠性系数

可靠性设计中，常将随机变量视为正态分布，根据标准正态分布函数的对称性，可靠度函数可表示为：

$$R = \frac{1}{\sqrt{2\pi}}\int_{-\infty}^{\frac{\mu_y}{\sigma_y}} e^{-\frac{t^2}{2}}\mathrm{d}t \tag{5-47}$$

令上式中的积分限：

$$\frac{\mu_y}{\sigma_y}=\frac{\mu_h-\mu_s}{\sqrt{\sigma_h^2+\sigma_s^2}}=u \tag{5-48}$$

u 称为可靠性系数。则可靠度 R 与可靠性系数 u 一一对应。当可靠性系数 u 给出后，求可靠度时可查表 5-2；当给定可靠度 R，求可靠性系数 u 时，可查表 5-3。

由 u 求 R，$R=\frac{1}{\sqrt{2\pi}}\int_{-\infty}^{u}e^{-\frac{t^2}{2}}\mathrm{d}t$ 表 5-2

u	0.00	0.01	0.02	0.03	0.04	0.05	0.06	0.07	0.08	0.09
0.0	0.500 00	0.503 99	0.507 98	0.511 97	0.515 95	0.519 94	0.523 92	0.527 90	0.531 88	0.535 86
0.1	0.539 83	0.543 80	0.547 76	0.551 72	0.555 67	0.559 62	0.563 56	0.567 49	0.571 42	0.575 35
0.2	0.579 26	0.583 17	0.587 06	0.590 95	0.594 83	0.598 71	0.602 57	0.506 42	0.610 26	0.614 09
0.3	0.617 91	0.621 72	0.625 52	0.629 30	0.633 07	0.636 83	0.640 58	0.644 31	0.648 03	0.651 73
0.4	0.655 42	0.659 10	0.662 76	0.666 40	0.670 03	0.673 64	0.677 24	0.680 82	0.684 39	0.687 93
0.5	0.691 46	0.694 97	0.698 47	0.701 94	0.705 40	0.708 84	0.712 26	0.715 66	0.719 04	0.722 40
0.6	0.725 75	0.729 07	0.732 37	0.735 65	0.738 91	0.742 15	0.745 37	0.748 57	0.751 75	0.754 90
0.7	0.758 04	0.761 15	0.764 24	0.767 30	0.770 35	0.773 37	0.776 37	0.779 35	0.782 30	0.785 24
0.8	0.788 14	0.791 03	0.793 80	0.796 73	0.799 55	0.802 34	0.805 11	0.807 85	0.810 57	0.813 27
0.9	0.815 94	0.818 59	0.821 21	0.823 81	0.826 39	0.828 94	0.831 47	0.833 98	0.836 46	0.838 91
1.0	0.841 34	0.843 75	0.846 14	0.848 50	0.850 83	0.853 14	0.855 43	0.857 69	0.859 93	0.862 14
1.1	0.864 33	0.866 50	0.868 64	0.870 76	0.872 86	0.874 93	0.876 98	0.879 00	0.881 00	0.882 98
1.2	0.884 93	0.886 86	0.888 77	0.890 65	0.892 51	0.894 35	0.896 17	0.897 96	0.899 73	0.901 47
1.3	0.903 20	0.904 90	0.906 58	0.908 24	0.909 88	0.911 49	0.913 09	0.914 66	0.916 21	0.917 74
1.4	0.919 24	0.920 73	0.922 00	0.923 64	0.925 07	0.926 47	0.927 86	0.929 22	0.930 56	0.931 89
1.5	0.933 19	0.934 48	0.935 74	0.936 99	0.938 22	0.939 43	0.940 62	0.941 79	0.942 85	0.944 08
1.6	0.945 20	0.946 30	0.947 36	0.948 45	0.949 50	0.950 53	0.951 54	0.952 54	0.953 52	0.954 49
1.7	0.955 43	0.956 37	0.957 28	0.958 18	0.959 07	0.959 94	0.960 80	0.961 64	0.962 46	0.963 27
1.8	0.964 07	0.964 85	0.965 62	0.966 38	0.967 12	0.967 84	0.968 56	0.969 26	0.969 95	0.970 62
1.9	0.971 28	0.971 93	0.972 57	0.973 20	0.973 81	0.974 41	0.975 00	0.975 58	0.976 15	0.976 70
2.0	0.977 25	0.977 78	0.978 31	0.978 82	0.979 32	0.979 82	0.980 30	0.980 77	0.981 24	0.981 69
2.1	0.982 14	0.982 57	0.983 00	0.983 41	0.983 82	0.984 22	0.984 61	0.985 00	0.985 37	0.985 74
2.2	0.986 10	0.986 45	0.986 79	0.987 13	0.987 45	0.987 78	0.988 09	0.988 40	0.988 70	0.988 99
2.3	0.989 28	0.989 56	0.989 83	0.990 10	0.990 36	0.990 61	0.990 86	0.991 11	0.991 34	0.991 58
2.4	0.991 80	0.992 02	0.992 24	0.992 45	0.992 66	0.992 86	0.993 05	0.993 24	0.993 43	0.993 61
2.5	0.993 79	0.993 96	0.994 13	0.994 30	0.994 46	0.994 61	0.994 77	0.994 92	0.995 06	0.995 20
2.6	0.995 34	0.995 47	0.995 60	0.995 70	0.995 85	0.995 98	0.996 09	0.996 21	0.996 32	0.996 43
2.7	0.996 53	0.996 64	0.996 74	0.996 83	0.996 93	0.997 02	0.997 11	0.997 20	0.997 28	0.997 36
2.8	0.997 44	0.997 54	0.997 60	0.997 67	0.997 74	0.997 81	0.997 88	0.997 95	0.998 01	0.998 07
2.9	0.998 13	0.998 19	0.998 25	0.998 31	0.998 36	0.998 41	0.998 46	0.998 51	0.998 56	0.998 61

续上表

u	0.0	0.1	0.2	0.3	0.4	0.5	0.6	0.7	0.8	0.9
3	$0.9^2865$①	0.9^2032	0.9^2313	0.9^2617	0.9^2663	0.9^2767	0.9^2841	0.9^2892	0.9^4227	0.9^4519
4	0.9^4683	0.9^4793	0.9^4867	0.9^5146	0.9^5459	0.9^5660	0.9^5798	0.9^5870	0.9^6207	0.9^6521
5	0.9^6713	0.9^6830	0.9^7004	0.9^7421	0.9^7667	0.9^7810	0.9^7893	0.9^8401	0.9^8668	0.9^8818
6	0.9^9013	0.9^9470	0.9^9718	0.9^9851	$0.9^{10}223$	$0.9^{10}598$	$0.9^{10}794$	$0.9^{10}896$	$0.9^{11}477$	$0.9^{11}740$

注：①$0.9^2865$ 表示小数点后有两个9，即0.998 65，余类推。

由 R 求 u，$R=\frac{1}{\sqrt{2\pi}}\int_{-\infty}^{u}e^{-\frac{t^2}{2}}\mathrm{d}t$ 表5-3

R	0	1	2	3	4	5	6	7	8	9
0.99	2.326 25	2.365 62	2.408 92	2.457 26	2.512 14	2.575 83	2.652 07	2.747 78	2.878 16	3.090 23
0.9	1.281 55	1.340 76	1.405 07	1.475 79	1.554 77	1.644 85	1.750 69	1.880 79	2.053 75	2.326 35
0.8	0.841 62	0.877 90	0.915 37	0.954 17	0.994 46	1.036 43	1.080 32	1.126 39	1.174 99	1.226 53
0.7	0.524 40	0.553 38	0.582 84	0.612 81	0.643 35	0.674 49	0.706 30	0.738 85	0.772 19	0.806 42
0.6	0.253 35	0.279 32	0.305 48	0.331 85	0.358 46	0.385 32	0.412 46	0.439 91	0.467 70	0.495 85
0.5	0.000 00	0.025 07	0.050 15	0.075 27	0.100 43	0.125 66	0.150 97	0.176 37	0.201 89	0.227 54

R	u	R	u	R	u
0.5	0	0.995	2.576	0.999 999	4.753
0.9	1.288	0.999	3.091	0.999 999 9	5.199
0.95	1.645	0.999 9	3.719	0.999 999 99	5.612
0.99	2.326	0.999 99	4.265	0.999 999 999	5.997

二、拉杆的可靠性设计

拉杆是一种承受拉压载荷作用的零部件，按截面可分为：圆形和管形等几种。圆形拉杆应用最广，管形拉杆可以合理地利用材料。

1. 拉杆的可靠度计算

管形直拉杆的拉应力为：

$$s=\frac{4Q}{\pi(d_1^2-d_0^2)} \tag{5-49}$$

式中：Q——拉杆承受的载荷；

d_0——管形截面的内径；

d_1——管形截面的外径。

把式(5-49)中各随机变量代入式(5-45)、式(5-46)，可以求出式(5-49)中各随机变量的均值和方差,然后再代入可靠性系数式(5-48),得出 u 值,再查表 5-2 就确定出拉杆的可靠度。

2. 拉杆的可靠性设计

如果给定拉杆的可靠度 R,可查得可靠性系数 u(表 5-3),由 $u=\mu_y/\sigma_y$ 经推导整理可得设计的圆形截面直径 d 的代数方程:

$$(\mu_h^2-u^2\sigma_h^2)\mu_d^4-2A\mu_h\mu_d^2+A^2-u^2B=0 \tag{5-50}$$

式中:

$$A=\frac{4\mu_Q}{\pi}+\frac{12\mu_Q}{\pi}(0.005)^2$$

$$B=\frac{16}{\pi^2}\sigma_Q^2+\frac{64\mu_Q^2}{\pi^2}(0.005)^2 \tag{5-51}$$

根据加工公差和 3σ 法则,取拉杆的设计直径 d 的标准差为:

$$\sigma_d=0.005\mu_d \tag{5-52}$$

求解方程式(5-50),舍去 $\mu_s<\mu_h$ 所对应的虚根,可得拉杆的最小内径的均值 μ_d 和标准差 σ_d。

3. 数值算例

(1)某中吨位货车转向直拉杆是受拉压载荷作用的管形截面构件,管形截面的内径 d_0 为 $(\mu_{d_0},\sigma_{d_0})=(25,0.125)$ mm,外径 d_1 为 $(\mu_{d_1},\sigma_{d_1})=(35,0.175)$ mm,所受载荷 Q 为 $(\mu_Q,\sigma_Q)=(170,2.6)$ kN,材料的拉伸强度值 h 为 $(\mu_h,\sigma_h)=(400,11)$ MPa。可以认为载荷、强度和截面直径分别独立且服从正态分布,内、外径是相关的随机变量,设相关系数为 $\rho=0.70$。

计算得到此拉杆的可靠性系数和可靠度分别为:

$$u=2.767 \quad R=0.997\,2$$

(2)若给定圆形截面拉杆的可靠度 $R=0.989$,查得可靠性系数 $u=2.323$。已知受载荷 Q 为 $(\mu_Q,\sigma_Q)=(200,3)$ kN,材料的拉伸强度值 h 为 $(\mu_h,\sigma_h)=(1\,076,30)$ MPa。试设计此拉杆的最小直径。

根据给出的数据,求得拉杆设计处的最小直径 d 为:

$$\mu_d=16(\text{mm}) \quad \sigma_d=0.88(\text{mm})$$

三、连杆的可靠性设计

连杆一般采用中碳钢或中碳合金钢锻制,可分为小头、杆身和大头 3 部分。连杆的作用是将活塞承受的力传给曲轴,把活塞的往复直线运动转变为曲轴的旋转运动。

1. 连杆的可靠度计算

经对汽车连杆进行失效分析后,确定连杆的失效模式为杆部拉伸断裂。连杆截面有圆形、矩形和工字钢形等多种形式,这里取矩形连杆截面加以讨论。

连杆的拉伸应力为:

$$s=F/bc \tag{5-53}$$

式中:F——拉力的最大值;

b——连杆截面的宽度;

c——连杆截面的厚度。

把式(5-53)中各随机变量代入式(5-45)、式(5-46),可以求出式(5-53)中各随机变量的均值和方差,然后再代入可靠性系数式(5-48),得出 u 值,再查表5-2,就可确定出连杆的可靠度。

2. 连杆的可靠性设计

如果给定连杆的可靠度 R,可查得可靠性系数 u,由 $u=\mu_y/\sigma_y$ 经推导整理可得:

$$(\mu_h^2-u^2\sigma_h^2)\mu_c^4-2A\mu_h\mu_c^2+A^2-u^2B=0 \tag{5-54}$$

式中:

$$A=\frac{\mu_F}{\mu_b}\left[1+\frac{1}{\mu_b^2}\sigma_b^2+(0.005)^2+\frac{\rho}{\mu_b}\sigma_b(0.005)\right] \tag{5-55}$$

$$B=\left(\frac{1}{\mu_b}\right)^2\sigma_b^2+\left[\frac{\mu_F}{\mu_b^2}\right]^2\sigma_b^2+\left[\frac{\mu_F}{\mu_b}\right]^2(0.005)^2+\left[\frac{2\mu_F^2}{\mu_b^3}\right]^2\rho\sigma_b(0.005) \tag{5-56}$$

式中:ρ——连杆的宽度和厚度的相关系数。

根据加工公差和 3σ 法则,取连杆的设计厚度 c 的标准差为:

$$\sigma_c=0.005\mu_c \tag{5-57}$$

求解方程式(5-54),舍去 $\mu_s<\mu_h$ 所对应的虚根,可得连杆的最小厚度的均值 μ_c 和标准差 σ_c。

3. 数值算例

(1)某型汽车一连杆的拉伸疲劳极限为 $(\mu_h,\sigma_h)=(691,38)$ MPa,其矩形截面几何尺寸为 $(\mu_b,\sigma_b)=(15,0.075)$ mm,$(\mu_c,\sigma_c)=(10,0.05)$ mm,b 和 c 的相关系数 $\rho=-0.9$,作用在连杆上的载荷为 $(\mu_F,\sigma_F)=(60\,000,4\,000)$ N,要求工作循环次数 $N\geqslant 235\,000$ 次,试确定该连杆的可靠度 R 和给定可靠度的情况下设计该连杆的最小厚度 c。

根据给出的数据,求得:

$$u=6.267 \quad R=1.000\,0$$

(2)如果给定可靠度 $R=0.999\,9$,查得可靠性系数 $u=3.72$,求得连杆设计处的最小厚 c 为:

$$\mu_c=8.036\text{mm} \quad \sigma_c=0.040\,18\text{mm}$$

四、半轴的可靠性设计

半轴是差速器与驱动轮之间传递动力的实心轴,其首要任务是传递转矩。但由于轮毂的安装结构不同,有全浮式、半浮式等形式。后一种半轴除受转矩外还与轴壳一起构成支承梁,承受部分汽车质量与侧向力,故半轴除传递发动机的转矩外还承受弯矩。

1. 受纯转矩作用的轴类零件的可靠性设计

(1)半轴的可靠度计算。一类半轴是受纯转矩作用的轴类零件,轴上所承受的扭转应力为:

$$\tau=\frac{16T}{\pi d^3} \tag{5-58}$$

式中:T——半轴所传递的转矩;

d——半轴的直径。

把式(5-58)中各随机变量代入式(5-45)、式(5-46),可以求出式(5-58)中各随机变量的均值和方差,然后再代入可靠性系数式(5-48),得出 u 值,再查表5-2,就确定出半轴的可靠度。

(2)半轴的可靠性设计。给定半轴的可靠度 R,可查得可靠性系数 u,由 $u=\mu_y/\sigma_y$ 经推导整理可得:

$$(\mu_h^2-u^2\sigma_h^2)\mu_d^6-2A\mu_h\mu_d^3+A^2-u^2B=0 \tag{5-59}$$

式中：

$$A=\frac{16\mu_T}{\pi}+\frac{96\mu_T}{\pi}(0.005)^2 \tag{5-60}$$

$$B=\frac{256}{\pi}\sigma_T^2+\frac{2\ 304\mu_T^2}{\pi^2}(0.005)^2 \tag{5-61}$$

根据加工公差和 3σ 法则,这里取半轴的直径的标准差为：

$$\sigma_d=0.005\mu_d \tag{5-62}$$

求解方程式(5-59),舍去 $\mu_\tau<\mu_h$ 所对应的虚根,可得半轴的最小直径的均值和标准差。

(3)数值算例。

①某载货车的半轴所传递的转矩 T 为 $(\mu_T,\sigma_T)=(11\ 760,980)$ N·m,半轴材料的扭转强度 h 为 $(\mu_h,\sigma_h)=(1\ 050,40)$ MPa,半轴的直径 d 为 $(\mu_d,\sigma_d)=(48,0.24)$ mm。

计算得到半轴的可靠性系数和可靠度分别为：

$$u=8.354\quad R=1.000$$

②如果给定半轴的可靠度 $R=0.999$,可查得可靠性系数 $u=3.092$,可得半轴的最小直径的均值和标准差为：

$$\mu_d=42\text{mm}\quad \sigma_d=0.21\text{mm}$$

2. 受弯扭复合载荷作用的轴类零件的可靠性设计

(1)半轴的可靠度计算。另一类半轴是受弯扭复合载荷作用的轴类零件。轴上所受的扭转应力 τ 和弯曲应力 σ_w 分别为：

$$\tau=\frac{16T}{\pi d^3} \tag{5-63}$$

$$\sigma_w=\frac{32M}{\pi d^3} \tag{5-64}$$

式中：T——半轴所传递的转矩；

M——半轴危险截面的弯矩；

d——半轴的直径。

根据第四强度理论,得合成应力为：

$$s=\sqrt{\sigma_w^2+3\tau^2}=\frac{16}{\pi d^3}\sqrt{4M^2+3T^2} \tag{5-65}$$

把式(5-65)中各随机变量代入式(5-45)、式(5-46),可以求出式(5-65)中各随机变量的均值和方差,然后再代入可靠性系数式(5-48),得出 u 值,再查表 5-2,就确定出半轴的可靠度。

(2)半轴的可靠性设计。给定半轴的可靠度 R,可查得可靠性系数 u,由 $u=\mu_y/\sigma_y$ 经推导整理可得：

$$(\mu_h^2-u^2\sigma_h^2)\mu_d^6-2A\mu_h\mu_d^3+A^2-u^2B=0 \tag{5-66}$$

式中：

$$A=\frac{16}{\pi}\Big[\sqrt{4\mu_M^2+3\mu_T^2}+\frac{6\mu_T^2}{\sqrt{(4\mu_M^2+3\mu_T^2)^3}}\sigma_M^2+\frac{6\mu_M^2}{\sqrt{(4\mu_M^2+3\mu_T^2)^3}}\sigma_T^2+6\sqrt{4\mu_M^2+3\mu_T^2}(0.005)^2\Big] \tag{5-67}$$

$$B = (\frac{16}{\pi})^2 [(- \frac{4\mu_T^2}{\sqrt{4\mu_M^2 + 3\mu_T^2}})^2 \sigma_M^2 + (- \frac{3\mu_M^2}{\sqrt{4\mu_M^2 + 3\mu_T^2}})^2 \sigma_T^2 \tag{5-68}$$

$$+ (3 \sqrt{4\mu_M^2 + 3\mu_T^2})^2 (0.005)^2]$$

式中半轴直径 d 的标准差是根据公差标准和 3σ 法则确定的，即一般零部件的公差尺寸为名义尺寸的0.015倍，若取此公差尺寸的 3σ 水平，则有：

$$\sigma_d = 0.005\mu_d \tag{5-69}$$

求解方程式(5-66)，舍去 $\mu_s < \mu_h$ 所对应的虚根，可得半轴的最小直径的均值和标准差。

(3)数值算例。

①某型汽车的半轴所传递的转矩 T 为 $(\mu_T, \sigma_T) = (113\ 500, 9\ 200)\ \mathrm{N \cdot mm}$，半轴危险截面的弯矩 M 为 $(\mu_M, \sigma_M) = (14\ 300, 1\ 300)\ \mathrm{N \cdot mm}$，危险处的截面直径 d 为 $(\mu_d, \sigma_d) = (12, 0.06)\ \mathrm{mm}$。半轴材料的强度 h 为 $(\mu_h, \sigma_h) = (820, 32)\ \mathrm{MPa}$。计算得到半轴的可靠性系数和可靠度分别为：

$$u = 4.10 \quad R = 0.999\ 98$$

②如果给定半轴的可靠度 $R = 0.99$，可查得可靠性系数 $u = 2.33$，可得半轴的最小直径的均值和标准差为：

$$\mu_d = 11.46\mathrm{mm} \quad \sigma_d = 0.057\mathrm{mm}$$

第四节　零部件疲劳强度的可靠性设计

前面讨论了零部件静强度的可靠性设计，当许多零部件承受动载荷的作用时，疲劳破坏是零部件的主要失效形式，因而，必须进行疲劳强度的可靠性设计。

从静强度的可靠性设计实例中已经看到，设计的思路或步骤与常规设计相类似。不同之处仅在于，把设计变量，如载荷、材料强度、零件尺寸以及其他影响因素都视为随机变量，并服从某一分布规律。零件的疲劳强度设计也如此，设计的思路与步骤也与常规设计相类似，不同之处仅在于把载荷和强度等参数视为随机变量。

一、疲劳载荷的形式与统计

疲劳载荷的形式很多，其中随机载荷的统计将运用谱分析理论，这里不作论述。因此载荷形式只限定为交变载荷。交变载荷可用正弦函数 $P\sin(\omega t)$ 表述。其中载荷的力幅 P 应视为随机变量，并可认为服从正态或近似正态分布，记作 $P = (\mu_P, \sigma_P)$。

交变载荷作用下产生的交变应力可用最大应力 $\sigma_{\max}$、最小应力 $\sigma_{\min}$、平均应力 σ_m、应力幅 σ_a 和循环特征 r 等表述。在可靠性设计中，这些应力参数均视为服从正态分布的随机变量，即可记作：

$\sigma_m = (\mu_{\sigma m}, \sigma_{\sigma m})$，$\sigma_a = (\mu_{\sigma a}, \sigma_{\sigma a})$，$\sigma_{\max} = (\mu_{\sigma\max}, \sigma_{\sigma\max})$，$\sigma_{\min} = (\mu_{\sigma\min}, \sigma_{\sigma\min})$等。

二、给定寿命下的材料强度分布

一般情况下，材料在给定寿命下的强度服从正态分布，其均值和标准差可从有关材料手册或资料中查得。国家标准给出了调质结构钢的疲劳极限 σ'_r 和标准差。在疲劳实验中，就是 $\sigma_{\max}$ 的均值 $\mu_{\sigma\max}$ 和标准差 $\sigma_{\sigma\max}$。

三、疲劳极限线图

在常规疲劳强度设计中,所用的疲劳极限线图是由各种循环特性 r 下的均值画出的,是一条曲线。在可靠性设计中,疲劳极限应视为一随机变量,有一定的分散性。因此,在可靠性设计中,所用的疲劳极限线图是一条曲线分布带,如图 5-6 所示。

疲劳极限线图的横坐标为平均应力 σ_m,纵坐标为应力幅 σ_a。过坐标原点 o 的射线与疲劳极限的均值图线相交于 A 点,此直线与横坐标的夹角为 θ,显然有:

$$\tan\theta = \frac{\sigma_a}{\sigma_m}$$

按平均应力 σ_m、应力幅 σ_a 与循环特征 r 的关系,得:

$$\tan\theta = \frac{1-r}{1+r} \qquad (5\text{-}70)$$

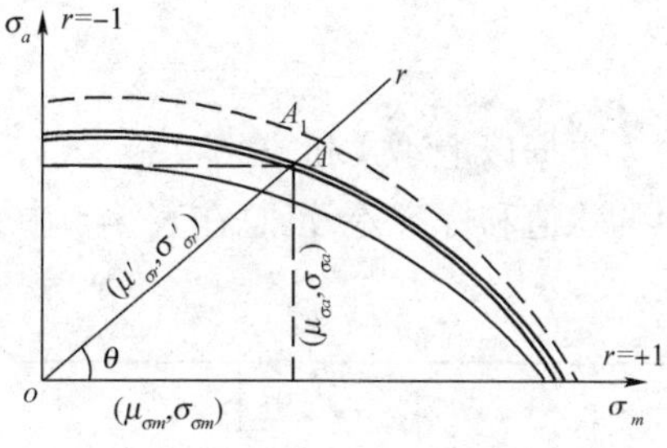

图 5-6　疲劳极限线图

可见,过坐标原点 o 的一射线,表示了一种确定的循环特性 r;直线 $\overline{oA}$ 的值,是对应循环特性为 r 时的疲劳极限,记作 σ'_r,由几何关系可知:

$$\sigma'_r = \sqrt{\sigma_a^2 + \sigma_m^2} \qquad (5\text{-}71)$$

在可靠性设计中,上式各应力均应视为随机变量,即:

$$(\mu'_{\sigma r}, \sigma'_{\sigma r})^2 = (\mu_{\sigma a}, \sigma_{\sigma a})^2 + (\mu_{\sigma m}, \sigma_{\sigma m})^2$$

根据两个正态分布之和的代数运算法则,可得:

$$\mu'_{\sigma r} = \sqrt{\mu_{\sigma a}^2 + \mu_{\sigma m}^2} \qquad (5\text{-}72)$$

$$\sigma'_{\sigma r} = \sqrt{\frac{\mu_{\sigma a}^2\sigma_{\sigma a}^2 + \mu_{\sigma m}^2\sigma_{\sigma m}^2}{\mu_{\sigma a}^2 + \mu_{\sigma m}^2}} \qquad (5\text{-}73)$$

这就是对应循环特性为 r 时的疲劳极限的均值 $\mu'_{\sigma r}$ 和标准差 $\sigma'_{\sigma r}$。

各种材料的疲劳强度极限线图,有的可在文献资料中查到,但一般手册中,只给出材料的疲劳强度极限及其标准差。如何应用这些表中给定的数据绘制出所需材料的疲劳强度极限线图,是疲劳强度可靠性设计首先要解决的问题。

例 5-5　作理论应力集中系数 $K_t=3$ 的 30CrMnSiA 钢试样在寿命 $N=10^5$ 的均值疲劳极限线图,并画出可靠度 $R=0.999$ 的疲劳强度极限线图。

解:　(1)由附录 4 中查得,当 $N=10^5$,$K_t=3$ 时的数据如下:

$$r=-1, \mu_{\sigma\max}=315\text{MPa}, \sigma_{\sigma\max}=15\text{MPa}$$

$$r=0.1, \mu_{\sigma\max}=464\text{MPa}, \sigma_{\sigma\max}=30\text{MPa}$$

$$r=0.5, \mu_{\sigma\max}=690\text{MPa}, \sigma_{\sigma\max}=36.67\text{MPa}$$

(2)计算各种循环特性 r 时的平均应力、应力幅和疲劳强度极限。

$$(\mu_{\sigma m}, \sigma_{\sigma m}) = \left(\frac{1+r}{2}\right)(\mu_{\sigma\max}, \sigma_{\sigma\max})$$

$$(\mu_{\sigma a}, \sigma_{\sigma a}) = \left(\frac{1-r}{2}\right)(\mu_{\sigma\max}, \sigma_{\sigma\max})$$

即：
$$\mu_{\sigma m}=(\frac{1+r}{2})\mu_{\sigma\max} \tag{5-74}$$

$$\mu_{\sigma a}=(\frac{1-r}{2})\mu_{\sigma\max} \tag{5-75}$$

$$\sigma_{\sigma m}=(\frac{1+r}{2})\sigma_{\sigma\max} \tag{5-76}$$

$$\sigma_{\sigma a}=(\frac{1-r}{2})\sigma_{\sigma\max} \tag{5-77}$$

根据以上 4 式和式(5-72)、式(5-73)可计算得到各种 r 时的平均应力、应力幅和疲劳极限的均值和标准差，汇总在表 5-4 中，表中 θ 由式(5-70)计算得到。

疲劳极限计算表 表 5-4

r	$\mu_{\sigma\max}$ (MPa)	$\sigma_{\sigma\max}$ (MPa)	θ (°)	$\mu_{\sigma m}$ (MPa)	$\sigma_{\sigma a}$ (MPa)	$\sigma_{\sigma m}$ (MPa)	$\sigma_{\sigma a}$ (MPa)	$\mu'_{\sigma r}$	$\sigma'_{\sigma r}$
−1	315	15	90	0	315	0	15	315	15.00
0.1	464	30	39.29	252.2	208.8	16.50	13.50	329.73	15.37
0.5	690	36.67	18.43	517.5	172.5	27.50	9.17	545.49	26.25

(3)绘制均值疲劳极限线图和可靠度疲劳极限线图。

根据表 5-4 计算数据，便可在直角坐标系中绘 30CrMnSiA 的均值(即 $R=0.5$)的疲劳极限线图。因为纵坐标轴就是 $r=-1$ 的射线，在其上可取 $\mu_{\sigma a}$ 点。据 $\theta=39.29°$ 画出 $r=0.1$ 的射线，在纵坐标轴上取 $\mu_{\sigma a}=208.8$ 点，过该点水平线与 $r=0.1$ 射线相交，再过该交点作垂直线与横坐标轴相交，该交点的横坐标值应为 $\mu_{\sigma m}=252.5$。据此，定纵横坐标刻度。注意，纵横坐标刻度不能任意取，其中一个刻度确定后，另一个坐标的刻度必须与之保持 $\sigma_a=\sigma_m\tan\theta$ 的关系。在两坐标刻度定标后，可由不同 r 下的 $\mu_{\sigma m}$ 和 $\mu_{\sigma a}$ 得到不同 r 时的疲劳极限点。其中，$r=+1$ 的射线即为横坐标轴，在其上取强度极限 σ_b 值点。光滑连接上述各点，就是 $R=0.5$(即均值)的疲劳极限线图，如图 5-7 所示。

画 $R=0.999$ 的疲劳极限线图时，首先要计算出 $R=0.999$ 时，各种循环特征 r 时的疲劳极限值 $x_{0.999}$。

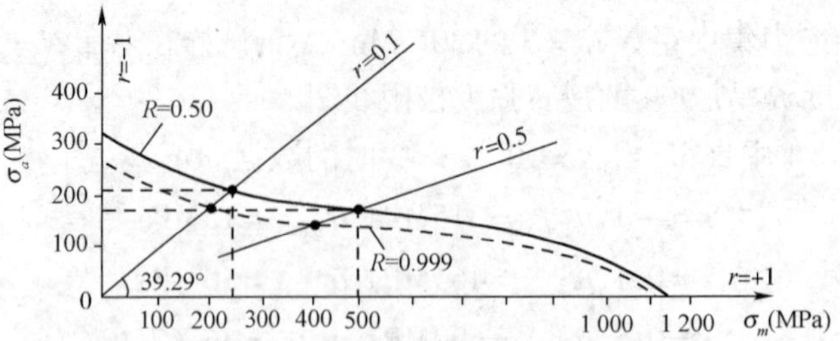

图 5-7 30CrMnSiA 钢的疲劳极限线图

由标准正态变量表达式：

$$z=\frac{x-\mu}{\sigma}$$

即：

$$x=\mu+z\sigma$$

因此对应各种循环特征 r 的疲劳极限值(当 $R=0.999$ 时)，可表示为：

$$x_{0.999}=\mu'_{\sigma r}+z\sigma'_{\sigma r} \tag{5-78}$$

式中，标准正态变量 z 可从标准正态表中查得，但应取其负号。因为标准正态表是累积失效密度函数 $\Phi(z)$，而可靠度函数 $R=1-\Phi(z)$。

$R=0.999$ 时，可查得 z 为 3.01，取其负号，则 $z=-3.01$；由式(5-78)可计算对应各循环特征 r 时的 $x_{0.999}$ 值，如表 5-5 所示。

$x_{0.999}$ 计算值 表 5-5

r	z	$\mu'_{\sigma r}$	$\sigma'_{\sigma r}$	$x_{0.999}$
-1	-3.01	315	15.00	269.85
0.1	-3.01	329.73	15.37	283.46
0.5	-3.01	545.49	26.25	466.48

在图 5-7 中对应各循环特征 r 的射线上，点出相应的 $x_{0.999}$ 的点，把它们光滑连接，即为 $R=0.999$ 的疲劳极限线图。

图 5-7 就是要求绘制的 30CrMnSiA 钢的疲劳极限线图($N=10^5$，$K_t=3$，$R=0.5$ 和 0.999 时)。

复习思考题

1. 可靠性设计与传统机械结构强度设计有何联系和区别？

2. 可靠性与安全系数有何联系和区别？

3. 汽车发动机点火系电路中具有两个并联电阻 R_1、R_2，它们的值分别为 $\mu_{R1}=100\Omega$，$\sigma_{R1}=10\Omega$；$\mu_{R2}=200\Omega$，$\sigma_{R2}=15\Omega$，求其合成电阻的 μ_R、σ_R。

4. 联轴器上安全销的剪切强度为指数分布，其 $\bar{h}=300\text{MPa}$，作用其上的应力也呈指数分布，且 $\bar{s}=250\text{MPa}$，试求其可靠度。

5. 一圆断面拉杆，已知受载荷 $(\mu_Q,\sigma_Q)=(200,3)\text{kN}$，材料的拉伸强度值为 $(\mu_h,\sigma_h)=(1\,076,30)\text{MPa}$，求在可靠度 $R=0.99$ 条件下的最小拉杆半径。

6. 设有一零件的强度和应力均服从正态分布，已知强度的均值与均方差为：$\bar{h}=820\text{MPa}$，$\sigma_h=80\text{MPa}$；应力的均值与均方差为：$\bar{s}=350\text{MPa}$，$\sigma_s=40\text{MPa}$。在可靠度 $R=0.999\,999\,9$ 条件下，求平均安全系数 n_0 及安全系数 n，并加以比较。

第六章 汽车可靠性试验

教学提示：汽车可靠性试验是整车试验中非常重要的试验项目。本章主要介绍可靠性试验的分类及理论基础、可靠性行驶试验的方法和内容、可靠性评价指标及计算方法、道路载荷谱编制方法、典型可靠性室内模拟试验系统以及可靠性试验注意事项等。

教学目标：要求学生掌握可靠性试验的目的及分类方法；了解可靠性行驶试验的方法和基本内容；重点掌握可靠性的评价指标；熟悉道路载荷谱的编制方法；了解典型的可靠性室内模拟试验系统；熟悉可靠性试验的注意事项。

第一节 可靠性试验概述

一、可靠性试验的含义

为了分析、评价、验证和提高产品的可靠性而进行的有关系统、零部件的失效及其效应的试验，统称为可靠性试验。就是说对受试的零部件、总成和整车在规定的条件下施加一定方式和水平的载荷，使之产生一定程度的变形、疲劳和磨损等，通过对试验数据进行处理分析，得出产品的各项可靠性指标。

广义来说，任何与产品失效效应有关的试验，都可认为是可靠性试验；狭义的可靠性试验，往往是指寿命试验。

汽车可靠性是汽车最重要的性能之一，它与设计技术、全面质量管理、原材料和协作件质量的控制等密切相关。汽车的可靠性提高了，就意味着汽车整体的技术水平提高了，因此汽车可靠性试验是一项必不可少的重要试验。

二、可靠性试验的目的

可靠性试验一般是在产品的研究开发阶段和大规模生产阶段进行的。在研究开发阶段，可靠性试验主要用于评价设计质量、材料和工艺质量。在大规模生产阶段，可靠性试验的目的则是质量保证或定期考核管理。由于阶段不同，其目的和内容也不完全相同。表6-1列出了根据不同阶段、不同目的所开展的可靠性试验的内容。

不同阶段可靠性试验的目的和内容 表6-1

阶段	目的	内容
研究开发	掌握可靠性水平的试验	标准试验、加速试验、极限试验、实用试验
	标准化探讨用的试验	模拟试验、极限试验

续上表

阶 段	目 的	内 容
大量生产	可靠性保证试验	型式试验、认定试验、批量保证试验
	筛选试验	加速试验

可靠性试验除了获取评价汽车零件、总成和整车系统的可靠性指标外,还通过可靠性试验来暴露出零部件、总成及系统的薄弱环节,分析薄弱环节在设计、制造、工艺等方面的影响因素和统计规律,采取相应的技术措施,达到提高可靠性的目的。因此,可靠性试验是产品可靠性评价的一个重要手段,也是研究产品可靠性的基本环节之一。

三、可靠性试验的分类

可靠性试验分类的方法很多,可按试验对象、试验目的、试验场所和试验方法等进行分类。

1. 按照试验对象分类

(1)整车可靠性试验:指为分析、评价、验证和提高整车可靠性而进行的试验。

(2)总成可靠性试验:指为分析、评价、验证和提高汽车总成可靠性而进行的试验。

(3)零部件可靠性试验:指为分析、评价、验证和提高汽车零部件可靠性而进行的试验。

2. 按试验目的分类

(1)寿命试验:指为分析、评价产品的寿命特征量而进行的试验。

(2)耐久性试验:指为考察产品性能与所加应力条件的影响关系而在一定时间内所进行的试验。

(3)可靠性验证试验:指为确定产品的可靠性特征量是否达到所要求的水平而进行的试验。

(4)可靠性测定试验:指为确定产品的可靠性特征量的数值而进行的试验。

3. 按照试验场所分类

(1)现场试验:指按照实际工作条件进行的可靠性试验。这种试验能客观地评价产品在实际使用中的可靠性,试验数据和结论真实可靠;但费用消耗大,投入的人力较多,试验周期长,适用于整车和重要总成的可靠性试验。

(2)试验场试验:指在试验场模拟实际工作条件进行的试验,适用于整车和重要总成的可靠性试验。

(3)试验室试验:指在试验室模拟实际工作条件进行的试验,适用于总成和零部件的可靠性试验。

4. 按照试验方法分类

(1)常规可靠性试验:指在公路或一般道路上,使汽车以类似或接近于实际使用条件下进行的试验。该试验是最基本的可靠性试验,试验周期较长,但试验结果最接近实际的状况。

(2)快速可靠性试验:指对汽车寿命产生影响的主要条件集中实施(所谓的"载荷浓缩"),使其在尽可能短的时间内获得相当于常规试验在长时期内得到的试验结果,即在专门的汽车强化试验道路上进行的具有一定快速系数的可靠性试验。这类试验通常在试验场进行。

(3)特殊环境可靠性试验:指汽车在严寒、高温、高湿、低气压、盐雾、雨水等特殊条件下进行的可靠性试验。

(4)极限条件可靠性试验:指汽车在实际使用条件下施加可能遇到的少量极限载荷时所进行的试验。

另外,可靠性试验按照产品的破坏性质可分为可破坏性试验和非破坏性试验,按照载荷加载方式还可分为恒定应力试验、步进应力试验和序进应力试验,按照抽样方式分为抽样试验和全数试验等。

由上可知,可靠性试验的方法多种多样,总体分类情况汇总见图 6-1。

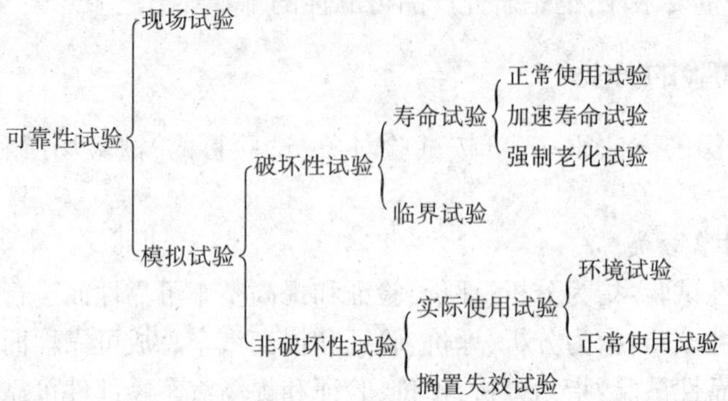

图 6-1　可靠性试验总体分类汇总

四、可靠性试验的发展历程

在 1920 年以前,汽车的可靠性试验都是在公共道路上进行的。各个汽车制造厂家选择的试验路线包括城市道路和乡村道路,选择这些试验道路的原则是使试验车辆可以经受到在实际使用中所碰到的各种载荷和应力的作用。而且采用的是加速试验的方法,大大缩短了试验行驶里程和时间。但是,公共道路的路况变化比较大,试验条件难以控制,使得试验结果重复性和可比性较差,试验周期比较长。

进入 20 世纪 20 年代后,各汽车制造厂家已经认识到对可靠性试验进行仔细控制的价值,而这样的试验需要在试验室内或在专门修建的试验场上进行。于是,在 20 世纪 20～30年代修建了一批汽车试验场。在美国,最早专门修建的车辆试验场之一是美国陆军的 Aberdeen 试验场,这个试验场在20 世纪20 年代以前已经修建好;1924 年,通用汽车公司在 Michigan 州的 Milford 修建了试验场;1926 年,Packard 汽车公司在 Michigan 州的 Utica 修建了试验场;1933 年,福特汽车公司在 Michigan 州的 Dearborn 试验场开始启用。这个时期修建的试验场主要用于轿车的可靠性试验,一直到 20 世纪 40 年代末期都是如此。

到了 20 世纪 50 年代后,经过仔细设计的在汽车试验场上进行的可靠性试验开始得到应用,对可靠性试验的行驶规范、试验方法、试验数据处理等都进行了规定。此时,重型载货汽车的开发也开始应用可靠性试验技术。为缩短可靠性试验周期,试验场上的试验条件越来越苛刻,有时甚至不合理,使得在试验中会出现一些在实际使用中不会出现的失效模式。

20 世纪 60 年代两大技术的重大发展大大促进了可靠性试验技术的发展。第一项技术是把各种累积疲劳损伤理论应用于汽车零部件的开发中,进行随机疲劳寿命预测。这使得可靠性技术有了坚实的理论基础。第二项技术是把伺服液压作动器引入到汽车试验室中。这使得在试验室中能比较准确地重现汽车在道路上所受到的载荷,试验重复性得到很大改善。从此,伺服液压系统越来越多地应用在可靠性试验领域。

第二节　汽车可靠性试验理论基础

一、可靠性试验抽样

汽车产品是大批量生产的,在进行可靠性试验时,一般是不可能进行全数抽样的。因为可靠性试验具有破坏性,而且试验费用较高、试验周期较长,因而只能采取少量抽样的方式进行试验,然后对总体进行评估。在制定抽样方法时,必须综合考虑时间、成本等多方面的因素。从提高评价的准确度考虑,希望抽样的数目越多越好;从节省费用和时间来考虑,希望抽样的数目越少越好。因此,在进行可靠性试验时,必须确定一个合适的抽样方法。

可靠性抽样试验适用于产品的生产鉴定、协作产品验收和质量检查。

可靠性抽样方法同质量检查的抽样方法在原理上基本相同,但存在一定的差异,主要体现如下:

(1)质量检查主要使用合格率或不合格率来进行评价;而可靠性试验除采用合格率外,还采用故障率或平均故障间隔时间等作为评价指标。

(2)质量检查一般可获得每个样品的检查结果;而可靠性试验有时为节省时间,不会试验到所有样品都失效为止,即采用所谓的截尾试验方法。截尾试验方法是一种只要求进行到样品中部分失效就停止的试验方法。

(3)质量检查中主要采用正态分布;而在可靠性试验中主要采用指数分布和威布尔分布。

1. 抽样试验的一般原理

设一批产品的总数为 N,不合格率为 p,现在抽取 n 个样品进行试验,不合格数为 r_i 个的概率 $P(r_i)$ 服从超几何分布,为:

$$P(r_i) = C_{N_p}^{r_i} C_{N-N_p}^{n-r_i} / C_N^n \tag{6-1}$$

式中: $C_{N_p}^{r_i}$——从 N_p 个样品中取 r_i 个的组合数;

$C_{N-N_p}^{n-r_i}$——从 $N-N_p$ 个中取 $(n-r_i)$ 个样品的组合数;

C_N^n——从 N 个样品中取 n 个的组合数。

若事先规定一个不合格品的界限数为 c(称为批产品合格判定数),只要不合格数不超过 c,就判定这批产品为合格产品。根据式(6-1),这批产品被判定为合格的概率如下:

$$L(p) = \sum_{r_i=1}^{c} P(r_i) = \sum_{r_i=1}^{c} \left(\frac{C_{N_p}^{r_i} C_{N-N_p}^{n-r_i}}{C_N^n} \right) \tag{6-2}$$

$L(p)$ 称为批合格率,当 c 确定时,$L(p)$ 是不合格率 p 的函数,称为抽样特性曲线,或工作特性曲线(OC 曲线),如图 6-2 所示。

由图 6-1 可知,抽样试验特性曲线与不合格率有关,当不合格率变化时,批合格率随之

变化,关系如下:

(1)当 $p=0$,$L(p)=1$ 时,产品肯定被接收;

(2)当 $0<p<1$,$0<L(p)<1$ 时,产品可能被接收,也可能被拒收;

(3)当 $p=1$,$L(p)=0$ 时,产品肯定被拒收。

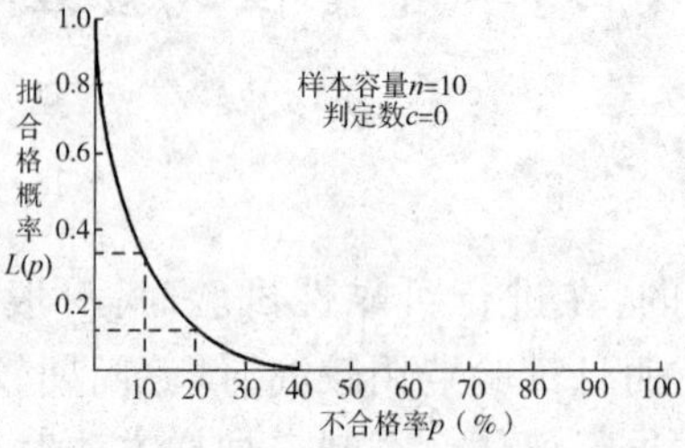

图 6-2　抽样特性曲线(OC 曲线)

2. 汽车可靠性试验抽样

从 20 世纪 50 年代开始,人们逐步掌握了可靠性试验的规律,并出现了一些专门的试验抽样方案,到 60 年代就已经形成了一些试验标准。由于这些抽样方案的计算比较复杂,通常都是设计一些常用的试验方案并作成表供使用时查阅,而不必用理论公式进行计算,因此只要掌握了试验方法并学会查表就可以确定抽样方案了。

汽车系统的故障间隔时间一般服从指数分布,因此,在可靠性试验抽样中可以采用 MTBF 代替不合格率来制作 OC 曲线,如图 6-3 所示。当产品达到某一可接受的平均故障间隔时间 $MTBF_0$ 时,存在有 α 的概率(厂方风险);当产品达到某一不可接受的不合格的平均故障间隔时间 $MTBF_1$ 时,存在有 β 的概率(用户风险)。称 $d=MTBF_0/MTBF_1$ 为判别比,判别比越接近于 1,判别误差就越小。

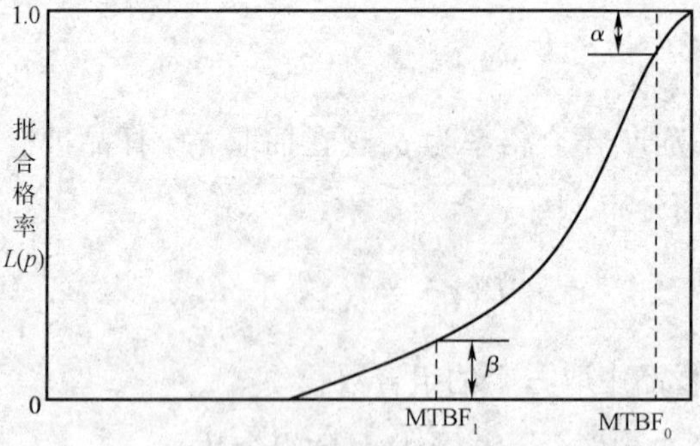

图 6-3　指数分布下按 MTBF 抽样的 OC 曲线

根据寿命试验类型的不同,汽车可靠性试验抽样方案有定数截尾试验和定时截尾试验两种。

(1)定数截尾试验。这种抽样方案与抽样量无关,因而有选择的余地,抽取样品多而且也可能试验时间短。该抽样方案的关键是确定抽样数 n,截尾失效个数 r_i 及合格判定值 c,这些值可根据 α、β、$MTBF_0$、$MTBF_1$ 查定数截尾抽样表求得,如表 6-2 所示。

定数截尾试验指数分布抽样表 表 6-2

$d=MTBF_0/MTBF_1$	α	β	α	β	α	β	α	β
	0.05	0.05	0.05	0.10	0.10	0.05	0.10	0.10
	r_i	$c/MTBF_1$	r_i	$c/MTBF_1$	r_i	$c/MTBF_1$	r_i	$c/MTBF_1$
1.5	67	1.212	55	1.184	52	1.241	41	1.209
2	23	1.366	19	1.310	18	1.424	15	1.374
3	10	1.629	8	1.494	8	1.746	9	1.575
5	5	1.970	4	1.710	4	2.180	3	1.835
10	3	2.720	3	2.720	2	2.660	2	2.660

例 6-1 对一批汽车产品进行可靠性抽样试验,给定 $\alpha=0.05,\beta=0.10,MTBF_1=2\ 000$ km,$MTBF_0=10\ 000$km,试制定试验方案。

解: 计算判别比 $d = MTBF_0/MTBF_1 = 10\ 000/2\ 000 = 5$

根据已知数据,查表 6-2 得到 $r_i=4,c/MTBF_1 = 1.710$

则:$c = 1.710\times2\ 000 = 3420$(km)

这就是说:任意取 n 辆汽车($n>4$)进行定数截尾寿命试验,一直到有 4 辆汽车失效时停止试验;如果 MTBF≥ 3 420 km,则认为试验合格;否则,试验批不合格。

(2)定时截尾试验。该抽样方案的基本思路是:从一批产品中,任意取 n 个样品,事先规定一个截尾时间 t 进行寿命试验,到截止时间 t 时,已有 r_i 个失效。

该抽样方案的关键是确定样品抽取数目 n,截止时间 t 及合格判定值 c,这些值可根据 α、β、d 查定时截尾抽样表求得,如表 6-3 所示。

定时截尾试验指数分布抽样表 表 6-3

$d=MTBF_0/MTBF_1$	α	β	α	β	α	β	α	β
	0.10	0.10	0.10	0.20	0.20	0.20	0.30	0.30
	c	$T/MTBF_0$	c	$T/MTBF_0$	c	$T/MTBF_0$	c	$T/MTBF_0$
1.25	111	100	82	72	49	44	16	14.9
1.5	36	30	25	19.9	17	14.1	6	5.3
2.0	13	9.4	9	6.2	5	3.9	2	1.84
3.0	5	3.1	3	1.8	2	1.46	0	0.37

例 6-2 对一批车用发动机产品进行可靠性抽样试验,给定 $\alpha=0.10,\beta=0.10,MTBF_1=500$h,$d=3$,试制定试验方案。

解: 根据已知数据,查表 6-3 得到 $c = 5,T/MTBF_0=3.1$

则:$T=3.1\times3\times500 = 4\ 650$ h

如果选用 20 台发动机可替换进行试验,那么试验时间 $t = 4\ 650/20 = 232.5$h,在此试验期间内如果失效发动机台数≤5,则认为试验合格;否则,试验批不合格。

由此可见,定时截尾试验可供选择的试验方案很多,随样品抽样数目不同,截尾里程也有所不同,具体试验时可根据费用、时间等因素选择试验方案。

二、快速可靠性试验

由于汽车及其零部件的使用寿命很长,用常规的试验条件进行可靠性试验要耗费大量的资金和时间,给新产品的开发、产品改进与产品质量检查都带来很大的问题。因此,为缩短可靠性试验周期,节省时间和费用,在可靠性试验中大量采用快速试验方法。

1. 快速可靠性试验的方法

从原理上来说,快速可靠性试验主要分为以下几种。

(1)增大应力法。这里的应力为泛指,包括应力、温度、湿度、压力、振动加速度等。如在人工老化装置上,提高平均温度、湿度以及增强日光照射等,以加速材料或零件的老化。在疲劳试验台上,对整车或零部件施加大于实际使用的载荷进行试验。

(2)浓缩应力方法。这种方法不增大整车或零部件的载荷,而应尽可能采用实际使用中的载荷,对寿命影响小或无影响的实际载荷应删除。该方法容易保持故障模式的一致性,被广泛采用,如在试验场中的可靠性试验。

(3)增加试样数目或分组最小值法。在保证相同的置信度情况下,采用增加试样数目或分组最小值的方法,可以有效地缩短试验时间。

(4)贝叶斯法。利用试验数据,以减少试验的数量和时间。

2. 快速可靠性试验的基本原理

无论采用以上哪种试验规范,都应该遵循以下基本原理。

(1)故障模式与实际使用情况一致。故障模式一致,而且故障发生的部位也应该相同。例如,实际使用中某车型钢板弹簧第一片在吊耳处疲劳折断,而快速试验却在中心螺栓孔处折断,则说明快速试验的规范是不正确的。

(2)故障数据的分布规律要相近。同一种零部件在快速试验时的失效数据分布规律要与使用中的失效分布规律相近。整车或整机在快速试验条件下各子系统故障率的分布与实际使用情况相近。

(3)要有一定的快速系数。快速系数是指在实际使用中的平均寿命与快速试验中的平均寿命之比。快速试验自然必须要具备一定的快速系数。快速系数应通过实际试验来确定。

为满足上述要求,必须选择合理的载荷模拟方式。常见的载荷模拟方式可以分为两类。

①输入模拟方法。这种方法是模拟对汽车可靠性有影响的环境条件,如道路不平度、道路的坡度、气温、湿度、光照等。可以在试验场内设置一组不平道路、各种坡道、涉水池、沙地等,进行汽车的可靠性行驶试验;可以在道路模拟机上以有效路形控制台面的运动,以实现室内汽车承载系统的快速可靠性模拟试验;可以在底盘测功机上设置汽车行驶阻力(包括爬坡阻力、空气阻力等),以实现汽车动力传动系统的模拟试验;还可以在模拟不同气候的环境舱内进行高温、高湿、强日照等条件的加速老化试验。输入模拟的方法能满足不同结构汽车产品的要求。

②输出模拟方法。这种模拟方法是直接模拟汽车零部件在给定试验环境下的应力、加速度等值。在道路模拟机上控制汽车车轮轴头的振动加速度的时间历程、在零部件试验台架上用实际采集的载荷经过编辑后进行控制等方法都属于这一类型。输出模拟的控制精度较高,但由于系统的输出同其结构参数有关,在同样的输入条件下,由于结构参数不同,输出也将不同。因此很难用同一种载荷规范对不同的结构参数产品进行可靠性试验。

3. 快速系数的估算方法

由于汽车实际使用条件的复杂性和多样性，几乎不可能求得准确的快速系数。因此，在实际工作中，只是设法给出一个比较粗糙的估计值，而且这种估计值要随公路条件等因素而变化。

几种常用的估计快速系数的方法如下。

(1)利用威布尔分布：

$$K_w = \frac{\text{使用条件下 } B_{10}\text{寿命}}{\text{加速试验 } B_{10}\text{寿命}} \tag{6-3}$$

式中，B_{10}寿命表示的是在威布尔分布中累计失效概率为10%的寿命。

对于整车系统，不同零部件的快速系数不大可能是一样的，各个典型零件的快速系数构成系统快速系数的范围，也可以根据快速系数间的差别对可靠性试验规范进行适当的修改。

(2)利用平均故障间隔时间(或里程)：

$$K_m = \frac{\text{实际使用中 MTBF}}{\text{快速试验中 MTBF}} \tag{6-4}$$

这种方法比较简单实用，具有一定的综合性，但估计结果比较粗糙。

(3)利用累积损伤度。根据某一零件的 S—N 曲线及一定工作周期内所统计的应力频度图，由式(6-5)可计算经过该工作周期之后材料的累积损伤度。

$$D = \sum \frac{n_i}{N_i} \tag{6-5}$$

式中：n_i——给定周期内某一应力水平 σ_i 出现的频次；

N_i——S—N 曲线上 σ_i 所对应的疲劳寿命循环次数。

则快速系数可按式(6-6)求得：

$$K_q = \frac{D_{\text{快速试验}}}{D_{\text{使用环境}}} \tag{6-6}$$

前两种估算方法都必须在进行过一定数量的试验和对实际使用损坏作了相当数量的统计之后才能求得，而第三种方法则可能通过应力测量统计方法进行快速系数的估算。

第三节　特殊条件下的汽车可靠性试验

一、特殊环境下的可靠性试验

这里所讲的特殊环境主要是指特殊的气候环境。汽车是一个使用环境极其广泛的商品，不同国家、不同地区的气候环境可能不尽相同。

特殊的气候对汽车的使用性能及可靠性都有一定的影响。

(1)盐害。例如加拿大、北欧等地区，在冬季为防止路面冻结而撒布岩盐，对车身密封结构部分、地板、行驶部分零部件、电器等都有明显的腐蚀性。

(2)耐温。汽车的使用环境温度，即使保守的考虑也在(－30～＋40)℃。随汽车性能和使用地区的不同，还应考虑超过此范围的温度。在这样的高温或低温状态下，各部分功能的正常发挥对汽车的使用至关重要。

(3)其他环境：尘埃、泥沙等的侵入也成为轴承部分及液压构件等发生故障的原因。由于降雨、降雪等对高分子材料的影响形成光老化、臭氧老化致使其性能下降。此外,由于低气压使发动机性能降低,还有特殊气体介质腐蚀金属部件等。

由此可见,在一般环境下性能可靠的汽车产品,在特殊气候下不一定可靠,因此要对汽车进行特殊环境下的可靠性试验。特殊环境试验一般在实际环境下进行(如暴晒场,图6-4所示为海南汽车试验场的暴晒场,面积达45 000m^2,可以满足各种自然老化试验),也可以在气候试验室进行(如环境实验室,如图6-5所示,让整车承受极寒极热的冰火考验)。

图6-4　暴晒场

图6-5　环境实验室

在我国,特殊的气候条件主要有严寒地区、高原地区和湿热地区,表6-4列出了这些地区的主要环境因素以及相应的主要可靠性问题。整车在研究开发阶段一般要进行"三高"(高温、高寒、高原)试验。"三高"试验的目的是在室内转鼓试验台、排放试验台、发动机试验台等在不同转速、不同负荷、不同温度、不同道路条件下对发动机管理系统按不同工况进行标定的基础上,验证台架标定值是否合适。如德尔福(中国)自1999年起就联合许多整车厂在国内的独特气候条件下开展"三高"试验,其试验地点分别为:海南岛、新疆吐鲁番及重庆(夏季高温试验);黑龙江黑河及内蒙古加格达奇市(冬季高寒试验);青海昆仑山口、云南中甸、西藏及四川川西(高原试验)。

特殊气候地区的主要环境因素与可靠性问题　　表6-4

特殊气候地区	主要环境因素	主要可靠性问题
严寒地区	低温 冰雪	冷起动性、制动性 冷却液、润滑油、燃油的冻结 非金属零件的硬化失效、采暖除霜装置的性能、特殊维修性问题
高原地区	低气压 低温 长坡 辐射	冷却液沸腾、供油系发生气阻 动力性下降 起动性恶化 人的体力下降,增加维修困难
湿热地区	高温 高湿度 阳光高辐射 雨水 盐雾 霉菌	冷却液沸腾 供油系发生气阻 金属零件的腐蚀 非金属零件的老化、变质、发霉 电气件的故障

二、极限条件下的可靠性试验

极限条件下的可靠性试验不是考核产品与时间因素有关的可靠性指标，而是要在较短的时间内考察汽车承受极限应力的能力，以保证用户在常年使用过程中极少遇到的大应力情况下也是安全的。

对于承受重负荷的主要安全部件，为找出其弱点，应施加对其形成破坏的应力，同时为检验其强度是否能充分承受在实际使用中发生的最大应力，可进行强制破坏试验，表6-5列出了一些极限试验的例子。

极限条件下的可靠性试验举例　　表6-5

试验项目	试验目的	试验方法说明
沙地脱出试验	判断传动系统的强度	后轮置于沙槽，前进、后退使汽车冲出
泥泞路试验	判断驾驶室、车架的锈蚀及橡胶件的损坏	泥水深300mm，长50m，在泥水槽中行驶
急起步试验	判断传动系及悬架、车架的强度	在平路上及坡路上，拖带挂车，在发动机最大转矩转速下急起步，反复操作
急制动试验	判断制动器、前轴、转向系的强度	在路面摩擦系数高的混凝土路面上直行及转弯时，以最大强度急制动
垂直冲击试验	判断悬架、车身的强度	汽车以较高速度驶过单个长坡或连续长坡
急转向试验	判断转向机构的强度	以可能的速度、最大的转向角进行前进、倒退，反复行驶操作
空转试验	判断传动系的振动负荷	原地将驱动桥支起，以额定转速的110%～115%连续运转，传动轴有一定的不平衡量

除以上这些强度试验外，还有如在高速下使用制动若干次后，验证其规定制动力的耐衰退试验以及最高速行驶试验等极限试验。

第四节　汽车可靠性行驶试验

一、试验条件

1. 装载质量

(1)试验汽车装载质量应按照设计任务书的规定施加，无特殊规定时，装载质量均为厂定最大装载质量或使试验车处于厂定最大总质量状态。当汽车拖带挂车时，也应按照设计任务书的规定装载，不得随意改变。

(2)装载质量应均匀分布、固定牢靠，试验过程中不得晃动和颠簸；不应因潮湿、散失等条件变化而改变其质量，以保证装载质量的大小、分布不变。

(3)乘员和行李的平均质量按表6-6的数据计算，可用相同的重物代替；采用重物替代时，要保证地板上、座垫上、拉手上以及行李舱(架)上的代替重物固定牢靠，试验中不得移动到其他位置。

乘 员 质 量（kg） 表6-6

车型			每人平均质量	行李质量	代替重物分布			
					座椅上	座椅前的地板上	吊在车顶的拉手上	行李舱(架)
载货汽车、越野汽车、专用汽车、自卸汽车、牵引汽车			65	—	55	10	—	—
客车	长途		60	13	50	10	—	13
	公共	坐客	60	—	50	10	—	—
		站客	60	—	—	55 （地板上）	5	—
	旅游		60	22	50	10	—	22
轿车			60	5	50	10	—	5

2. 燃料、润滑油(脂)和制动液

试验汽车使用的燃料、润滑油(脂)和制动液的牌号和规格，应符合该车技术条件或现行国家标准的规定。除可靠性行驶、耐久性道路试验及使用试验外，可靠性行驶试验中整车基本性能的初试和复试必须使用同一批燃料、润滑油(脂)和制动液，同时还要测定燃料的密度，以便于将受燃料密度影响的试验数据校正到标准状态下的数据。绝对不允许使用不符合技术条件规定尤其是低于该规定的燃油及润滑油，以免发生零部件的异常损伤。

3. 轮胎气压

可靠性试验过程中，轮胎冷态充气压力应符合该车技术条件的规定，尤其是可靠性基本性能试验，要求轮胎气压误差不得超过 ±10kPa。在试验过程中还应经常检查气压，以确保轮胎具有正常磨损及良好的安全性能，并且按技术条件规定，按时调换轮胎的位置，或按最短行驶里程 6 000km 调换一次轮胎的位置。

4. 气候条件

可靠性行驶试验的气候条件是全天候的，选择也是多种多样的，而可靠性试验中的性能试验，其气候条件要求很严格，具体要求如下：

(1)无雾、无雨；

(2)相对湿度小于 95%；

(3)气温为 0～40℃；

(4)风速不大于 3 m/s。

对气象有特殊要求的试验项目，有相应的试验方法规定。对于在特殊地区(如严寒、高原、湿热等)使用的汽车或特殊用途的汽车，应在相应的特殊气候条件下进行相关试验。

5. 试验道路

(1)常规可靠性试验道路。常规可靠性试验道路应按照 GB/T 12678—90 来选定，具体要求如下。

①平原公路。路面平整度为 C 级或 C 级以上，宽度应符合国家一级、二级公路标准中的平原微丘公路的要求，最大纵向坡度小于 5%，一般情况下应小于 3%；路面应宽阔平直，

视野良好,汽车能持续以较高车速行驶;道路长度不得短于 50 km。

②坏路。路基坚实,路面凸凹不平的道路。一般是指路面覆盖层损坏或年久失修的水泥路面、沥青路面,以及碎石路、土石路、砂石路面,而最理想的坏路面是有明显的搓板波、分布均匀的鱼鳞坑等。但应注意,上述坏路面如有石块裸露,大多数石块应无尖角,以免划伤轮胎。路面不平度为 E 级或 E 级以下,试验车在这种路面上行驶时,应受到较强的振动和扭曲负荷,但不应有太大的冲击。

③山区公路。路面平整度及宽度应达到 C 级公路以上的标准;平均纵向坡度应大于 4%,最大为 15%,坡度的连续长度应大于 3 km。汽车在这种山区公路行驶时,其发动机、传动系统及制动系统应受到较大的负荷。

④城市道路。路面平整度应达到 C 级公路以上的标准,主要是指大、中城市的交通干线街道。对于客车试验,应优先选择城市客车行驶路线的道路。

⑤无路地段。无路地段是指很少有车辆行驶的荒野地区,如沙地、草地、泥泞地、灌木丛、冰雪地区及水滩等,主要用于越野汽车及其他特种车辆的可靠性试验。在选择无路地段时,应考虑到汽车能有一定的行驶速度,晴天和雨天皆能通过,并能保证安全试验。

典型的无路地段有如下几种。

起伏多尘路:主要是指在平原或丘陵地区,由于行人行走、畜力车及机动车等行驶而形成的土路。其特点是,无人为覆盖层、地面干燥,积有很多浮土,30% 的路段有明显凹坑,坑深为 200 ~ 400 mm,另外还可能具有弯曲路段以及一定的纵向坡度和横向坡度。

卵石河滩路:主要是指江河故道或干涸的河床,由于畜力车或行人通过而自然形成的或者由人工稍加修理的无路基的便道。其特点是,路面由砂土形成,其间镶嵌有大小不等的不规则鹅卵石,鹅卵石最大直径不大于 300 mm,鹅卵石覆盖面积应占整个路面的 1/4 ~ 3/4,路面凸起高度不高于 100 mm,允许路面上长有荆棘杂草。

耕作地:主要是指停止耕作的土地或收割完毕的耕地,允许其上有莳茬。

沙地:主要是指沙漠、沙滩、沙丘地,以及以沙为主的干涸河道。其特点是,砂石深度应在 300 mm 以上,干沙层深度不小于 150 mm,应能保证车辆正常行驶,允许其上有草木植被,但覆盖率不得超过 10% 。

(2)快速可靠性试验道路。快速可靠性试验道路也称为强化试验道路,主要是指在汽车试验场设有的固定路形的特殊可靠性试验道路,它包括石块路(比利时路)、卵石路、鱼鳞坑路、搓板路、扭曲路、凸块路、沙槽、水池、盐水池等,以及高速环形跑道、砂土路及坡道等。

典型的试验场强化试验道路如下。

①石块路(比利时路),如图 6-6 所示。石块路是一种普遍采用的汽车可靠性行驶试验路面,长从几百米到几千米,宽 3.5 ~ 4.0 m,几乎每个试验场都有。因为这种路来源于比利时境内某些失修的石块路,所以又称比利时路,作为典型坏路的代表,主要考核汽车轮胎、悬架系统、车身、车架以及结构部件的强度、振动和可靠性。

②鹅卵石路,如图 6-7 所示。鹅卵石路是将直径为 310 ~ 180 mm 的大鹅卵石稀疏地、不规则地埋入混凝土路槽中。大卵石高出地表部分的高度为 40 ~ 120 mm,铺砌成几百米长的大卵石路。汽车在大卵石路上行驶时,除了引起垂直跳动外,不规则分布的卵石还对车轮、转向系统和悬架系统造成较大的纵向和横向冲击。大卵石路是大中型载货汽车、自卸车等的可靠性试验路面之一。

图 6-6　比利时路

图 6-7　鹅卵石路

③扭曲路,如图 6-8 所示。扭曲路由左右两排互相交错分布的凸块组成,凸块形状以梯形最简单,也有正弦波或环锥形的,其左右都是一致的,就是使汽车产生强烈的扭曲,以检验车辆的车架、车身结构强度和各系统的连接强度、干涉等。凸块高度一般在 80 ~ 200 mm,分别修筑成甲、乙、丙等扭曲路。如海南试车场规定大中型载货汽车要通过 200 mm 的甲种扭曲路,微型车只需通过 80 mm 的丙种扭曲路。

④搓板路,如图 6-9 所示。搓板路的每个凸起近似于正弦波,是沙石路上常见的路况。波距为 500 ~ 900 mm 不等,行驶车速很高的波距可达到 1 100 mm 。汽车以较高车速在搓板路上行驶时,簧上质量呈高频振动,簧下质量比较平稳。试车场用混凝土修筑的搓板路大多采用的波高为 25 mm,波距为 600 ~ 800 mm。为造成左右车轮的相位差,常将左右两侧的搓板错位布置或斜置某一角度。搓板路用于汽车的振动特性、平顺性以及可靠性试验。

图 6-8　扭曲路

图 6-9　搓板路

⑤涉水池,如图 6-10 所示。涉水池一般是并联在石块路上,水深 0. 15 m 左右,可以调节,用来检查水对制动器效率的影响、车身的防水性、汽车总成和发动机进排气系统的工作状况,以及非浮动车辆的漂浮特性等。

⑥盐水池。这种水池是一种放有食盐和氯化钙溶液的小型水池,用来进行汽车零部件快速腐蚀试验。在汽车可靠性和耐久性综合试验跑道上,往往设有这种小型的带有盐溶液的水池或路段,如图 6-11 所示。

图 6-10　涉水池

图 6-11　盐水搓板路

⑦高速环形跑道，如图 6-12 所示。高速环形跑道是为汽车在高速情况下持续行驶使用的，以考核整车的高速行驶性能和发动机、传动系、悬架轮胎的润滑发热情况，以及零部件的可靠性和耐久性。高速环形跑道一般都建成椭圆形或正圆形。除正圆形外，一般高速环形跑道由直线段、圆曲线段以及缓和曲线段 3 部分组成。周长通常为 4 ~ 8 km，长达 14 km 的也有，宽度一般为 12 ~ 18 m(3 ~ 5 个车道)。其允许行车速度为汽车能达到的最高车速，试验时最高车速一般为 220 ~ 240 km/h，有的可达 290 km/h。路面多采用混凝土路面，有的也采用沥青混凝土路面，但弯道部分仍采用混凝土路面。

图 6-12　高速环形跑道

国内的定远汽车试验场、襄樊汽车试验场、海南汽车试验场的可靠性试验道路基本情况分别如表 6-7 ~ 表 6-9 所示。

定远汽车试验场可靠性试验道路基本情况　　表 6-7

试验道路名称	道路特征说明
公路强化特征模拟路	长 1450m，宽 7m(包括坡道、横向径向搓板、修补块、水泥沥青连接接口、阴井凹凸块、铁道口、减速坎等路段)
鱼鳞坑路	长 50m，宽 7m
不整齐石块路	长 1 654m，宽 7m
半整齐石块路	长 464m，宽 7m
砂石路	长 1 394m，宽 7m
卵石路	长 300m，宽 3.5m
沥青路	长 260m，宽 7m
扭曲路	长 44m，宽 3.6m
搓板路	长 252m，宽 3.5m
坡道	长 530m，宽 7m
高速环形跑道	长 4km

襄樊汽车试验场可靠性试验道路基本情况　　表 6-8

试验道路名称	道路特征说明
石块路	长 1 345m
长波路	长 400m
扭曲路	长 60m
搓板路	长 400m
连接路	长 3 375m
高速环形跑道	长 5. 3km

海南汽车试验场可靠性试验道路基本情况　　表 6-9

试验道路名称	道路特征说明
搓板路	2 种,合计长 503m
石块路	3 种,合计长 813m
卵石路	3 种,合计长 92m
扭曲路	3 种,合计长 150m
鱼鳞坑路	1 种,长 310m
石板路	1 种,长 704m
条石路	1 种,长 417m
砂石路	1 种,长 1 670m
沙坑路	2 种,合计长 100m
涉水路	1 种,长 50m
盐水路	1 种,长 30m
高速环形跑道	长 6km

按照各种汽车的可靠性行驶试验规范,汽车试验场的可靠性试验道路可分为不同的车道。如海南汽车试验场的可靠性试验道路分为 4 个车道,分别适用于重、中、轻、微 4 种汽车的可靠性试验,每个车道的道路种类、总长及行驶顺序各不相同,如表 6-10 所示。海南汽车试验场示意图如图 6-13 所示。

海南汽车试验场可靠性试验道路车道分类　　表 6-10

车道名称	适用车型	长度(m)			道路组成及行驶顺序
		典型路面	连接路	总长	
第一号车道(重型车道)	重型货车、超重型越野汽车、重型越野汽车、重型自卸汽车、重型牵引汽车	4 815	2 175	6 990	起点→搓板路(甲)→卵石路(甲)→石块路(甲)→石块路(丙)→鱼鳞坑路→卵石路(丙)→石块路(乙)→沙坑路(甲)→条石路→石板路→扭曲路(甲)→沥青路→终点
第二号车道(中型车道)	中型货车、中型越野汽车、中型自卸汽车、中型牵引汽车	4 815	2 175	6 990	起点→搓板路(甲)→卵石路(乙)→石块路(甲)→石块路(丙)→鱼鳞坑路→卵石路(丙)→石块路(乙)→沙坑路(甲)→条石路→石板路→扭曲路(甲)→沥青路→终点

续上表

车道名称	适用车型	长度(m)			道路组成及行驶顺序
		典型路面	连接路	总长	
第三号车道(轻型车道)	轻型货车、轻型越野汽车、轻型自卸汽车、大型客车、中型客车	3 601	1 528	5 132	起点→搓板路(乙)→石块路(丙)→鱼鳞坑路→卵石路(丙)→石块路(乙)→沙坑路(乙)→条石路→石板路→扭曲路(乙)→沥青路→终点
第四号车道(微型车道)	微型货车、轻型客车、微型客车、铰接客车、各型轿车	3 189	1 209	4 398	起点→搓板路(乙)→石块路(丙)→鱼鳞坑路→卵石路(丙)→条石路→石板路→扭曲路(丙)→沥青路→终点

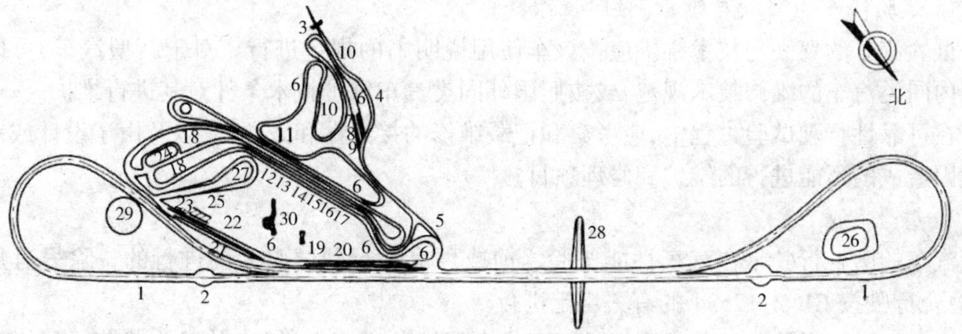

图6-13　海南汽车试验场示意图

1-高速环道;2-小巡车场;3-门楼;4-沥青路;5-条石路;6-水泥路;7-甲种扭曲路;8-乙种扭曲路;9-丙种扭曲路;10-石板路;11-沙坑路;12-乙种石块路;13-丙种石块路;14-鱼鳞坑路;15-甲种搓板路;16-甲种卵石路;17-乙种卵石路;18-C 级土路;19-甲种石块路;20-乙种搓板路;21-丙种石块路;22-涉水路;23-盐水路;24-灰尘路;25-供水池;26-标准坡道;27-长坡路;28-立交桥;29-操稳广场;30-指挥中心

二、试验车辆准备

汽车可靠性试验一般都在性能试验之后进行,而试验汽车的技术状况及装配、调整检查等都在性能试验之前。因此,刚进行完基本性能试验的汽车,可无须进行任何检查而直接进行可靠性试验。

对于仅进行可靠性行驶试验的汽车,应对其进行如下项目内容的准备:

(1)接到试验样车后,记录试验样车的制造厂名称、牌号、VIN 码、发动机型号、底盘型号、各主要总成型号及出厂日期,并为试验车编排试验序号。

(2)检查试验样车各总成、零部件、附件、附属装置及随车工具的装备完整性,以及外部紧固件的紧固程度、各总成润滑油(脂)及各润滑部位的润滑状况及密封状况,并使其符合该车技术条件及 GB 7258 的有关规定。

(3)检查蓄电池电压、点火提前角、风扇皮带张力、发动机汽缸压力、节气门的开启、喷油泵齿条最大行程、发动机怠速转速、制动踏板与离合器踏板的自由行程、转向盘自由转角、轮毂轴承松紧程度、转向轮最大转角、轮胎气压以及制动鼓(盘)与摩擦衬片(块)的间隙等装配、调整情况,使其符合该车技术条件及GB 7258的有关规定。

三、试验仪器准备

在汽车可靠性试验中,除了进行基本性能试验所需仪器外,还需要行驶工况记录仪、排挡分析仪、燃油流量计、半导体温度计、发动机转速仪、坡度计、路面计、气象仪、秒表、精密测量量具、照相机等,以及特殊试验要求所选定的专用仪器及设备。

试验仪器、设备必须经计量检定,在其有效期内使用,并在使用前进行调整,确保功能正常,符合精度要求。

当使用车上安装的速度表、里程表测定车速和里程时,试验前必须对其进行误差校正。

四、汽车可靠性行驶试验规范

1. 试验汽车的驾驶与维护(预防性维修)

试验汽车的驾驶与技术维护应按该车使用说明书的规定进行。对于新型汽车,可以参照国内同类汽车的维修技术规范,或按照国外同类汽车维护技术条件对其进行维护。

在可靠性行驶试验过程中,应考察和记载维修的接近性和方便性,以及由于设计或制造等原因造成的不能进行的维护和修理项目。

2. 磨合行驶

汽车的磨合行驶是在汽车性能试验之前或可靠性行驶试验之前进行的。除另有规定外,磨合行驶按GB/T 12534的有关规定进行。

磨合行驶应在坡度较小的平坦的沥青或水泥铺装道路上进行,其试验载荷、行驶里程、试验车速及更换润滑油周期应按试验汽车使用说明书中的规定进行。

磨合行驶中应认真驾驶,不得使用过大的负荷和过大的发动机转速运行;随时注意观察试验汽车有无异常,经常检查汽车各零部件的紧固程度和工作状况;如果发现故障,应及时处理,并调整或更换零件,对磨合行驶作详细检查和记录。

3. 各类汽车的可靠性行驶试验规范

各类汽车的可靠性试验道路,应尽可能按相应试验规范中规定的各种道路的比例,构成一定里程的试验循环。如果不能构成循环行驶,也可按照山区公路、平原公路(包括城市公路)及凹凸不平坏路的顺序行驶。

(1)载货汽车。这里的载货汽车是指最大总质量大于1 800kg、小于或等于6 000kg的轻型载货汽车,最大总质量大于6 000kg、小于或等于14 000kg的中型载货汽车以及最大总质量大于14 000kg、小于32 000kg的重型载货汽车。

①快速可靠性行驶试验。快速可靠性行驶试验通常在汽车试验场进行,各汽车试验场的可靠性试验规范中,对行驶总里程、各类道路构成比例都有各自的具体规定。

我国海南汽车试验场规定的各类汽车的快速可靠性行驶试验规范如表6-11所示。该试验规范规定:铰接式客车试验道路中的试验山路并入碎石、沥青、水泥公路的里程中;微型货车和微型客车的各种道路里程分配按轿车的试验规范执行;对专门设计的专用汽车,可以根据其使用条件按表6-11中相应种类汽车的试验规范执行。

海南汽车试验场各类汽车快速可靠性行驶试验规范 表 6-11

序号	试验道路	行驶里程分配(不包括磨合行驶里程)(km)				
		货车、自卸汽车、牵引汽车	越野汽车	客车		轿车
				A*	B*	
1	试验山路	8 000	8 000	5 000	2 000	3 000
2	可靠性试验道路	7 000	9 000	5 000	5 000	5 000
3	高速环形跑道	10 000	7 000	15 000	5 000	17 000
4	碎石、沥青、水泥公路	5 000	3 000	5 000	3 000	5 000
5	泥泞、沙地等越野路面	—	3 000	—	—	—
总计		30 000	30 000	30 000	15 000	30 000

注:A 类客车是指主要总成为专门设计或选用定型总成而设计的客车以及未定型的客车底盘;B 类客车是指采用已定型的客车底盘或货车底盘而设计的客车。

另外,该试验规范中还对变型车的快速可靠性行驶试验作了较详细的规定,如表 6-12 所示。如果变型汽车同时符合表 6-12 中一个以上的变型汽车类型时,则该变型汽车的 3 种道路里程应取各相应类别变型汽车最长的试验行驶里程,并将选取的道路里程进行组合。

海南汽车试验场变型汽车快速可靠性行驶试验规范 表 6-12

变型汽车类型	行驶里程分配(不包括磨合行驶里程)(km)			
	试验山路	可靠性试验跑道	高速环形跑道	总计
换装已定型的发动机	2 500	2 000	2 500	7 000
较基本型车功率或转矩增大 10%	5 000	—	2 000	7 000
长轴距(较基本型车增大 5%)	—	5 000	2 000	7 000
半挂牵引车	—	5 000	2 000	7 000
改换驾驶室(不包括局部改进)	—	7 000	3 000	10 000

②常规可靠性行驶试验。载货汽车常规可靠性行驶试验的总行驶里程为 50 000km,其中各类道路行驶里程比例为:凹凸不平坏路占 30%,并且在一半的里程中应拖带装载规定质量的挂车;平原公路占 40%,并且在 1/4 的行驶里程中应进行高速行驶试验,高速行驶试验的平均车速不得低于该车最高车速的 70%,持续时间不得短于 1h。

(2)微型货车。这里的微型货车是指最大总质量不大于 1 800kg 的货车。

①快速可靠性行驶试验。微型货车快速可靠性行驶试验在汽车试验场进行,其总里程及各种道路的行驶里程分配等均按照所在汽车试验场的试验规范执行,如表 6-11 所示。

②常规可靠性行驶试验。微型货车的常规可靠性行驶试验规范如表 6-13 所示。

微型货车常规可靠性行驶试验规范 表 6-13

序号	试验道路类别	行驶里程(km)	占有比例(%)	要求
1	高速公路	11 000	50	应以高于 85% 最高车速行驶,转绕时间不小于 1h
2	山区道路	6 600	30	装用 4 挡变速器时,应以 2 挡行驶 660km

续上表

序号	试验道路类别	行驶里程(km)	占有比例(%)	要　求
3	平原公路	4 400	20	平均速度 60km/h 以上
总计		22 000	100	

(3)客车。这里的客车是指全长不小于 7m 的客车。

①快速可靠性行驶试验。客车快速可靠性行驶试验在汽车试验场进行,其总里程及各种道路的行驶里程分配等均按照所在汽车试验场的试验规范执行,如表 6-11 所示。

②常规可靠性行驶试验。客车的常规可靠性行驶试验规范如表 6-14 所示。

客车常规可靠性行驶试验规范　　表 6-14

底盘类型	客车种类	总行驶里程(km)	各种道路行驶里程(km)/占有比例(%)			
			A 级路面(试验场人工强化路或路谱相近的路面)	B 级路面(山区重三级道路)	C 级路面(平原微三级公路)	D 级路面(市区道路或二级公路)
未经鉴定的底盘	旅游客车	30 000	5 000/16.66	8 000/26.66	15 000/50	2 000/6.66
	长途客车	30 000	5 000/16.66	8 000/26.66	15 000/50	2 000/6.66
	城市客车	30 000	5 000/16.66	5 000/16.66	15 000/50	5 000/16.66
	铰接式客车	30 000	—	2 000/6.66	15 000/50	13 000/43.33
经鉴定的底盘	旅游客车	1 5000	5 000/33.33	4 000/26.66	3 000/20	3 000/20
	长途客车	15 000	5 000/33.33	4 000/26.66	3 000/20	3 000/20
	城市客车	15 000	5 000/33.33	2 000/13.33	4 000/26.66	4 000/26.66
	铰接式客车	15 000	—	1 500/10	7 500/50	6 000/40

(4)轻型客车。这里的客车是指全长大于或等于 3.5m、小于 7m 的客车。

①快速可靠性行驶试验。轻型客车快速可靠性行驶试验在汽车试验场进行,其总里程及各种道路的行驶里程分配等均按照所在汽车试验场的试验规范执行,如表 6-11 所示。

②常规可靠性行驶试验。各类轻型客车的常规可靠性行驶试验规范如表 6-15 所示。

轻型客车常规可靠性行驶试验规范　　表 6-15

类型	试验车类型	总行驶里程(km)	各种道路行驶里程(km)/占有比例(%)				
			凹凸不平道路	山区公路	高速公路	平原公路	城市道路
A	新型车	30 000	6 000/20	9 000/30	6 000/20	7 500/25	1 500/5
B	由已定型三类底盘改装	15 000	6 000/40	3 000/20	3 000/20	1 500/10	1 500/10

(5)轿车。

①快速可靠性行驶试验。轿车快速可靠性行驶试验在汽车试验场进行,其总里程及各种道路的行驶里程分配等均按照所在汽车试验场的试验规范执行,如表 6-11 所示。

②常规可靠性行驶试验。轿车的常规可靠性行驶试验规范如表 6-16 所示。

轿车常规可靠性行驶试验规范　　表6-16

序号	试验道路类别	行驶里程(km)	占有比例(%)
1	高速公路	30 000	37.5
2	强化坏路	15 000	18.75
3	一般公路	20 000	25
4	山区道路	5 000	6.25
5	城市道路	10 000	12.5
总计		80 000	100

4. 可靠性试验中的驾驶操作

(1)发动机。在可靠性行驶试验中,应当正确使用和维护发动机。例如,冷车起动后,应怠速或低速运转发动机予以预热,而不允许低温下强行起动后猛踩加速踏板,更不允许无载荷情况下原地空转。

(2)变速器。在可靠性行驶试验中,应当正确选择变速器挡位,防止变速器挂低挡,发动机高速运转行驶,或者变速器挂高挡、汽车低速运行而使发动机在非正常转矩区域运转;也不允许变速器挂空挡滑行;在100 km的行驶里程中,汽车至少有两次原地起步并连续换挡加速行驶以及一次变速器挂倒挡行车200 m。

(3)车速。在全部可靠性行驶试验中,应当在确保安全的前提下,尽可能高速行驶,同时应避开不符合路面规定条件的异常路况,以免试验车辆受到非正常冲击、挤压而造成零部件非正常损坏。

(4)制动器。在全部可靠性行驶试验中,每行驶100 km至少使汽车制动两次,其中一次点制动;下坡行驶时,应同时采用脚制动和发动机排气制动,以及缓速制动器(装有缓速制动器的车辆),但不允许发动机熄火、变速器挂空挡;在城市道路行驶时,平均每1km制动一次。

(5)山区道路行驶。在山区道路行驶时,每行驶100km,至少进行一次上坡停车和起步。

(6)夜间行驶。在道路条件中明确规定,进行夜间行驶的试验汽车,其夜间行驶里程不得小于该可靠性试验道路行驶里程的10%。

5. 试验中的故障判断与处理

在可靠性试验中,汽车出现故障时一般是凭感官判断,对于不能凭感官判断的故障需借助仪器进行测试来判断。

(1)故障判断。故障判断通常通过接车检查、停车检查、行驶中检查(随时检查)、每天收车后检查、定期维护检查、性能测试、汽车拆检等方法发现车辆故障。

接车检查:接车检查时发现的故障,大多是装配、调整方面的质量问题及材料内部缺陷,个别的也可能是设计上的问题。

停车检查:在可靠性行驶试验中,试验汽车每行驶100km停车检查一次,主要检查各部位有无松脱、渗漏以及损坏等。

随时检查:在可靠性行驶试验中,试验员和驾驶员要随时注意试验汽车的工作状况,以便及时发现故障。

收车后检查:每班试验结束后,将汽车停驻,使发动机怠速运转,检查汽车工作状况,并注意检查刮水器、外部照明装置及制动器的工作性能，还要检查各部位螺栓的紧固情况。每班接车时，应检查冷却水和发动机润滑油是否充足。

定期维护检查：在汽车可靠性行驶试验中，应按该试验汽车的技术条件或汽车维护规范的规定进行汽车定期维护。在定期维护中，应注意检查各零部件有无异常现象，例如零部件磨损、产生裂纹、发生变形，以及装配不当等缺陷。

性能测试：除特殊要求外，在汽车可靠性行驶试验初期和结束后各进行一次发动机外特性测试及汽车性能测试，以确定试验汽车经过规定里程的可靠性行驶试验后，性能指标是否达到设计的要求或国家规定的限值，以及其性能的稳定程度。

检测内容通常包括以下几项：动力性（最高车速、最低稳定车速及加速性能）、燃油经济性（等速行驶燃油消耗量、多工况燃油消耗量及限定行驶条件下的燃油消耗量）、制动性（制动距离、制动减速度及驻车制动性能）、NVH（噪声、振动、舒适性）、排放、操纵稳定性、车身密封性等。试验汽车的检测项目，应根据试验类别和试验规范中的规定来确定，并非所有的车型都要检测以上项目。上述性能的测试方法按照相应的国家及专业标准执行，按照性能试验前规定的调整项目执行性能试验规范的规定，不得进行其他项目的维修和调整。

汽车拆检：试验汽车的解体是在汽车可靠性试验项目全部结束之后进行的，目的是为了检查零部件是否有磨损、烧蚀、龟裂、松动、变质、剥蚀、压痕、变形及失效等故障，并对其进行精密测量，然后根据测量结果判断出过量磨损、划痕、失圆、锥度以及接触区异常等故障。

拆解试验汽车时，应按照预定的计划有步骤地进行，要边拆检边记录（或照相、摄影），同时应按照相应试验规范的规定对主要总成（发动机、离合器、变速器、转向器、制动器、驱动桥等）进行部分或全部拆解。对拆检中发现的问题，应及时分析、判断原因，并记录拆检的详细情况。

（2）故障处理。当发现试验汽车出现故障时，应立即停车检查，查清原因并及时排除故障；如果发生的故障不影响行驶安全及基本性能，且不会诱发故障，可以继续行驶继续进行试验，但应注意观察车辆的工作状况，认为需要修理时应立即停车修理。此时的故障级别与里程按最严重时计。

6. 试验过程中的记录

在汽车可靠性行驶试验中，必须严格、认真地进行记录。

（1）接车记录。试验员在接到试验汽车后，应对所接试验车辆的相关信息进行详细记录，包括制造厂名称、牌号、VIN码、发动机型号、底盘型号、各主要总成型号及出厂日期、行驶里程、装备情况等。特别说明的是，如果试验车在接车时就有某些缺陷，一定要详细记录缺陷的相关信息以及处理结果。

（2）行车记录。从开动试验汽车开始，试验员就应填写试验汽车的行车记录，包括行车日期、路面状况、装载情况、气象情况、里程表读数、燃油添加量、机油添加量、实际行驶里程、平均燃油消耗量、平均技术速度、行驶时间、停车时间、停车原因及其他需说明的情况等信息。

（3）故障维修记录。在汽车试验过程中，只要发生故障，就必须填写故障、维修记录卡，其内容包括故障停车时间、发生故障的零件名称、总成名称（发生故障的零部件所属的上一级总成）、详细的故障描述、故障原因分析、故障后果、处理措施、处理结果、故障的照片或示意图以及相应维修费用等信息。

五、试验数据处理

1. 行驶工况统计

在可靠性行驶试验中,应每日每班填写行车记录卡,试验员依据试验驾驶员填写的行车记录卡(严格来说,试验员每天都要检查行车记录卡,确认当日发生故障的确实记录),定期统计有关试验参数:实际行驶里程、平均技术车速、变速器各排挡使用次数及行驶里程或使用时间的占有比例,制动次数和时间等。以上项目可根据试验要求做相应增减。

2. 故障统计

在可靠性行驶试验中,当日当班的故障应详细地填写在行车记录上,故障描述要真实详尽,并记录发生故障时间、里程、故障发生的现象、故障判别及故障排除措施等,以备试验员能够将故障清楚真实地反映在试验报告上。

试验过程中,试验员定期将行车记录卡上填写的故障按单车发现故障的里程顺序统计于故障统计表中。故障统计中,只考虑"本质故障","误用故障"不计入故障数。

"本质故障"为试验汽车正常试验状态下产生的,是试验车辆本身潜在的、非人为的、非责任的故障;"误用故障"为试验汽车在可靠性试验中,使用、维护、修理等未按规定执行而出现的故障,属于责任的、人为的故障。

在统计故障时,还要注意以下原则:同一里程不同零件发生故障时应分别统计,分别记入故障频次;同一零件同一里程出现不同模式故障时也应分别统计,分别记入故障频次;如果同一零件发生几处模式相同的故障,则只统计一次,故障类别按最严重的统计。

3. 可靠性数据统计

根据评价指标计算需要,按单车分别统计各类故障频次(故障发生的次数)、首次故障里程、试验截止里程等。我国某一中型客车根据相应试验规范进行可靠性行驶试验,试验后行驶工况、故障、可靠性数据的统计分别如表6-17~表6-19所示。

国产某中型客车可靠性行驶工况统计 表6-17

序号	试验道路类型	统计项目	统计结果
1	平原公路	行驶里程(km)	3 021
		行驶时间(h)	54.0
		平均速度(km/h)	55.9
		平均油耗(L/100km)	18.8
2	山区公路	行驶里程(km)	1 946
		行驶时间(h)	43.67
		平均速度(km/h)	44.6
		平均油耗(L/100km)	17.2
3	高速公路	行驶里程(km)	5 113
		行驶时间(h)	61.76
		平均速度(km/h)	82.8
		平均油耗(L/100km)	21.4

续上表

序　号	试验道路类型	统 计 项 目	统 计 结 果
4	凹凸不平路	行驶里程(km)	4 920
		行驶时间(h)	128.41
		平均速度(km/h)	38.3
		平均油耗(L/100km)	16.5
合计		总行驶里程(km)	15 000
		总行驶时间(h)	287.84

国产某中型客车可靠性行驶故障统计　表 6-18

序号	零部件名称（故障部位）	故障出现里程(km)	故障类别	故障模式	故障情况说明	排除措施
1	遮阳板支架	2 203	4	松动	紧固螺栓松动	紧固
2	燃油箱盖	3 368	4	渗油	密封圈变形引起渗油	更换
3	前照灯灯泡	5 459	3	烧坏	前照灯灯泡烧坏	更换
4	制动灯灯泡	8 086	3	烧坏	制动灯灯泡烧坏	更换
5	顶盖内护板	8 438	4	松动	紧固螺栓松动	紧固
6	空气压缩机	8 549	4	渗油	空压机座接合面处渗油	紧固
7	散热器进水管	9 091	3	漏水	散热器进水软管开裂	更换
8	发动机保护杠	9 709	3	开裂	发动机保护杠左端开裂	焊接
9	变速器悬置	10 697	3	损坏	变速器左侧悬置损坏	更换
10	前减振器	12 842	3	失效	右前减振器失效	更换

国产某中型客车可靠性行驶数据统计　表 6-19

统 计 项 目			统 计 结 果
故障类别	轻微故障	次数(次)	4
		首次故障里程(km)	2 203
	一般故障	次数(次)	6
		首次故障里程(km)	5 459
	严重故障	次数(次)	0
		首次故障里程(km)	—
	致命故障	次数(次)	0
		首次故障里程(km)	—
试验截止里程/实际试验里程(km)			15 000
平均首次故障里程(km)			5 459
平均故障间隔里程(km)			2 500

六、汽车可靠性评价指标及其计算方法

汽车可靠性的评价指标主要有平均首次故障里程、平均故障间隔里程和可靠性综合评定分值等。

1. 平均首次故障里程 MTTFF(MTTFF = Mean Time To First Failure)

(1)当试验车辆数小于 5 时,按下式计算:

$$\mathrm{MTTFF} = \frac{S'}{n'} \tag{6-7}$$

式中:MTTFF——平均首次故障里程估计值,km;

n'——发生首次故障车辆数;

S'——无故障行驶里程,km。

$$S' = \sum_{j=1}^{n'} S_j{}' + (n - n')S_e \tag{6-8}$$

式中:S'_j——第 j 辆车首次故障里程(只计 1、2、3 类故障),km;

n——试验车辆数;

S_e——定时截尾里程数,km。

(2)当试验车辆大于或等于 5 辆时,用威布尔分布求可靠度为 50% 的估计值。

2. 平均故障间隔里程 MTBF(MTBF = Mean Time Between Failures)

(1)按指数分布进行计算,其点估计值为:

$$\mathrm{MTBF} = \frac{S}{\gamma_a} \tag{6-9}$$

式中:γ_a——S 里程内发生的 1、2、3 类故障总数;

S——总试验里程,km。

$$S = \sum_{j=1}^{d} S_j + (n - k)S_e \tag{6-10}$$

式中:k——中止试验车辆数;

S_j——第 j 辆车中止试验里程,km。

(2)单侧区间估计下限值按下式计算:

$$(\mathrm{MTBF})_L = \frac{2S}{\chi^2[2(\gamma+1),\alpha]} \tag{6-11}$$

式中: $(\mathrm{MTBF})_L$——平均故障间隔里程置信下限值,km;

$\chi^2[2(\gamma+1),\alpha]$——自由度为 $2(\gamma+1)$,置信水平为 α 的 χ^2 分布值,建议取 0.1 或 0.3。

也可以按表 6-20 查出系数 k_L,则:

$$(\mathrm{MTBF})_L = k_L \cdot \mathrm{MTBF}$$

定时截尾求置信下限时 MTBF 应乘的系数 k_L　　表 6-20

故障数 r	置信度(单侧)				故障数 r	置信度(单侧)				故障数 r	置信度(单侧)			
	70	80	90	95		70	80	90	95		70	80	90	95
1	0. 410	0. 333	0. 258	0. 211	13	0. 823	0. 761	0. 688	0. 627	25	0. 880	0. 829	0. 766	0. 717
2	0. 542	0. 466	0. 377	0. 317	14	0. 835	0. 771	0. 697	0. 639	30	0. 891	0. 843	0. 783	0. 737
3	0. 630	0. 543	0. 449	0. 387	15	0. 841	0. 780	0. 704	0. 649	40	0. 907	0. 870	0. 808	0. 769
4	0. 679	0. 597	0. 500	0. 437	16	0. 846	0. 788	0. 711	0. 659	50	0. 917	0. 876	0. 832	0. 792
5	0. 714	0. 622	0. 521	0. 455	17	0. 852	0. 795	0. 718	0. 668	60	0. 925	0. 887	0. 841	0. 803
6	0. 740	0. 659	0. 571	0. 507	18	0. 856	0. 800	0. 724	0. 676	70	0. 931	0. 897	0. 851	0. 822
7	0. 760	0. 84	0. 595	0. 534	19	0. 860	0. 805	0. 731	0. 683	80	0. 936	0. 906	0. 860	0. 831
8	0. 777	0. 705	0. 617	0. 556	20	0. 864	0. 810	0. 737	0. 689	90	0. 940	0. 908	0. 868	0. 839
9	0. 790	0. 720	0. 634	0. 573	21	0. 868	0. 814	0. 743	0. 693	100	0. 943	0. 917	0. 877	0. 847
10	0. 802	0. 733	0. 649	0. 590	22	0. 871	0. 819	0. 750	0. 700	200	0. 960	0. 939	0. 913	0. 889
11	0. 812	0. 745	0. 664	0. 602	23	0. 874	0. 823	0. 756	0. 706	300	0. 976	0. 960	0. 942	0. 933
12	0. 820	0. 757	0. 674	0. 615	24	0. 877	0. 828	0. 762	0. 711					

3. 当量故障数

当量故障数是各级故障按其危害性以一定系数折算成一般故障的数目,其大小按下式计算:

$$\gamma_D = \sum_{i=1}^{4} \varepsilon_i \gamma_i \tag{6-12}$$

式中:γ_D——当量故障数;

ε_i——第 i 类故障系数,其值分别为 $\varepsilon_1 = 100$,$\varepsilon_2 = 10$,$\varepsilon_3 = 1$,$\varepsilon_4 = 0.2$;

γ_i——第 i 故障数。

4. 当量故障率

$$\lambda_D = 1\,000 \times \frac{\sum_{j=1}^{n} \gamma_{Dj}}{S} \tag{6-13}$$

式中:λ_D——当量故障率,次/1 000km;

γ_{Dj}——第 j 辆车当量故障数。

5. 千公里维修时间

$$\mathrm{MT} = 1\,000 \times \frac{\mathrm{TR} + \mathrm{TP}}{S} \tag{6-14}$$

式中: MT——千公里维持时间,h/1 000km;

TR——S 里程内故障后维修时间总和,h;

TP——S 里程内预防维修时间总和,h。

6. 千公里维修费用

$$\mathrm{MC} = 1\,000 \times \frac{C}{S} \tag{6-15}$$

式中：MC——千公里维修费，元/1 000km；

C——S 里程内维修费，包括材料、设备及工时费，元。

7. 有效度

$$A = \frac{S}{S + S_D} \tag{6-16}$$

$$S_D = \frac{1}{1\ 000} \times V_a \times \mathrm{MT} \times S \tag{6-17}$$

式中：A——有效度；

S_D——维修停驶里程，km；

V_a——平均技术车速，km/h；其他含义同上。

快速可靠性试验，必要时对上述评价指标计算方法进行修正。

8. 可靠性综合评定分值

(1)载货汽车可靠性综合评定分值计算：

$$Q = 0.005(\mathrm{MTTFF} + \mathrm{MTBF}) + 80e^{-0.174\lambda_D} \tag{6-18}$$

式中：Q——可靠性综合评定分值；

MTTFF——平均首次故障里程，km；当 MTTFF > 1 500km 时，令 MTTFF = 1 500km；

MTBF——平均故障间隔里程，km；当 MTBF > 2 500km 时，令 MTBF = 2 500km；

λ_D——当量故障率，次/1 000km。

(2)客车、轿车可靠性综合评定分值计算：

$$Q = \frac{100A}{1 + \frac{1}{n}\sum_{j=1}^{n}\sum_{j=1}^{4}\gamma_{ji}\,\varepsilon_i\sqrt{\frac{1}{S_e + S_{ji}'}}} \tag{6-19}$$

式中：Q——可靠性综合评定分值；

A——有效度；

n——试验车辆数；

γ_{ji}——第 j 台第 i 类故障累计数；

S'_{ji}——第 j 台车第 i 类故障首次故障里程，km；

S_e——定时截尾里程数，km；

ε_i——第 i 类类故障系数。

对于客车和轿车的故障系数，其值可按下面选取：

Ⅰ类故障　$\varepsilon_1 = 100$；

Ⅱ类故障　$\varepsilon_2 = 50$；

Ⅲ类故障　$\varepsilon_3 = 5$；

Ⅳ类故障　$\varepsilon_4 = 2$。

七、试验报告的编写

试验报告应包括文字、图表、照片等简明内容。如果用规范化的定型试验报告格式编写试验报告，应依照规范化的格式将试验的内容及结果填写在上面。一般来说，应该按照以下顺序和内容填写。

(1)试验依据。

(2)试验目的。

(3)试验对象。写明抽样方法、地点及抽样基数;列表说明试验车 VIN 码、生产单位、出厂日期、初始里程、合格证号及试验编号等,并附有试验样车照片。

(4)试验条件。包括车辆载荷、道路(典型道路图片)、气象条件及所用燃料、油料、里程分配等。

(5)试验仪器及设备。

(6)试验依据标准及规范。

(7)试验日期及程序。

(8)试验结果。试验结果中主要包括试验汽车可靠性全部试验项目结果,其中包括技术状况检查、发动机台架试验、汽车主要技术参数和技术特性参数测定、检查行驶及速度表校正、滑行试验、动力性能试验、燃油经济性试验、制动性能试验、噪声振动试验、排放试验、操纵稳定性试验等。上述试验项目可根据具体车型试验规范的要求进行取舍。

对于每一项试验的试验结果,应包括行驶工况统计、故障及维修统计、可靠性数据统计、可靠性评价指标计算、拆检情况等。

(9)可靠性试验结果分析。根据试验目的、要求,进行有关项目的可靠性分析:各系统故障频度或故障率分布直方图、累计故障数随总试验时间的变化图、故障危害度分析、故障重要程度排序、重要故障(危害度大、频度高的故障)的专项分析并提出失效分析报告,以及维修性评价分析等。

(10)结论及建议。

(11)试验组织。包括试验人员姓名、职称、单位及试验中的分工等。

(12)附录。主要包括技术状况检查缺陷汇总表、发动机性能曲线、整车加速性能曲线、等速燃油消耗量曲线、故障维修统计、拆检记录以及零部件典型损害照片等。

第五节　汽车可靠性室内试验

一、可靠性室内试验概述

汽车可靠性行驶试验持续的时间比较长,需要对一些损坏的零件记录其损坏的时间,分析损坏的情况。这不仅要花费大量的人力、物力和大量的时间,而且结果十分分散,同时还受到天气的限制。且这种方法对构件的疲劳寿命作出正确的评价是困难的。而可靠性室内试验,也就是室内台架模拟试验,避免了以上一些缺点,是研究构件疲劳寿命的一种行之有效的方法。

在产品开发阶段,最耗时间和经费的是可靠性评价试验。而可靠性试验按试验场所划分,分为室外行驶现场寿命试验和室内台架模拟寿命试验。

现场寿命试验,就是产品在实际使用中的应力条件下,得到实际的寿命数据。其特点是对产品所施加的应力类型和大小,都处于实际使用状态下。即相同的产品,在实际使用中,所遇到的应力类型及水平,由于受客观实际的支配而各有不同。

模拟寿命试验,通常在试验室中进行,是模拟实际工况所进行的试验。所谓模拟,就是使实际工作状态在试验室再现的一种方法。其特点是,对产品所施加的应力类型和水平的大小是一致的,并受到人工控制;可排除因驾驶员的疲劳等因素对试验结果的影响,没有人为造成的偏差，在统一的条件下进行试验；可在取得与道路行驶试验同样效果的情况下，缩短试验时间，节省试验费用。

这两种类型的寿命试验，以现场寿命试验为最基本的寿命试验。现场试验最能说明产品可靠性的特征，最能刻画产品可靠性能力的大小，是最终的客观标准。在可靠性研究中，有很大一部分工作是收集现场中寿命试验的资料，进行失效物理分析和数学方法分析。但现场寿命试验的范围太广，收集有关资料时，将会遇到各种困难，是一种非常繁重的工作，花费的时间也较长。尤其是同规格的产品，由于承受的应力类型和大小不同，其可靠性水平的差别也很大。在这种情况下，欲想探索产品内在的失效物理规律，不仅是困难的，而且在数学方法的分析上也会造成许多不确定性。

因此，模拟寿命试验弥补了现场寿命试验的不足，将现场的重要应力条件搬到试验室内，使得在试验室参加试验的产品都在同样类型应力条件下，受到同样的应力水平。模拟寿命试验具备的优点有：用加速或强制老化性试验能很快作出评价；在条件稳定的情况下获得数据，寿命数据比较明确；比现场寿命试验经济；条件相同情况下，可对同类产品进行比较。

在室内台架模拟试验中，有总成试验和零部件试验。

总成试验包括对发动机、变速器、离合器、后桥等的试验，进行试验时，环境条件可同时加上。

零件试验大都是单一条件的试验，也可在试制阶段进行。对批量生产间的外购件是否满足可靠性要求的检验工作，往往多采用模拟台架试验。

二、可靠性室内试验的一般步骤

一般来说，可靠性室内试验的步骤如下。

(1)获取准确的、能够反映车辆实际使用工况的载荷数据(载荷谱)。这些载荷数据一般是在车辆上感兴趣部位测量得到的力、应力、应变或加速度信号，可以在公共道路上进行测取，也可以在试验场可靠性道路上测取，目前多在试验场上测取。

(2)对获取的载荷数据进行分析处理，形成在室内台架模拟试验中要用到的程序载荷谱，为进行加速试验作准备。

(3)在室内台架上对试验对象施加程序载荷谱，进行可靠性试验。

(4)对试验结果进行分析。

可靠性室内试验方法的合理性需要得到验证。在正式进行可靠性试验以前，一般需要先对一个现有的产品进行试验，把试验结果和实际使用中发生的情况进行对比分析，即观察失效所发生的位置，失效形式，失效发生的顺序和当量行驶里程等是否一致。如果二者的结果都相符，则表明该试验方法有高度的可信性；如果存在比较严重的不相符，则应该进行仔细的分析，对试验方法作出必要的改进。

三、载荷谱的编制

由于汽车实际行驶的工况和载荷变化十分复杂，具有一定的随机性。从理论上来讲，通过道路试验测定的载荷，能真实地反映随机载荷，数据准确可靠。但是，这种方法试验周期长，数据处理工作量大，费用耗资较多，一般不采用。通常的做法是在典型的路面上进行短距离实测，然后利用数理统计原理对数据进行整理和推断，最后编制成载荷谱，依照载荷谱对样件进行快速疲劳试验。

1. 载荷谱的含义

载荷谱是指表示随机载荷统计特性的图形、表格、数字和矩阵等信息。载荷谱常见的形式有3种：

(1)表明各种不同大小载荷出现次数的载荷频次或累积频次图，如图6-14所示。

(2)表示不同频率下载荷能量分布的功率谱图，如图6-15所示。

(3)表示各级载荷相对频次(某一级载荷出现次数与总次数之比)的直方图，如图6-16所示。

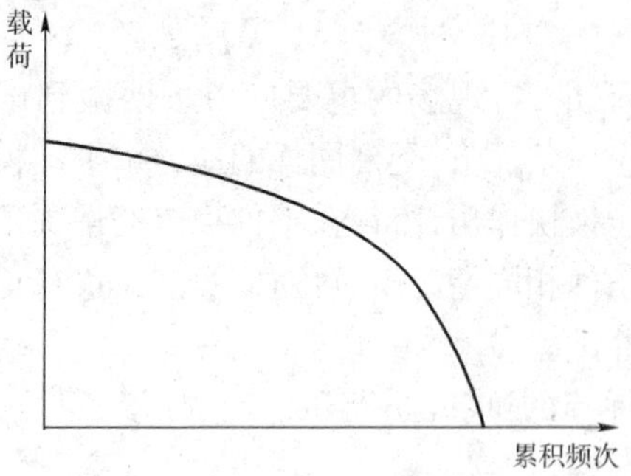

图6-14　累积频次图

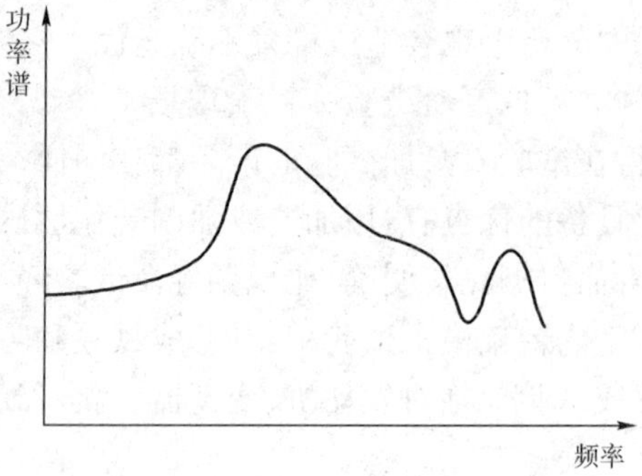

图6-15　功率谱图

对实测的载荷数据进行统计、分析和处理是由专门的数据处理装置进行的，如电子计算机、幅值统计分析仪等。数据处理的方法有两种：功率谱法和计数法。

①功率谱法。功率谱法给出载荷幅值的均方值随频率的分布，它保留了载荷的全部信息，是一种比较精确、严密的载荷统计方法。

②计数法。计数法运用概率统计原理，把载荷变化过程中出现的极值大小及其频次，或幅值大小及其频次，或穿过某载荷量级的频次进行统计，得到表明载荷量值及其出现频次关系的载荷频次图。这种统计方法简单易行，数据处理工作量小，所用数据分析仪器简单，便于实时分析；但不够严密、精确，丢失了载荷随频率变化以及各量级载荷发生次序的信息。

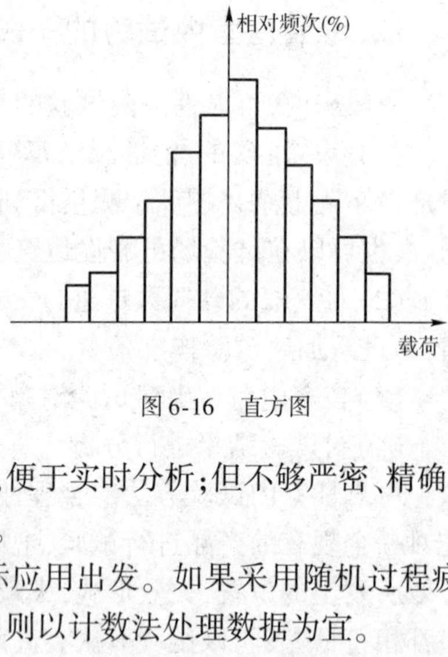

图6-16　直方图

选用何种方法来统计分析载荷数据，应从试验的实际应用出发。如果采用随机过程疲劳试验，则以功率谱法处理数据；如果采用程序疲劳试验，则以计数法处理数据为宜。

无论采用何种方法统计载荷谱，首先需获取典型条件下载荷的时间历程，通常选在试验场的可靠性试验路段上进行。试验时，行驶速度对载荷大小有较大影响。如果在综合路面上进行，应按实际使用时的正常速度行驶，尽量减少驾驶员人为的速度控制；如果在单一路面上试验，试验速度可以根据这种路面上实际平均速度选定，并尽量保持稳定。为提高统计精度，在同一条件下最好重复测量3～5次，并注意测量精度。

2. 载荷谱统计的一般步骤

一般来说，载荷谱统计的主要步骤如下。

(1)选择典型的工况，实测足够长的载荷时间历程。由于汽车的实际行驶条件有不同的路面条件,又有不同的车速工况。因此,在统计载荷谱时,选择合适的具有代表性的工况环境,提供典型的使用状态是一个非常重要而复杂的问题,要考虑的因素有:车辆的工作状态(如路面、环境等);承受载荷的大小;车速的快慢;驾驶员的技术条件;使用过程中遇到的或可能遇到的特殊环境(如上下坡、倒车、转弯、制动等)。

(2)对单一工况的载荷时间历程,分别统计极值或幅值出现频次,并绘制单工况实测载荷累积频次图。

(3)由各种单一工况载荷累积频次图合成多工况总试验里程的综合载荷累积频次图。

(4)确定载荷分布的频率分布特性,并确定最大载荷。

(5)由实测综合载荷累积频次图推断为扩展载荷累积频次图。

(6)由扩展载荷累积频次图编制分级载荷谱。

3. 雨流计数法

计数法有峰值计数法、穿级计数法、幅值计数法和雨流计数法等多种方法。

峰值计数法主要是计出峰值在不同载荷级出现的次数;穿级计数法主要是把载荷分成若干相等的间隔,记载通过某级的次数;幅值计数法主要是记录载荷变化的数值;雨流计数法是从20世纪80年代起开始比较流行的一种方法,具有一定的力学依据。

雨流计数法(Rainflow Counting Method)是以一个应力—应变迟滞回线作为一个循环的计数方法,由于该法像雨流从塔顶往下流而得名,又称塔顶法。

材料在承受循环加载时,其应力—应变响应会表现出所谓的记忆特性,如图6-17所示。材料在第一次加载时,其应力—应变响应按照循环应力—应变曲线从 O 点变到 A 点。A 点以后卸载,按照迟滞回线从 A 点变到 B 点。B 点以后加载,按照迟滞回线从 B 点变到 C 点。C 点以后卸载,按照迟滞回线从 C 点变到 D 点。D 点以后加载,按照迟滞回线从 D 点变到 C 点。值得注意的是:超过 C 点以后,不再沿从 D 点开始的迟滞回线发展下去,而是急转到沿从 B 点开始的迟滞回线变化,直到 E 点(E 点和 A 点重合)。这就好像在中间没有经过迟滞回线 C—D—C,而直接从 B 点变到了 E 点一样,似乎是材料记住了它应该变化的路径。这就是材料的记忆特性。雨流计数法对载荷时间历程进行计数的过程就反映了这种记忆特性,从而具有明确的力学概念而得到公认。

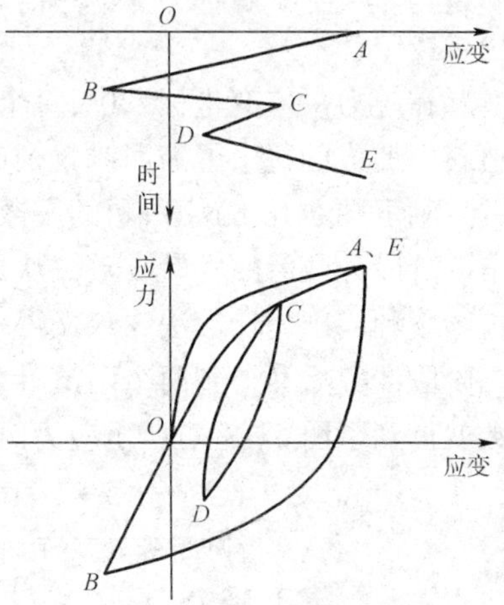

图6-17 材料的记忆特性

在此,以一个应力时间历程为例,说明雨流计数法,如图6-18所示。雨流计数法以时间为纵坐标且垂直向下,载荷为横坐标,载荷时间历程形成一宝塔屋顶,其基本方法如下。

(1)雨流依次从每个峰、谷点的内侧开始,顺着斜坡开始往下流。

(2)凡是起始于峰点的雨流(如点2、4、6、8、10、12、14),遇到比它更高的峰点时必须停止流动。例如,从点2起始的雨流,遇到点4时继续顺着斜坡向下流动,但遇到点6时必须停止流动,因为点4比点2低、点6比点2高。

(3)凡是起始于谷点的雨流(如点1、3、5、7、9、11、13),遇到比它更低的谷点时必须停止流动。例如,从点1起始的雨流,遇到点3和点5时继续顺着斜坡向下流动,但遇到点7时必须停止流动,因为点 3 和点 5 都比点 1 高,但点 7 比点 1 低。

(4)凡是遇到从上面流下来的雨流时,雨流必须停止流动。例如,从点 4 起始的雨流,遇到雨流 2—3—3′必须停止流动。

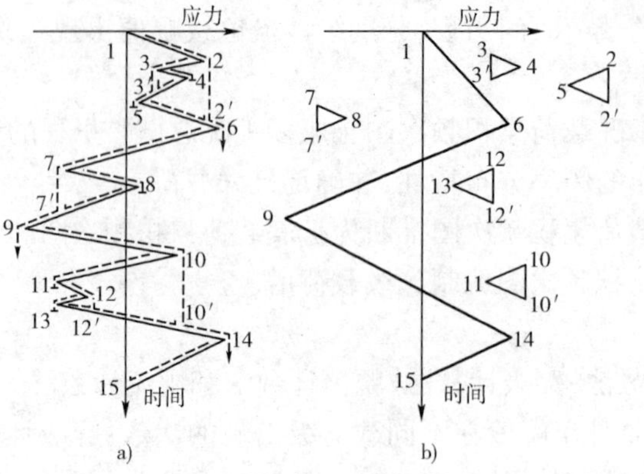

图 6-18　雨流计数法

每对从相同峰、谷点起始和终止的雨流被计数为一个循环。起始点为峰点时,终止点一定是谷点;而当起始点为谷点时,终止点一定是峰点。在图 6-17 a)中,经过第一阶段计数后,得到了 5 个雨流计数循环,它们是 3—4—3′、2—5—2′、7—8—7′、10—11—10′、12—13—12′。

在应力—应变坐标系中,每个雨流计数循环代表一个迟滞回线。在随机载荷作用下,在材料中形成的每个迟滞回线就构成了一个疲劳损伤单元,这为计算疲劳寿命奠定了基础。

剩下图 6-18 b)中所示的发散收敛波,再进行雨流法的第二阶段计数。第二阶段计数将第一阶段计数后的发散收敛波从最高峰点(或谷点)截成两段,然后首尾相接,构成收敛波,再继续利用雨流计数法计数又得一个计数循环,直至剩下半个循环为止,如图 6-19 所示,第二阶段计数后又得到两个雨流计数循环:9—6—9′和 14—15—14′。这样,经过两次雨流计数就得到了图 6-18 a)所示应力时间历程曲线作用下该材料所有的迟滞回线。

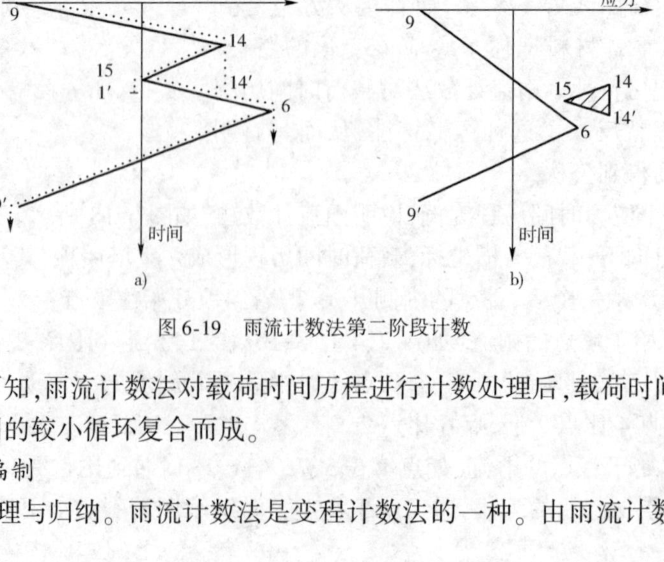

图 6-19　雨流计数法第二阶段计数

从以上分析可知,雨流计数法对载荷时间历程进行计数处理后,载荷时间历程由一个大循环叠加上一系列的较小循环复合而成。

4. 载荷谱的编制

(1)数据的整理与归纳。雨流计数法是变程计数法的一种。由雨流计数法计得的变程通常没有一定的系统和次序,因此必须经过整理与归纳,才能找出它的规律性。

将载荷变程进行分级处理:

$$C=\frac{SA_{max}-SA_{min}}{L-1} \tag{6-20}$$

式中:C——组间距;

SA_{max}——载荷变程最大值;

SA_{min}——载荷变程最小值;

L——级数。

组中值为:

$$SA_i=\frac{C_{上}+C_{下}}{2} \tag{6-21}$$

式中:SA_i——第 i 组的组中值;

$C_{上}$、$C_{下}$——第 i 组组间距的上限和下限值。

(2)频率函数。在疲劳统计中,常用的频率分布函数有正态分布、威布尔分布及对数正态分布等。

正态分布的频率函数:

$$f(SA)=\frac{1}{\sigma\sqrt{2\pi}}e^{-\frac{(SA-\mu)^2}{2\sigma^2}} \tag{6-22}$$

威布尔分布的频率函数:

$$f(SA)=\frac{b}{SA_a-SA_b}\left[\frac{SA-SA_0}{SA_a-SA_0}\right]^{b-1}\exp\left\{-\left[\frac{SA-SA_0}{SA_a-SA_0}\right]^b\right\} \tag{6-23}$$

(3)累积频率函数。在实际工作中,由于结构零部件的使用工作状态常常不同,在统计处理时必须根据不同的使用工作状态分别进行统计,求出概率密度函数。

当随机变量为正态分布时,其累积频率函数:

$$F(SA)=\int_{SA}^{\infty}\frac{1}{\sigma\sqrt{2\pi}}e^{-\frac{(SA-\mu)^2}{2\sigma^2}}dx \tag{6-24}$$

可用标准化置换求出上式积分:

$$U_p=\frac{SA-\mu}{\sigma} \tag{6-25}$$

当随机变量为威布尔分布时,其累积频率函数为:

$$F(SA)=\int_{SA}^{\infty}\frac{b}{SA_a-SA_b}\left(\frac{SA-SA_0}{SA_a-SA_0}\right)^{b-1}\exp\left\{-\left[\frac{SA-SA_0}{SA_a-SA_0}\right]^b\right\}dSA$$

对上式积分时,可作变量置换,即:

$$\left[\frac{SA-SA_0}{SA_a-SA_0}\right]^b=Z,\frac{SA-SA_0}{SA_a-SA_0}=Z^{\frac{1}{b}}$$

可求出:

$$F(SA)=\exp\left\{-\left[\frac{SA-SA_0}{SA_a-SA_0}\right]^b\right\} \tag{6-26}$$

(4)累积频次曲线。有了累积频率函数后,可转化为相应的累积频次:

$$N_i=F(SA)\cdot n \tag{6-27}$$

式中:N_i——第二级的载荷变程所发生的次数;

n——在使用状态下某比例时间内所发生的次数，即 $n = f \cdot \omega \cdot t$；

f——实测统计的载荷变程循环次数；

t——实测统计的时间；

ω——设定的比例时间值。

以变程 SA 为纵坐标，以累积频次为横坐标，用光滑曲线连接各点，即得到了在一种使用工作状态下的累积频次曲线，如图 6-20 所示。

(5) 累积频次曲线的合成和扩展。为了获得结构零部件在各种使用工作状态下载荷变程所发生的循环数，还需要把载荷变程相同载荷级上的各种工作状态下所发生的累积频次进行合成，以得到合成累积频次曲线，如图 6-21 所示。

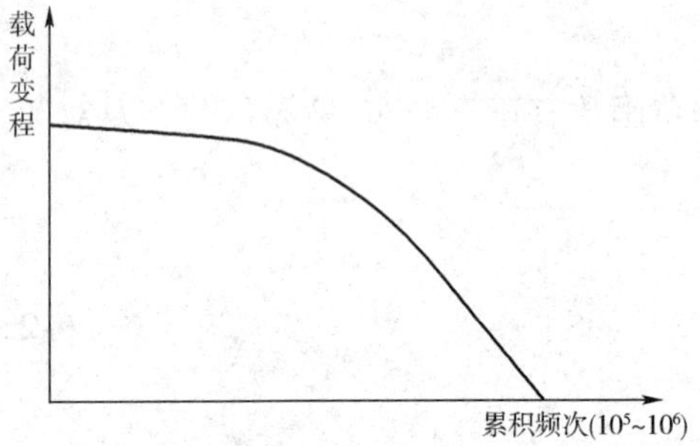

图 6-20　累积频次曲线

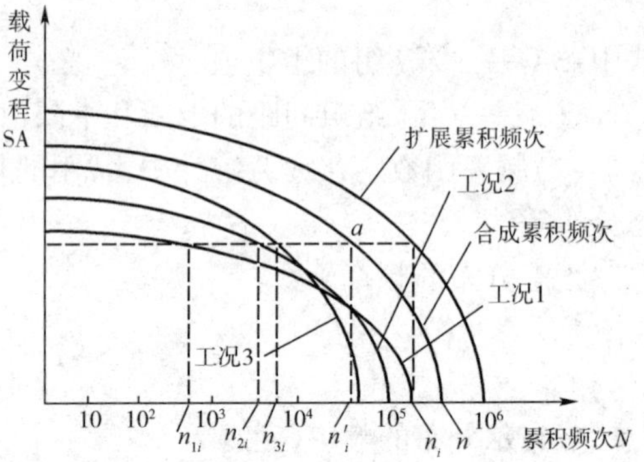

图 6-21　累积频次曲线的合成和扩展

设 3 种工况(不同路面或车速)的试验取样里程分别为 S_1、S_2、S_3，总试验里程为 $S = S_1 + S_2 + S_3$。若计数得到各工况的总频次分别为 n_1、n_2、n_3，则对应 S 里程的合成总频次为 $n = n_1 + n_2 + n_3$；若计数得到各工况在第 i 级载荷 P_i 的频次分别为 n_{1i}、n_{2i}、n_{3i}，则 P_i 级载荷对应 S 里程的合成总频次为 $n_i' = n_{1i} + n_{2i} + n_{3i}$。在横坐标上找到 n_i' 坐标点，则对应 n_i' 的 P_i 水平线上的点 a 即为 P_i 级载荷的 3 工况合成载荷频次曲线上的一个点，以此类推，得到对应 S 里程的 3 工况合成载荷累积频次的完整曲线。

合成载荷累积频次图仅是数据采集里程的合成。实际数据采集时试验里程不可能很长，因此汽车在总寿命行驶里程中可能出现的最大载荷未必出现，需要进行推断和扩展。通常认定试件在 10^6 次循环中将出现一次最大载荷值。于是把总频次扩展为 10^6 次，而对应概率为 $1/10^6$ 出现的最大载荷可按统计原理对实测的综合载荷—频次数据进行概率分布函数的估计，并求得均值与方差后推断概率为 $1/10^6$ 的最大载荷值。当已知最大载荷出现的概率时，最好按实际情况进行。其他各级载荷 P_i 的频次按 $n_i = k \cdot n_i'$ ($k = 10^6/n$) 计算，并运用类似于工况合成的方法得到扩展载荷累积频次曲线，如图 6-21 所示。

四、可靠性室内试验方法

可靠性室内试验的方法主要有两种：等幅试验法(Constant Amplitude Test)和程序疲劳试验法(Programmed Fatigue Test)。

1. 等幅试验法

如果在实测的道路载荷数据中找出最大值和最小值，据此产生等幅正弦载荷，如

图 6-22所示，对试验对象施加该载荷，就是所谓的等幅疲劳试验法。等幅试验法是历史最悠久的疲劳试验方法，它对试验设备的要求最低，试验成本最低，而且需要的试验时间也最短，因此在承受载荷条件比较简单的零部件可靠性试验中得到了广泛应用。

2. 程序疲劳试验法

在程序疲劳试验中，由多种具有不同幅值和时间长度的载荷按照一定的顺序组成程序载荷，如图 6-23 所示。这种程序载荷是通过对实测道路载荷数据进行分级计数得到的。程序疲劳试验法能够较快速、较准确地评价产品的疲劳寿命，试验结果分散性比较小、可信性比较高，在汽车室内可靠性试验中应用较广。

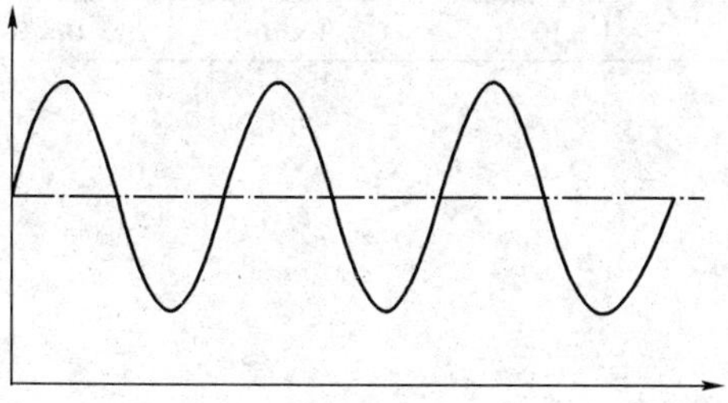

图 6-22　等幅载荷

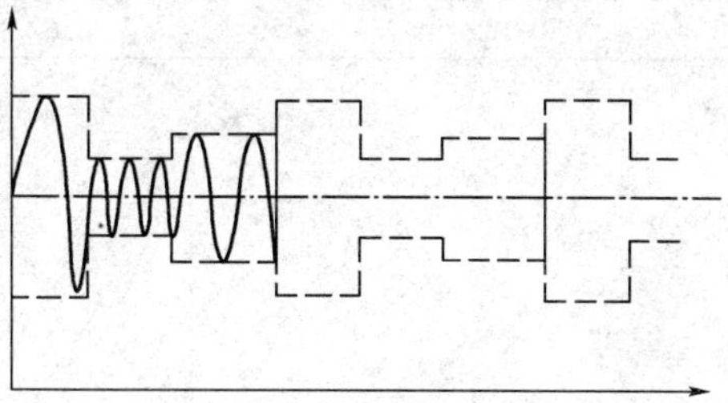

图 6-23　程序载荷

(1) 载荷级数的确定。累积频次图的室内模拟加载目前还无法实现用累积频次图上的曲线连续加载。因此把连续曲线改造成阶梯形，便于程序控制的实现。对于扩展的载荷幅值累积频次曲线要进行分级以得出试验用的程序载荷谱。

对于概括同一累积频次曲线分成不同的加载级数进行程序疲劳试验所得到的疲劳寿命并不是完全一致的。这说明载荷级数对疲劳寿命是有影响的。对于同一载荷累积频次曲线，一般可以编成 4 ~ 16 级载荷谱。一般情况下 4 级载荷谱的试验寿命要比 8 级的试验寿命大，而超过 8 级的载荷谱则和 8 级的极为接近。因此，一般把载荷级数确定为 8 级。如果载荷的波动不大，载荷幅值较小，也可以采用低于 8 级的程序载荷频谱。

(2) 试验周期的确定。试验周期是零部件在使用寿命期间内载荷程序的重复次数。若取 $N = 9 \times 10^7$ 为一个试验周期的循环数。设实际 1h 的累积循环为 3.28×10^4，这相当于车辆一个周期工作约为 $9 \times 10^7 / 3.28 \times 10^4 \approx 3\,000$h。车辆一个周期约为 15 万 km。

对于程序疲劳试验来说，其加载次序对于寿命试验结果是有影响的，为了减少这种影响，就需要对编制的载荷程序多次重复。有关重复次数的选择，一般采用 $\mu_p = 10 \sim 20$ 个。也就是说，一般要求在发生失效以前至少应该经受 10 次重复的载荷程序。若设每个程序块的循环数 $n_p = 5 \times 10^6$，则一个试验周期的重复次数为：

$$\mu_p = N / n_p = 9 \times 10^7 / 5 \times 10^6 = 18$$

将表 6-21 中各级的循环次数乘以 5 便得每循环某级的循环次数。

在累积频次图中，最大幅值在 10^6 个极大值中出现一次。设某车辆载荷最大幅值为 3 600N · m。

按 8 级分，各级幅值 M_{Ai} 与最大幅值 $M_{A\max}$ 的比值取，即 $M_{Ai}/M_{A\max} = 1$、0. 95、0. 85、0. 725、0. 575、0. 425、0. 275、0. 125，各级的幅值如表 6-21 所示，阶梯程序图形如图 6-24 所示。

累积频次图中各载荷级幅值　　表6-21

载荷级	幅值比 $M_{Ai}/M_{A\max}$	载荷幅值 M_{Ai}	每级循环次数	累积循环次数	每循环块每级循环次数	每循环块累积循环次数
1	1	3 600	1	1	5	5
2	0.95	3 420	14	15	70	75
3	0.85	3 060	120	135	600	675
4	0.725	2 610	1.68×10^3	1.82×10^3	8.425×10^3	9.1×10^3
5	0.575	2 070	1.398×10^4	1.58×10^4	6.99×10^4	7.9×10^4
6	0.425	1 530	7.02×10^4	8.6×10^4	3.51×10^5	4.3×10^5
7	0.275	990	2.541×10^5	3.4×10^5	1.27×10^6	1.7×10^6
8	0.125	450	6.6×10^5	1×10^6	3.3×10^6	5.0×10^6

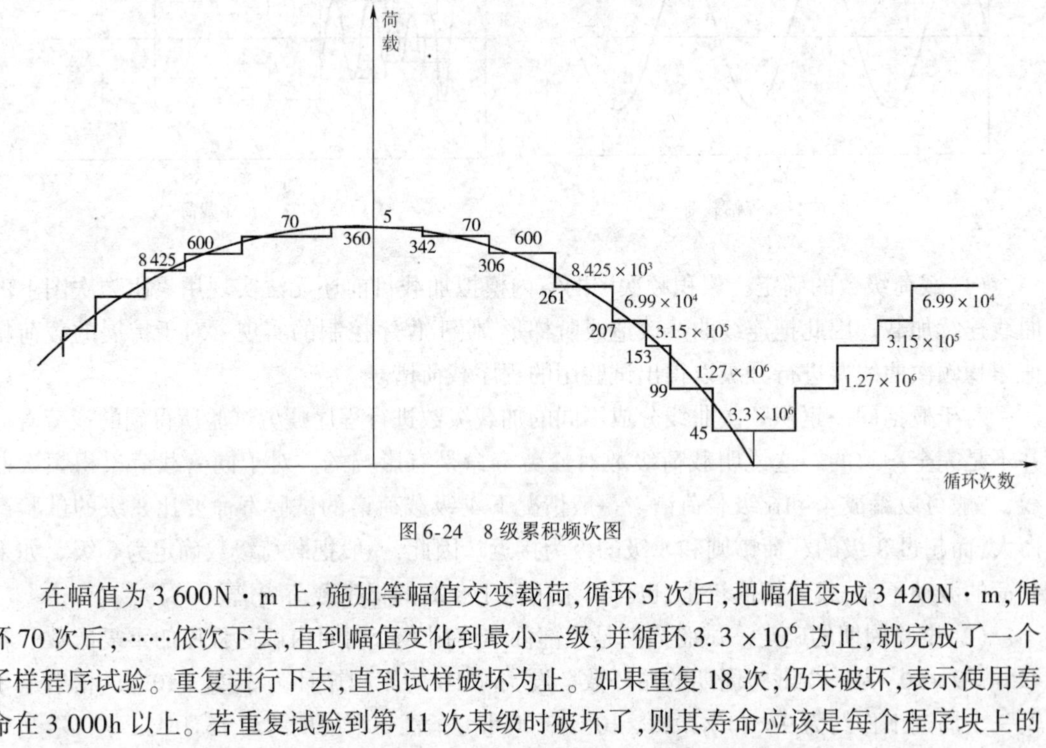

图6-24　8级累积频次图

在幅值为3 600N·m上,施加等幅值交变载荷,循环5次后,把幅值变成3 420N·m,循环70次后,……依次下去,直到幅值变化到最小一级,并循环3.3×10^6为止,就完成了一个子样程序试验。重复进行下去,直到试样破坏为止。如果重复18次,仍未破坏,表示使用寿命在3 000h以上。若重复试验到第11次某级时破坏了,则其寿命应该是每个程序块上的循环数($n_p=5\times10^6$)乘以前10个程序块个数,加上第11次的某级循环数:

$$N=10\times5\times10^6+\text{第11次某级循环数}$$

(3)加载次序的确定。将合成的累积频次曲线分成8个阶梯形的载荷级以后,就可以充分地重复疲劳效果,这样就绘出了一个适合于试验室试验的程序。这种加载次序是由高到低,当然也可以排成幅值由低到高、低—高—低或高—低—高。实践表明,不同的加载次序对试验结果影响很大。高—低次序的试验疲劳寿命最低,低—高次序的寿命最高,而低—高—低和高—低—高次序的寿命介于前面两个寿命之间,且比较接近于随机加载的情况,所以实际常选用低—高—低的加载次序。

“低—高—低”的加载次序一般是这样进行的:首先施加第四级载荷,然后依次施加具有更高水平的载荷级,再按照载荷水平递减的次序施加各个载荷级,直到最低水平载荷级,然后再按照载荷水平递增的次序施加各个载荷级;就这样进行重复加载。一个递增加载过程和一个递减加载过程共同组成一个程序加载周期。

最终得到的程序载荷加载次序如图 6-25 所示。

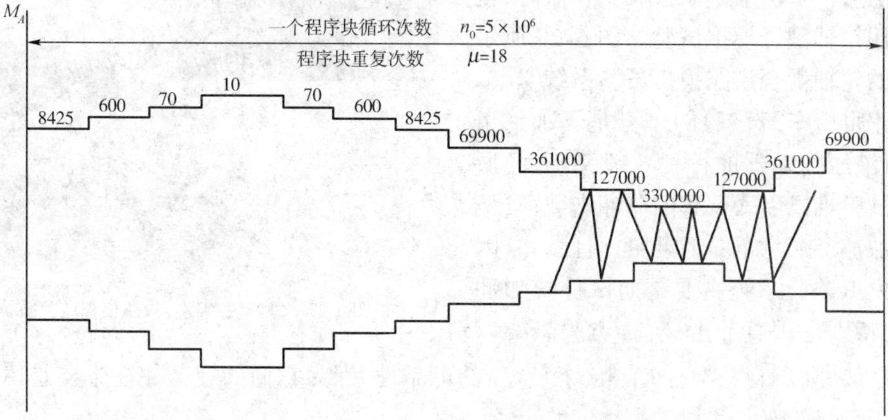

图 6-25　程序载荷加载次序

五、典型的汽车室内可靠性试验系统

在进行汽车室内可靠性试验时，模拟试验台要能根据需要模拟汽车行驶时作用在轮胎上的各种载荷。当汽车行驶时，作用在轮胎上的载荷比较复杂。道路的种类、车辆的行驶速度、加速、制动、转向、车辆载重等的变化都会影响到该载荷。该载荷主要有以下 3 大类。

(1) 由于道路不平而在轮胎接地面上引发的冲击载荷。

(2) 由于车辆转向、加速、制动而在轮胎接地面上引发的惯性载荷。

(3) 由于道路载荷输入在汽车结构中引起共振，该共振效应会反作用到车轮上。

上述载荷可以分解为 4 个分量，即垂直力、侧向力、纵向力和制动力，如图 6-26 所示。这些力可以以多种组合在道路模拟试验台上实现，具体的组合形式取决于试验对象（车轴、悬架、车身等）和试验目的。

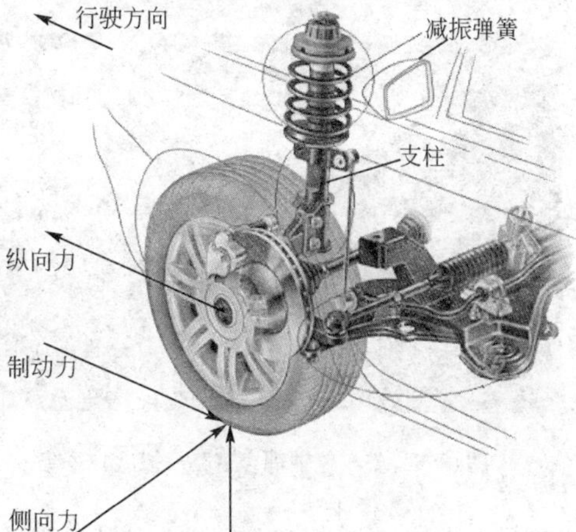

图 6-26　汽车行驶时轮胎载荷分析

1. 整车室内可靠性试验系统

整车室内可靠性试验，根据车身的约束方式的不同，可以分为两类：自由车身试验和固定车身试验。

(1) 自由车身试验。自由车身试验的特点是被试车辆的车身不加以约束。这类试验又可分为两种：轮胎耦合模拟试验和轮轴耦合模拟试验。

轮胎耦合模拟试验系统的特点，是车辆通过轮胎与液压作动器相连，4 个垂直布置的作动器把载荷施加给汽车。该类试验一般以车轴轴头的垂直加速度作为期望响应。图 6-27 所示为轿车的轮胎耦合道路模拟试验系统。

轮轴耦合模拟试验系统的特点，是把车轮去掉，作动器通过适当的夹具与车轴（或轮毂）相连。当车身要考虑水平载荷时，就必须采用轮轴耦合模拟试验。图 6-28 所示为轿车的轮轴耦合道路模拟试验系统。

图 6-27　整车轮胎耦合道路模拟试验系统

由于自由车身试验的车身是不加约束的，而且液压作动器的行程一般又不大，所以这类试验难以引入低频的非冲击载荷，例如车辆加速、制动、转向引起的惯性力。因此这类模拟试验系统主要是向试件施加冲击载荷，特别是垂直冲击载荷，考验悬架以上汽车零部件（不含悬架，如车架、车身等）的可靠性，因为它们的疲劳往往主要是由垂直冲击载荷所引起的弯曲和扭转来决定的。

（2）固定车身试验。自由车身试验主要考虑垂直冲击载荷的作用，而在有些情况下，水平冲击载荷的作用不容忽视，例如对于汽车的悬架、车轴和车轮等零部件，除了要考虑垂直力外，还必须考虑纵向力、侧向力和制动力。为了考验这些零部件的可靠性，就必须采用与自由车身试验不同的约束方式，也就是固定车身。

固定车身试验的特点是被试车辆的车身被专用的夹具牢牢固定住，在每个车轴轴头施加载荷。图 6-29 所示为一个 8 通道的汽车前悬架试验系统，其中车身被专用的夹具牢牢固定，在每个轴头引入垂直力、侧向力、纵向力和制动力。

图 6-28　整车轮轴耦合道路模拟试验系统

图 6-29　8 通道汽车前悬架试验系统

整车室内可靠性试验系统一般由电液伺服试验台系统和道路模拟控制软件系统组成，如图 6-30 所示。

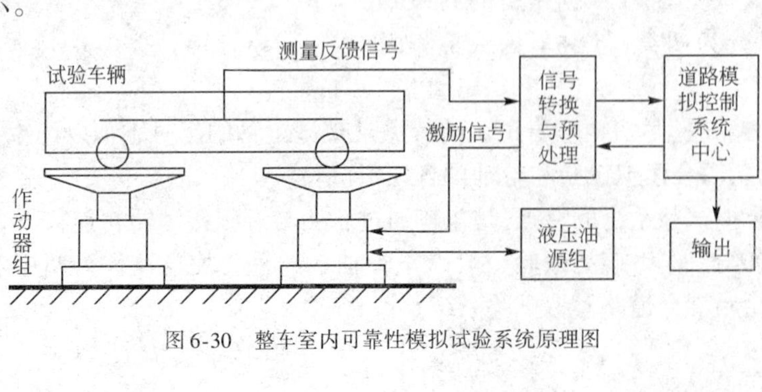

图 6-30　整车室内可靠性模拟试验系统原理图

在进行室内模拟试验时,在原始信号各采集测点处安放传感器,分别把各测点的测量信号反馈到控制中心作为对应各作动器控制的参考,试验台架系统叠代识别后,只要再现了每个载荷时间历程(原始信号经编辑处理后的信号),在试验室内就可重现被试车辆在实际道路上行驶时的振动工况。试验激励信号的获取一般有两种方式:一是用试验软件按照国际标准或国家标准生成路谱信号作为试验激励,这种方式产生的路谱信号并不能完全表示特定车辆实际路面的工况;另一是通过对同种车型在标准试车场试验时进行采集的路谱作为激励,这种方式获取的激励信号较能真实地代表同种车辆的运行工况。

2. 总成及零部件室内可靠性试验系统

除了整车模拟试验外,在室内也可进行总成及零部件的可靠性模拟试验。其中,总成试验台架主要有:发动机试验台架、变速器试验台架、悬架试验台架、后轴试验台架、制动器试验台架、转向器试验台架等。

图6-31所示为发动机试验台架。发动机台架试验是总成台架试验中最重要的一种试验。它将发动机安装在专门的发动机试验台上,让发动机带动测功机运转。通过改变测功机的负荷,测定发动机在各种工况下的性能和可靠性。图6-32所示为发动机台架试验控制室。

图6-31 发动机试验台架

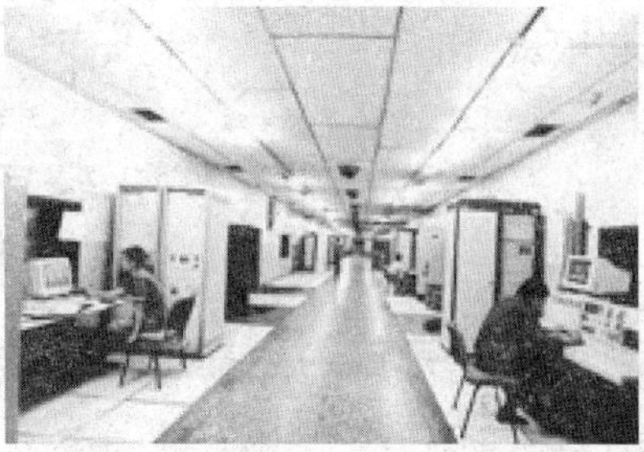

图6-32 发动机台架试验控制室

发动机试验台架一般设在发动机试验室内,由测功机(水力或电力)、燃油供应系统、进气系统、供水冷却系统、排气系统、隔音设施、测量仪器仪表系统及控制室等组成,如图6-33所示。

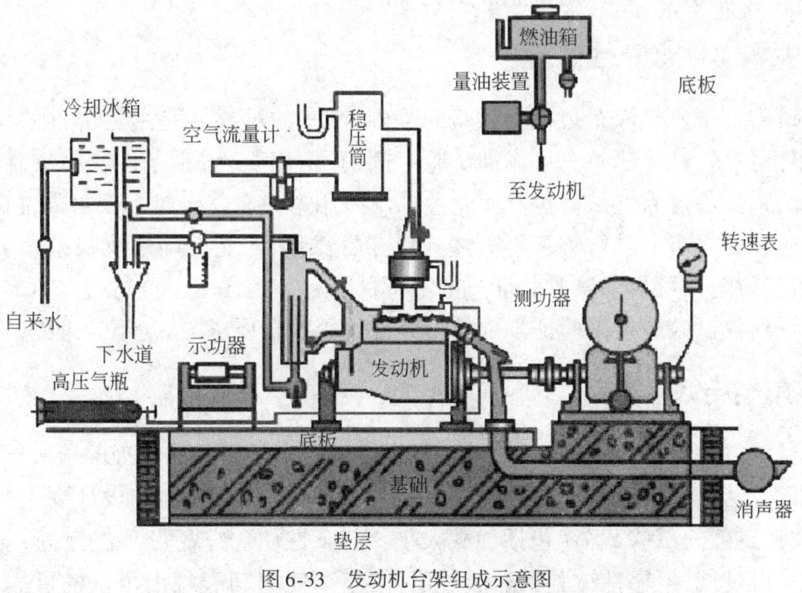

图6-33 发动机台架组成示意图

通过发动机台架试验,可以测定发动机的动力性能(如全负荷时的转速特性——外特性,部分负荷转速特性)、经济性能(单位燃油消耗量)、机械摩擦损耗、起动性能、可靠性等。为了测定发动机的可靠性耐久性,通常需要对发动机进行几百小时的多次循环试验和上百小时的强化试验。

零部件试验台架主要用于单一条件的试验,在开发试制阶段,主要用于考核零件的可靠性,考核材料的强度及性能;在批量生产阶段,主要用于质量控制或外购件的质量验收。图6-34所示为弹簧高频疲劳试验台架,采用电磁激励、试件(弹簧)共振原理,系统自动处于最佳谐振状态,不需调整,一触即发,主要用于各种气门弹簧、离合器弹簧、喷油器调压弹簧和其他弹簧的疲劳性能试验或疲劳极限试验。

图6-34 弹簧高频疲劳试验台架

第六节 汽车可靠性试验注意事项

一、制定科学完善的可靠性试验规范

可靠性试验规范包括基础标准、零部件规范和整车规范。可靠性试验的依据就是试验规范。因此,可靠性结果的准确与否在很大程度上取决于可靠性试验规范是否合理。我国汽车行业从国情出发,已制定了一部分整车、总成和零部件的可靠性试验规范,但这些行业标准考虑照顾各方面的水平和要求,偏于保守。因此,从可靠性工程需要考虑,我国的汽车企业应结合自身情况编制自已的可靠性试验规范。

二、重视零部件可靠性试验

零部件可靠性试验是汽车可靠性试验的基础,汽车的可靠性是由零部件的可靠性来保证的。零部件可靠性试验比整车可靠性试验时间短、费用少,试验条件容易控制,样本容量也大些,因此,零部件可靠性试验被汽车企业广泛采用。只有将经过台架可靠性试验验证过的零部件一起装到样车上进行整车可靠性试验,试验结果才能准确地反映整车可靠性的水平;如果将未经过台架可靠性试验验证过的零部件一起装到样车上进行整车可靠性试验,试图通过整车可靠性试验结果来验证零部件可靠性是否符合要求,这是不合理的。

三、正确选择试验载荷

可靠性试验方法与指标限值制定得是否科学,取决于是否采用合理的检验标准,按试验规范得出的试验结论是否符合用户的反映,是否满足对整车可靠性的设计要求。为了达到这些目的,选择正确的试验载荷(包括加载大小、方向、性质、方式、循环次数等)是最为重要的。载荷定义得过低,可靠性试验虽然通过了,但整车使用却表现出很低的可靠性,用户反映会很差,这样的试验规范不但起不到好的作用,反而会成为制造厂保持低标准的依据,妨碍技术进步。当然,载荷也不能定得过高,过高会使设计过于保守,增加费用,而且难以达到标准所规定的技术要求。

试验载荷要通过实际测定来确定,还要通过可靠性试验结果来验证。一般来说,试验场模拟用户条件,台架试验模拟试验场。在确定试验载荷时,要注意零部件的受力状况和环境条件,不能轻易在台架试验中进行简化。试验载荷规范的确定过程如图 6-35 所示。

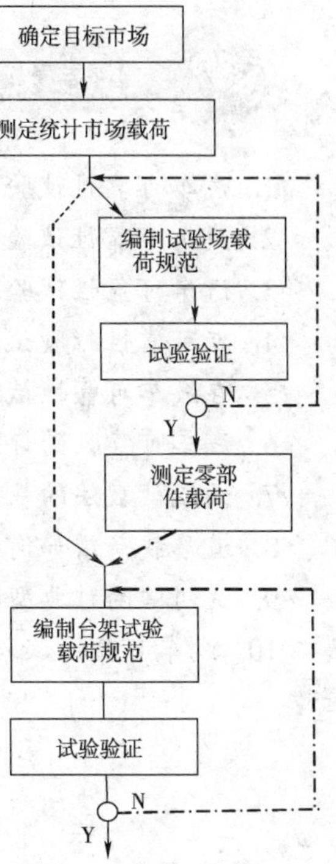

图 6-35 试验载荷规范确定的过程

四、试验样品的质量检查

在开发阶段,可靠性试验的样品必须符合质量要求。如果样品未经逐道工序仔细地进行质量检查,就投入试验,等到试验中发现了故障,查出来是因为零部件没有按图纸进行加工,则开发时间和费用都已浪费。不符合图纸要求的样品,原则上是不应该送去做试验的。

五、试验数据的完整与准确

可靠性试验往往需要花费很长的时间,试验人员进行的是繁重而枯燥的工作。因此,要特别实行严格、仔细的试验情况监测办法,使可靠性试验数据和失效现象能够准确地记录下来。不正确的数据将会得出不正确的结论,数据的遗漏将会造成评价的错误。在台架上试验时,要应用现代监测技术发现失效现象并及时停机;在试验场试验时,试验驾驶员要自觉严格按照试验规范驾驶汽车并运用自己的经验及时判断故障。

六、试验结果失效与可靠性分析

对可靠性试验过程中发现的故障,要按照正确的方法进行失效分析和可靠性分析。整车在可靠性试验之后,至少要进行下列统计分析:

(1)可靠性、维修性评价。

(2)故障数分析,以子系统的各类故障分布排列图显示。

(3)累计故障数分析,以故障数随时间变化的曲线图表示。

(4)故障的危害度分析,按危害度进行故障排序。

七、确保试验安全

汽车可靠性试验首先以保证安全为前提,既包括人身安全,也包括财产安全。汽车整车、发动机及零部件可靠性试验都具有一定的危险性。为保证试验中人和机件的安全,必须制定严格的安全制度并严格实施。例如,试验场可靠性试验道路上要制定专门的交通规则,驾驶员必须经过专门训练取得合格证后才能进场试验;另外还要设置保证安全、防止事故发生及事故后及时处理的保护措施,以及通信、报警、防火、灭火、急救等措施。

复习思考题

1. 汽车可靠性试验的作用有哪些？
2. 汽车可靠性试验如何分类？
3. 汽车可靠性试验抽样的方案有几种？试说出每种抽样方案的基本思路。
4. 在可靠性行驶试验中，如何发现汽车出现故障？
5. 在汽车可靠性试验中，一般要记录哪些试验数据？
6. 汽车可靠性的评价指标主要有哪些？
7. 雨流计数法的基本原理是什么？
8. 道路载荷谱如何编制？
9. 试列举两种典型的可靠性室内模拟试验系统，并说明其特点。
10. 汽车可靠性试验要注意哪些事项？

第七章　汽车失效分析方法

教学提示：失效分析是提高汽车产品质量的重要手段。本章重点介绍失效的含义及分类，汽车常见失效模式的种类，失效分析的基本方法和步骤，失效模式影响分析（FMEA）以及故障树分析（FTA）两种主要的汽车失效分析方法。

教学目标：要求学生掌握故障的危害及分级，了解汽车常见故障模式的种类，熟悉失效分析的主要步骤和基本方法，重点掌握DFMEA的实施过程和DFMEA工作表的建立方法及FTA的含义和故障树的建立过程及故障树的评价方法。

第一节　汽车失效分析概述

一、失效的含义

1. 失效的含义

在日常生活中，人们常用"失效"这个词语来描述很多现象，应用极其广泛，如门窗关闭不严、水管漏水、灯泡不亮、电视机不能播放声音、汽车不能起动等。由此可见，失效既可以指系统（如机械系统或电气系统）的失效，也可以说是系统某一个部件（如齿轮或开关）的失效。

由于人们一般是凭主观感觉来判断失效，因此要给出失效的明确定义是比较困难的。在工程领域方面，英国标准（BS 4778）对"失效"下的定义是：失去完成某项工作的能力。我国定义的"失效"是指产品在规定的条件下和规定的时间内，丧失其规定功能的事件。失效有时也称为故障。在一定意义上说，失效与故障具有同等概念，因此两者常常混用，但"失效"更多地用于不可修复产品（即丧失规定功能，等待报废），而"故障"则用于可修复产品（即丧失规定功能，等待修复）。对于已经发生但尚未被发现的，或者是维修、拆检中发现的故障称为潜在故障。

在中华人民共和国汽车行业标准QC/T 34—92中，汽车故障的定义为"汽车整车、总成及其零部件在规定的条件下和规定的时间内，丧失规定功能的事件"。汽车故障有本质故障和误用故障之分：本质故障是指"汽车在规定的条件下使用，由于汽车自身固有的弱点而引起的故障"；误用故障是指"汽车不按规定条件使用而引起的故障"。汽车的本质故障用于可靠性统计，汽车的误用故障不用于可靠性统计。

一般说来，发生下列情况之一时，可以将产品描述为失效：

（1）完全丧失其规定的功能。

（2）仍然可以使用，但是不能良好地执行其规定的功能。

（3）严重受损，使其在继续使用过程中失去可靠性和安全性，需要立即对其进行修理或更换。

在定义失效时,需要考虑判断失效的临界点。例如考虑液压制动管路的失效,泄漏多少制动液后制动系统不能工作,这是很明显的。其他类似失效(如部件断裂)也是很好判断的。但很多情况下失效的临界点不好判断。如汽车轮胎,由于磨损或开裂,性能逐渐恶化,因此定义它的失效就需要定义一个关键点,性能恶化到这点时就说明轮胎失效。

失效点的定义要考虑很多因素,要考虑到产品的主要功能、性能特征和耐久性目标,这些都必须在产品技术描述中有清楚定义。产品技术描述是评价产品测试程序的关键文件。需要注意的是,产品的实际失效点以及产品是否达到设计所期望的寿命并不是制造商唯一考虑的内容,还必须考虑失效过程对产品"价值"和"美观"等特性的影响。用户主观评价的不满意,都可看成是产品的失效。

2. 失效的分类

失效有多种多样的分类方法,为便于研究问题,常将失效分类如下。

(1)总的来说,机械部件的失效可分为变形失效、断裂失效和表面损伤失效3大类,具体分类形式见表7-1。

失效形式的分类　　表7-1

失效类型	具体失效形式	
变形失效	过量弹性变形	
	过量塑性变形	
断裂失效	脆性断裂	
	塑性断裂	
	蠕变持久断裂	
	环境介质引起的断裂	应力腐蚀、氢脆断裂、金属催化、辐照脆化
	疲劳断裂	高应变低周疲劳、低应变高周疲劳、腐蚀疲劳、热疲劳
表面损伤失效	磨损失效	氧化磨损、黏着磨损、腐蚀磨损、磨粒磨损、接触磨损、微动磨损
	腐蚀失效	均匀腐蚀、局部腐蚀、电化腐蚀、空气腐蚀

(2)按失效的性质分为突然失效和渐变失效。

突然失效:描述产品的一个或几个功能参数发生突然变化的失效。这是一种通过事先的测试和监控不能预测的失效。

渐变失效:由于产品的一个或几个功能参数逐渐发生变化而引起的失效。这是一种因功能逐渐衰退引起的失效,一旦产生很难修复。对任何产品而言渐变失效是不可避免的,这是有规律的损耗和老化的结果,可通过事前的测试和监控进行预测。

(3)按失效的发生时间分为早期失效、偶然失效和耗损失效。

一般来说,产品在装配时,不可避免地会有某些有隐蔽缺陷的零部件被装入系统中,从而会引起产品的早期失效。另外,产品装配和安装时的人为失误,也会引起早期失效。随着有缺陷零部件的排除和更换,产品可靠性得到提高,进入正常工作期。在这一期间,零部件可能偶然受到不允许的集中载荷,或零部件本身某些功能参数的偶然变化等,都会引起产品的偶然失效。随着时间的推移,产品受到损耗和老化,逐渐引起耗损失效。

(4)按失效的严重程度分为关键失效、主要失效和次要失效。

关键失效是指将危及人员生命或导致重大财产损失的失效;主要失效是指导致产品完

成规定功能能力降低的零部件的失效；次要失效是指产品的某些功能参数超出规定所许可的范围，不需要立即解决的失效。这些分类可以帮助确定汽车的关键部件、主要部件和次要部件，以便合理配备资源，以开发测试程序和检查项目。

(5)按失效的完备性分为系统失效、完全失效和部分失效。

系统失效是一种多次重复的失效；完全失效是指产品功能超过某种确定界限，以致完全丧失所规定功能的失效；部分失效是指产品功能虽然超过了某种确定界限，但没有完全丧失规定功能的失效。发生部分失效时，产品依然可以使用，但效率会下降。因此，在研究失效时，应区分是零部件部分失效，还是产品完全失效。有时零部件部分失效意味着产品完全失效，有时零部件部分失效并不引起产品完全失效。

3. 失效的危害性

产品失效会造成多方面的经济损失，汽车的故障会给用户、社会以及汽车制造企业 3 方带来损失。失效导致的财产损失一般比实际的失效部件的成本大得多。例如，在 20 世纪 70 年代晚期和 80 年代中期，全球发生过很多载货汽车轮胎螺栓失效的事情，结果导致车轮与整车分离，进而车辆失控，造成车毁人亡的悲剧。因此，产品工程师的责任就是要确保其设计的产品不会发生灾难性的失效。

对企业来说，产品在保修期内的失效给企业造成的损失是巨大的。差的产品不仅给企业带来经济上的损失，也带来声誉上的损失。潜在的产品义务也可能使失效产生更加严重的后果，如现行的汽车召回制度要求汽车制造商对缺陷产品造成的损害承担责任。汽车召回给企业带来巨大经济损失的案例是很多的：1998 年，本田汽车失火诊断缺陷，罚款 1 700 万美元，召回费用 2 亿 5 000 万美元；1999 年，丰田汽车 EVAP 燃油蒸发排放系统泄漏诊断缺陷，法院最初要求召回约 2 万辆车，罚款 5 亿 8 200 万美元；2005 年，32. 9 万辆大众汽车因为氧传感器的破裂而召回，召回成本为 2 600 万美元等。

汽车作为一个复杂的系统，出现的故障模式会多种多样，而各种故障对汽车的危害程度又有很大差别，因而对汽车故障进行定量评价时，应首先进行故障危害度分析，并按其对整车的危害程度进行分类。而故障的危害程度主要从其对人身安全的危害、对完成功能的影响及造成的经济损失等方面进行衡量。

我国《汽车产品质量检验评定办法》中，对故障的分类是按其造成整车致命损伤（人身重大伤亡及汽车严重损坏）的可能性（概率）进行简单分类的。规定致命损伤概率接近 1 的称为致命故障；概率接近 0. 5 的称为严重故障；概率接近 0. 1 的称为一般故障；概率接近零的称为轻微故障或安全故障。故障危害度及其分类原则见表 7-2。

故障危害度及其分类原则 表 7-2

故障类别		分类原则
1	致命故障	危及行驶安全，可能导致车毁、人身伤亡或引起重要总成报废，造成重大经济损失或对周围环境造成重大危害
2	严重故障	影响行驶安全，可能导致重要总成、零部件损坏或性能显著下降，且不能用随车工具或易损备件在短时间（约 30min）内修复
3	一般故障	不影响行驶安全，可造成停驶或性能下降，但一般不会导致重要总成、零部件损坏，并可用随车工具或易损备件在短时间（约 30min）内修复
4	轻微故障	一般不会导致停驶或性能下降，不需要更换零件，用随车工具在 5min 内能轻易排除

故障是产品的"疾病",必须予以防治。从汽车可靠性工程的角度来看,首要的目标是杜绝或有效地减少危害性大的故障,其次是大力降低故障发生的可能性。

二、汽车的失效模式

1. 失效的起因

引起产品失效的原因有很多,一般来说主要有以下几个方面:设计错误、材料选择错误、材料缺陷、装配/制造缺陷、使用性能恶化、使用人员错误/误用等。

(1)设计错误。产品的设计要考虑成本,而成本对设计的影响是多方面的。成本不仅控制着原材料和制造方法,还规定和限制了设计阶段可以利用的各种资源。非常有限的产品开发预算,经常导致设计仅仅只是依靠过去实践的推断以及实际使用经验。这样在设计阶段资源的缺乏有时会导致设计的错误。在很多情况下,失效是设计错误引起的结果。反之,良好的设计会使产品带来巨大的收益,产品各阶段投入和收益的分配关系如图7-1所示。

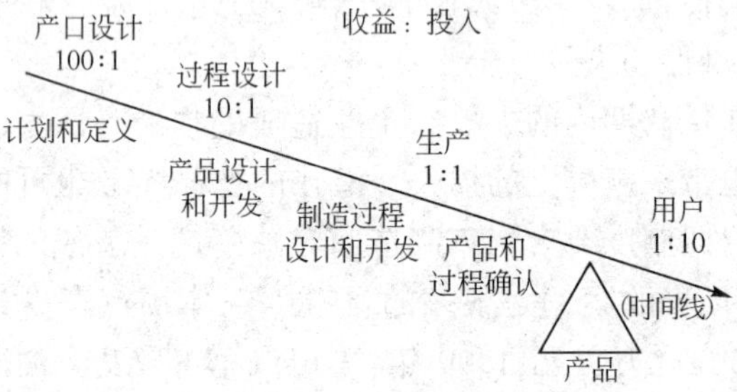

图7-1 产品各阶段投入和收益的分配关系

(2)材料选择错误。材料的选择一般容易被忽视,或留给设计过程中下一阶段来完成,有时也有成本控制的问题。在很多工程师看来,材料也许有太多选择,虽然材料的合理化能节省成本,但对一些关键部件或部位,如果性能参数提高幅度较小,材料的选择在经济性上取得的优势并不明显。有些特殊的零部件或结构,必须使用特殊的材料,例如发动机内部的活塞、活塞环、汽缸套等部件要能抗磨损,汽车车身结构要耐腐蚀、强度高、关键点焊接质量较高等。另外,材料的选择和加工方法也有密切关系。因此,材料的选择一定要慎重考虑。

(3)材料缺陷。工程材料被加工成产品,产品销售要获取利润。在竞争激烈的价格战中,材料的价格多多少少会影响到利润。因此,很多选用的材料不是优等的或不是"纯的",经常含有很多杂质或夹杂物,而这些杂质或夹杂物对材料的性能有很大影响。因此,人们开发了一些新工艺,来控制杂质或夹杂物的数量、尺寸和形状,弱化其对材料性能的影响。要避免失效发生,就必须把材料缺陷降低到最低。

(4)装配/制造缺陷。复杂的产品在装配/制造过程中包含有很多的工艺过程,在此期间会存在大量出错的可能性。例如,在汽车装配过程中,零部件定位不准、连接螺栓的拧紧力矩不正确,都会带来部件的松动,如果装配时采取合理的定位保障措施和拧紧力矩定义,装配后采取一定的方法进行检测,就可避免该失效问题的出现。因此,为减少产品失效可能性,就需要通过有效的工艺改进,装配制造出高质量的产品。

(5)使用性能恶化。在多数情况下,产品在刚开始投入使用时能令人满意地工作,但这远远不够,它还必须在规定的使用寿命期限内也能正常工作。然而,很多因素却导致产品在使用寿命期间性能恶化,例如环境因素(腐蚀、高温等)、磨损、疲劳断裂等。以汽车为例:汽车上约有20%的零件因为腐蚀而失效,尤其是金属零件;汽车上75%的汽车零件都是由于磨损而报废的;大多数汽车零件是由金属材料制作的,而工程领域80%~90%的失效是从金属部件的疲劳开始的。因此,要采取一切可能的措施来降低产品使用性能的恶化。

(6)使用人员错误/误用。在现实生活中,使用人员的错误/误用也带来了大量的产品失效。例如:载货汽车车架焊接加强板,虽然整车能装载更多货物,但导致车架、轮胎等部件的提前失效;变速器润滑系统缺乏维护,导致轴承失效;燃油的不合理使用,导致供油系统失效等。因此,要加强产品使用人员的产品使用培训,防止使用人员错误或误用,合理发挥产品功能,避免不必要的损失。

2. 失效模式

失效模式是指系统、子系统或零件有可能未达到设计或加工意图的形式,也就是失效所表现的形式。在实际生活中,产品的失效模式并不是固定不变的,具有可变性,即同一种产品出现失效可以有不同的形式。

失效模式的描述要遵循一定的原则:

(1)应以零件的失效模式来描述汽车失效。

(2)难以用零件的失效模式描述或无法确认是某一零件发生失效时,可以用上一级部件、总成直至整车的失效模式进行描述。

(3)表现为总成或整车综合功能或性能方面的失效,以总成或整车的失效模式进行描述。

(4)由于某一失效导致关联性失效发生,则以导致的最终失效划分类别。

在判断失效模式时,收集相关数据和资料是关键,只有数据资料可靠,才能准确、真实、全面地分析失效模式。因此必须进行必要的失效调查。

失效调查主要应用在以下方面:

(1)确定发生失效的责任,确保失效不再发生。

(2)在产品/零部件的性能和耐久性测试期间。

(3)制造装配阶段的质量管理测试。

(4)为改进产品结构、制造方法、材料、价格以及新产品的引进和制造过程等所开展的研发工作。

汽车的失效模式与汽车零部件的结构、材料、设计、制造、储存、使用、维护、修理和工作环境等因素密切相关。汽车常见的失效模式类型如表7-3所示。

汽车常见失效模式分类表　　表7-3

失效模式	表现形式	诱发因素
损坏型失效模式	裂痕、裂纹、破裂、断裂、碎裂、开裂、弯坏、扭坏、变形过大、塑性变形、卡死、烤蚀、点蚀、烧蚀、击穿、蠕变、剥落、短路、开路、断路、错位、压痕等	应力冲击、电冲击、疲劳、磨损、材质问题、腐蚀
退化型失效模式	老化、变色、变质、表面保护层剥落、侵蚀、腐蚀、正常磨损、积炭、发卡等	自然磨损、老化以及环境诱发

续上表

失效模式	表现形式	诱发因素
松脱型失效模式	松矿、松动、脱落、脱焊等	紧固件、焊接件出现问题
失调型失效模式	间隙不适、流量不当、压力不当、电压不符、电流偏值、行程失调、间隙过大或过小等	油、气、电及机械间隙调整不当
阻漏型失效模式	不畅、堵塞、气阻、漏油、漏水、漏气、漏风、漏电、漏雨、渗水、渗油等	滤气滤油装置失效、密封件失效、气候环境
功能型失效模式	功能失效、性能不稳、性能下降、性能失效、起动困难、干涉、卡滞、转向过度、转向沉重、转向不回位、离合器分离不彻底、离合器分不开、制动跑偏、流动不畅、指示失灵、参数输出不准、失调、抖动、漂移、接触不良、公害超标、异响、过热等	有关部分调整不当、操作不当、局部变形、装配问题、设计参数不合理、元器件质量低劣等
其他失效模式	润滑不良、驾驶室闷热、尾气排放超标、断水、缺油、噪声振动大	使用、维护、修理不当,工作状态失调,传感器失灵、各种原因泄漏

三、失效分析方法

1. 失效分析的作用

按一定的思路和方法判断失效性质、分析失效原因、研究失效事故处理方法和预防措施的技术活动及管理活动,统称失效分析。

失效分析贯穿于产品的设计、制造和使用全寿命周期中,其意义和作用在于:

(1)失效分析可减少和预防产品或装备同类失效现象重复发生,从而减少经济损失或提高产品质量。

(2)失效分析是可靠性工程的重要基础技术工作,是产品全面质量管理中的重要组成部分和关键技术环节。

(3)失效分析可为技术开发、技术改造、科学技术进步提供信息、方向、途径和方法。

(4)失效分析可为裁决事故责任、侦破犯罪案例、开展技术保险业务、修改和制订产品质量标准等提供可靠的科学技术依据。

(5)失效分析可为各级领导进行宏观经济和技术决策提供重要的、科学的信息来源。

总之,失效分析作为提高产品质量的一种重要手段,可以帮助人们了解汽车及其零部件失效的真实情况,对失效产品进行系统研究,判定其失效部位、失效时间、失效模式、失效机理、失效影响并进行失效后果分析,并把失效影响和失效后果的分析结论及时反馈给设计和制造部门,并据以制订改进措施,以防止同类失效现象再次发生,使产品获得更高的可靠性。

2. 失效分析的基本思路

图7-2为机械零部件防止失效的基本思路。由此可见,失效分析在防止失效中具有很重要的作用。

失效分析及失效的防止如同医生治病一样,正确的诊断分析、对症下药才能将病治好。有了正确的分析思路,才能制定正确的分析程序。失效分析的基本思路如下。

(1)通过调查、观察和实验获得失效信息,对具体服役条件下的零部件进行具体分析,从中找出主要的失效形式及主要失效抗力指标。

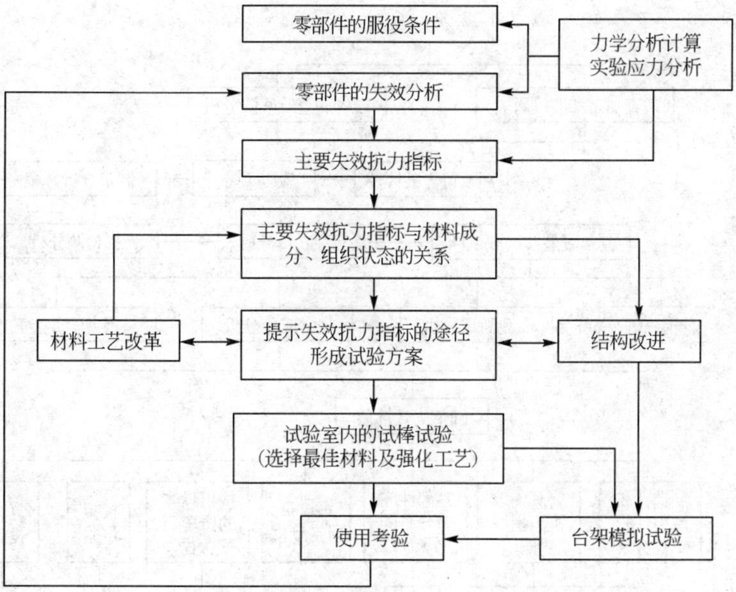

图 7-2　机械零部件防止失效的基本思路

(2)运用金属学、材料强度学和断裂物理、化学、力学的研究成果,深入分析各种失效现象的本质,以主要失效抗力指标与材料成分、组织、状态的关系,提出改进措施。

(3)根据“不同服役条件要求材料强度和塑性、韧性的合理配合”这一规律,分析研究失效零部件现行的材料选用、使用材料的技术条件是否合理,是否受传统经验束缚。特别注意的是,在失效分析中常遇到一些“合法但不合理”的技术条件规定,不能把它当成金科玉律,否则,对防止零部件的失效不利。

(4)采用局部复合强化,克服零部件上的薄弱环节,争取达到材料的等强度设计。

(5)在进行失效分析和提出防止失效的措施时,还应做到几个结合:设计、材料、工艺相结合,即对形状、尺寸、材料、成型加工和强化工艺统一考虑;结构强度(力学计算、实验应力分析)与材料强度相结合,试棒试验与实际零部件台架模拟试验相结合;宏观规律与微观机理相结合,宏观断口和微观断口分析相结合,宏观与显微、亚显微组织分析相结合;试验室规律性试验研究与生产试验相结合。

3. 失效分析的程序

进行失效分析,具体零部件要具体对待。一般来说,失效分析程序如图 7-3 所示。

失效分析的主要步骤如下。

(1)失效调查。通过调查,收集汽车及其零部件的失效数、应力、时间、任务、次数等有关数据资料。在收集失效数据的同时,要做好失效记录。

(2)失效模式的鉴定。根据失效数据的调查和失效现象的描述,分析失效现象与哪些零部件有关,并鉴别出失效模式。

(3)失效机理的推断。根据上述两项资料结合零部件的结构、材料及相关制造情况和以往经验,分析失效的规律和导致失效的内在原因,推断失效的机理。

(4)实验论证。条件许可时,用实验的方法论证失效机理的推断是否准确。

(5)改进措施。根据实验所论证的失效机理,结合产生失效的诸方面因素,拟定消除失

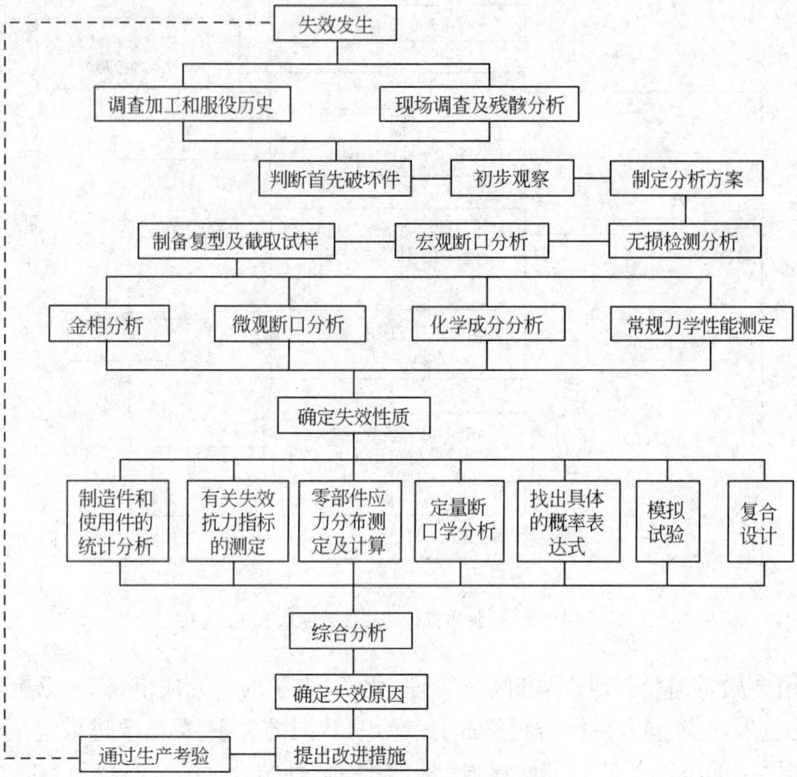

图 7-3　失效分析的基本程序

效的各种措施,这些措施应包括设计、工艺、材质、装配、公差配合、使用环境、质量控制等方面。

在整个失效分析的过程中,应重点注意以下几个问题。

(1)失效信息的收集。除了解失效零部件在整个系统中的部位和作用、材料牌号、处理状态等基本情况外,应着重收集下面两方面的信息:

①失效零部件全部制造工艺过程。从获得有关图纸和技术标准开始,了解冶炼、铸造、压力加工、切削加工、热处理、化学热处理、抛光、磨削、各种表面强化和表面处理及装配、润滑等情况。

②失效零部件的服役条件及服役历史。除了解载荷性质、加载次序、应力状态、环境介质、工作温度外,应特别注意环境细节和异常工况,如突然超载、温度变化、温度梯度和偶然与腐蚀介质的接触等。

(2)失效零部件的外观检查。在进行任何清洗之前都应经过彻底的外观检查,用照相等方法详细做好记录,重点检查的内容有:

①整个零部件的变形情况,看是否有镦粗、下陷、内孔扩大、弯曲、颈缩等。

②零部件表面冷热加工质量,如有无烧蚀、折叠、斑痕等热加工缺陷,有无刀痕、刮伤等机加工缺陷,有无冷热加工造成的裂纹。

③断裂部位是否在键槽、油孔、尖角、加工深刀痕、凹坑等应力集中处。

④零部件表面有无氧化、腐蚀、气蚀、咬蚀、磨损、龟裂、麻点或其他损伤。

⑤相邻零部件或配偶件的情况。

⑥零部件表面有无附着物。

(3)试验室检验。在检验前,对试验项目和顺序、取样部位、取样方法、试样数量等均应全面、周密地考虑。一般采用的分析手段有:

①化学分析。目的是鉴定零部件所用材料是否符合原定要求,有无用错材料或成分出格,必要时可分析微量元素或进行微区成分分析。当表面有腐蚀产物时,也应分析腐蚀产物成分。

②宏观(低倍)分析。主要用于检查原材料或零部件质量,揭示各种宏观缺陷。

③断口分析。对于断裂失效零部件,断口分析是最重要的一步。通过对断口形貌特征的分析,不仅可以得到有关零部件使用条件和失效特点的资料,还可以了解断口附近材料的性质和状况,进而可以判明断裂源、裂纹扩展方向和断裂顺序,确定断裂的性质,从而找出断裂的主要原因。断口分析先用肉眼或低倍实体显微镜和立体显微镜从各个角度来观察断口表面的纹理和特征,然后用电子显微镜(特别是扫描电镜)对有代表性的部位进行深入观察,以了解断口的微观特征。

④微观组织分析。用金相显微镜、电子显微镜观察失效分析的显微组织,分析组织对性能的影响,检查铸、锻、焊和热处理等工艺是否恰当,从而由材料的内在因素分析导致失效的原因。

⑤力学性能试验。在必要时可以进行某些项目的力学性能试验,包括断裂韧性试验,以校验该零部件的实际性能是否符合技术要求。

⑥其他检测项目。如用 X 射线衍射仪进行定性(如 σ 相)或定量(如残余奥氏体含量)分析,对受力复杂的零部件进行实验应力分析等。

(4)判定失效原因。在完成上述工作后,把所得到的资料进行综合分析,摸清失效的过程和规律,这是失效分析的重要环节。一般要从影响零部件失效的结构设计因素、材料因素、工艺因素、装配因素和服役条件因素中进行全面分析,真正找到导致该零部件失效的主导因素。重大的失效分析项目,在初步确定失效原因后,还应及时进行再现模拟试验,以验证初步结论的可靠性。

(5)失效分析的反馈。积极的失效分析,其目的不仅在于失效性质和原因的分析判断,更重要的是反馈到生产实践中去。由于失效原因涉及到结构设计、材料设计、加工制造及装配使用、维护修理等各个方面,失效分析结果也要相应地反馈到这些环节。在一般情况下,失效分析反馈的基本思路是:从失效分析的结论中获得反馈信息,以此确定提高失效抗力的途径(形成反馈试验方案),并通过试验选择出最佳改进措施。反馈的结果可能是改进设计结构、材料、工艺、现场操作规程,也可能是综合改进。

4. 失效分析的方法

失效分析的方法很多,主要有以下几种类型。

(1)按失效检验项目进行失效分析。零件的失效是由于工作应力大于失效抗力时所造成的。因此,应当首先从零件的受力状态、环境介质、温度等方面去考虑失效原因。不同的工作条件要求零件具有不同的失效抗力指标,而材料的失效抗力指标则主要取决于材料的成分、组织和状态。根据资料和现场调查就可以确定主要的分析项目。例如,承受交变应力的零件多表现为疲劳断裂,若此时有介质存在,则可能是腐蚀疲劳;处于高温环境则多为高温疲劳。

(2)按失效模式进行失效分析。失效模式是一种或几种物理或化学过程所产生的效应，导致零件在尺寸、形状、状态或性能上发生明显变化，造成整个系统丧失原设计能力。不同的物理或化学过程对应着不同的失效模式。根据零件残骸（断口、磨屑等）的特征和残留的有关失效过程信息，首先判断失效模式，进而推断失效的根本原因。

(3)按系统工程分析方法进行失效分析。这种方法是把产品看成一个系统，采用数学方法或计算机等现代化工具，研究系统故障率的原因与结果之间的逻辑关系，对系统构成要素、组织结构、信息交换等功能进行分析、设计、制造、维护等，从而达到最优设计、最优控制和最优管理的目的。因此，系统工程分析方法不仅是在事故发生后采用的一种善后处理方法，而且可在事故发生前就采取必要的防范措施，避免事故的发生。

目前在可靠性工程上，国内外应用的失效分析方法主要有：失效模式影响分析（Failure Mode and Effect Analysis，简称 FMEA）、故障树分析（Fault Tree Analysis，简称 FTA）、特性要因图法及摩擦学系统分析等。

(1)失效模式影响分析（FMEA）。是在系统设计过程中，通过对系统各组成单元潜在的各种故障模式及其对系统功能的影响与产生后果的严重程度进行分析，提出可能采取的预防改进措施，以提高产品可靠性的一种设计分析方法。

(2)故障树分析（FTA）。是一种可靠性/安全性设计分析技术，能够发现设计中的意外情况和薄弱环节，定性和定量地评价各种严重事故的风险，确立系统的可靠性和安全性，为改进设计提供有价值的信息。

(3)特性要因图法。即因果分析图法，亦称为鱼刺图法，是把已表现出来的失效或异常现象（即特征）和引起这些特征的因素用“鱼骨”形把它们联系起来，通过分析从而找出造成这些特征的直接原因。

(4)摩擦学系统分析法。是将由于相互作用而磨损的失效零件和与其有相互联系的若干元素组合成摩擦学系统，通过对该系统的输入参数（工作变量）、系统内部各元素之间相互作用以及磨损情况进行具体分析，从而找出系统失效的原因和恢复其性能的途径。

第二节　失效模式及影响分析 FMEA

一、FMEA 概述

1. FMEA 的含义

失效模式影响分析（FMEA，Failure Mode and Effects Analysis），是分析系统中每一产品所有可能产生的故障模式及其对系统造成的所有可能影响，并按每一个故障模式的严重程度、检测难易程度以及发生频度予以分类的一种归纳分析方法。FMEA 的基本原理是考虑一个系统中的每一个元件的每一个潜在失效模式，并且确定每一个失效模式对系统工作的影响，可以在不同的水平上考虑失效模式的影响，例如系统级、子系统或部件级。

FMEA 起始于 20 世纪 60 年代美国的航空航天工业项目 Apollo 项目。1974 年美国海军用于舰艇装备的标准《舰艇装备的失效模式和后果分析实施程序》，首先将它用于军事项目合约。70 年代后期，汽车工业将 FMEA 作为在对其零件设计和生产制造的会审项目的一部分。1980 年初，产品事故责任的费用突升和不断的法庭起诉事件发生，使 FMEA 成为降低事故的不可或缺的重要工具。并由开始的 500 多家公司扩展到其供应商。1993 年包括美国 3 大汽车公司和美国质量管理协会在内的美国汽车工业行动集团组织采用、编制了

FMEA 参考手册。2001 年 7 月发布了 FMEA 第三版。FMEA 技术作为风险控制的主要手段之一,FMEA 还被广泛应用于其他行业,如粮食、卫生、运输、燃气等部门。

FMEA 的主要类型有概念 FMEA(CFMEA)、设计 FMEA(DFMEA)、过程 FMEA(PFMEA)、机器 FMEA(MFMEA),各种 FMEA 的主要特点如表 7-4 所示,各种 FMEA 的相互关系如图 7-4 所示。

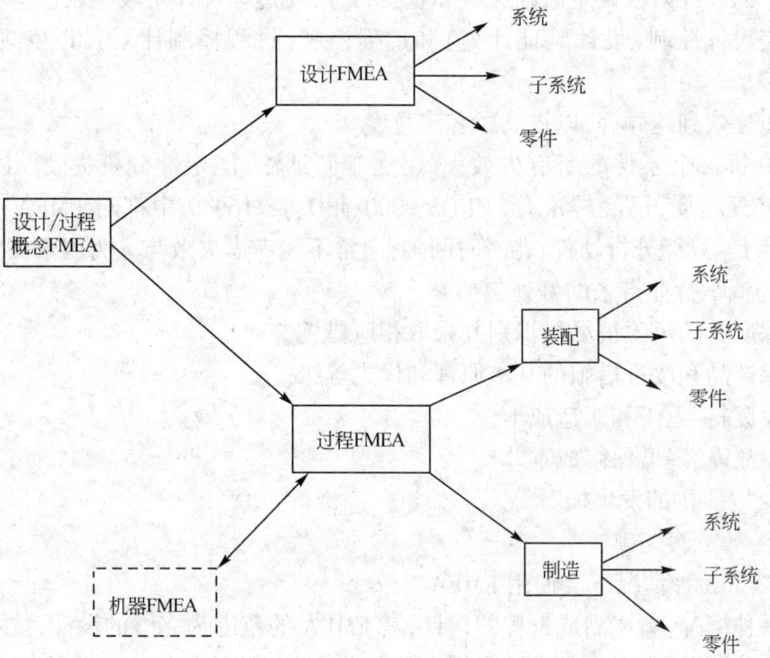

图 7-4 各种 FMEA 的相互关系

各种 FMEA 的主要特点 表 7-4

FMEA 的类型	开始节点	完成节点	更新和评估
CFMEA	在项目定义阶段,当顾客功能要求确认后,APQP 第一阶段	设计开始前,APQP 第二阶段开始前	当概念变更时
DFMEA	在设计阶段,APQP 第二阶段	在图纸发放前	原型样件测试后,现使用中失效后
PFMEA	在制造过程设计时,APQP 第三阶段	PPAP 前,APQP 第四阶段前	PPAP 后依据制造拒收信息,每 3 个月评估一次
MFMEA	新机器 TPM	在机器投入使用前	根据故障数据每 3 个月更新一次

注:1. APQP(Advance Product Quality Planning,先期产品质量策划)是一种系统的方法,用于确定并建立保证产品满足顾客需求的必须步骤。

2. PPAP(Production Part Approval Process,生产件批准程序)是供应商按照一定结构的报告形式准备提交给顾客或内部批准的程序。

3. TPM(Total Productive Maintenance,全员生产维修,也叫全面生产管理)是一种全员参与的生产维修方式,通过建立一个全系统员工参与的生产维修活动,使设备性能达到最优。

2. FMEA 的作用及特点

FMEA 是一组系统性的活动,其目的在于:

(1)认识和评估产品过程的潜在失效及其影响。

(2)确定措施,以消除或降低潜在失效出现的机会。

(3)将整个过程文件化。

(4)在产品设计阶段确定潜在关键和重要特性,在过程设计阶段确认这些特性。

(5)确定设计控制(设计验证计划)和过程控制(过程控制计划),以发现和预防失效模式。

(6)防止失效到达顾客,以提高顾客满意度。

FMEA 分析每个零件的所有失效模式,属于归纳法,能定性分析失效。FMEA 的优点是:易懂;已广泛接受,已经标准化,如 QS 9000、ISO/TS 16949 中都对 FMEA 有明确要求。FMEA 的缺点是:只能分析硬件;花费时间多;通常不能考虑失效与人为因素的关系等。

FMEA 为汽车行业带来的好处包括:

(1)确保所有的风险被尽早识别并采取相应措施。

(2)确保产品和改进措施的基本原理和优先等级。

(3)减少废料、返工和制造成本。

(4)减少故障、降低保修成本。

(5)减少"召回"的发生概率等。

3. FMEA 的应用范围

通常在以下 3 种情况下会使用 FMEA。

(1)第一种情况:新产品或过程的设计,其 FMEA 的范围为完整的设计、技术或过程。

(2)第二种情况:现有产品或过程设计的重大改变(假定已有 FMEA 存在),其 FMEA 的范围应当聚焦于产品和过程的改变部分,变更可能引起的交互作用及使用历史。

(3)第三种情况:把现有产品或过程用于新的环境、地点或应用(假定已有 FMEA 存在),其 FMEA 的范围应当视新的环境和地点对现有产品设计和过程的影响。

此外,FMEA 还可以作为工具,以评估所有制造过程控制,以建立更具健壮性的过程,通常按产品族对每个过程进行评估;分析环境和系统之间的交互作用,建立鲁棒性的设计,作为改进的一部分。

在使用 FMEA 时要注意以下事项:

(1)FMEA 是预防性工具,应当在产品和过程设计时使用。

(2)FMEA 是"事前措施"(Before - the - Event),而不是"事后补救"(After - the - Fact)。

(3)FMEA 必须在失效模式出现在产品或过程之前完成,才能取得最大获益。

(4)FMEA 应是一个动态文件,当产品/过程变更时,首先在必要的时间完成 FMEA,是减少后续变更的最容易和廉价的好方法。

(5)FMEA 的编制责任通常都指派到某个人,但是 FMEA 的输入应该是小组的努力。小组应该由知识丰富的人员组成,例如:设计、分析、试验、制造、装配、服务、回收、质量及可靠性等方面有丰富经验的工程师;所有 FMEA 小组都需要交流和合作。

(6)如果能按照最佳实践完成 FMEA,可以显著地节省工程时间和成本。

4. FMEA 的基本思路与主要步骤

在常规设计中,工程师的常规设计思路一般如图 7-5 所示。

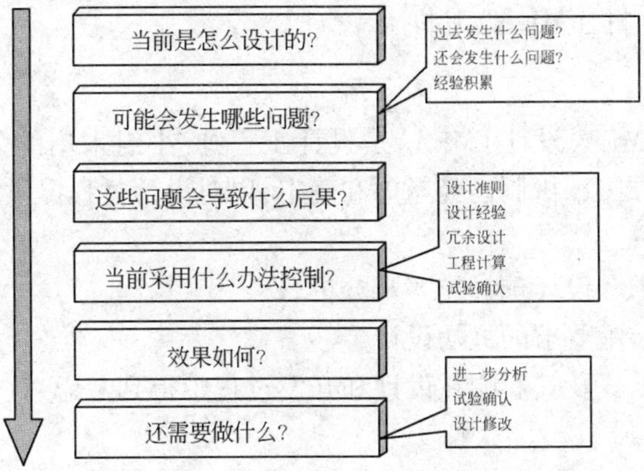

图 7-5　常规设计思路

实际上在常规设计思路中已经运用到了 FMEA 的思想。FMEA 的基本思路如图 7-6 所示。

一般来说,FMEA 的基本步骤如下:

(1)以设计文件为依据,从功能、环境条件、工作时间、失效定义等各方面全面确定设计对象(即系统)的定义;按递降的重要度分别考虑每一种工作状态(或称工作模式)。

(2)针对每一种工作状态分别绘制系统功能框图和可靠性框图(系统可靠性模型)。

(3)确定每一部件与接口应有的工作参数或功能。

(4)查明一切部件与接口可能的失效模式、发生的原因与影响。

(5)按可能的最坏影响评定每一失效模式的危害性级别。

(6)确定每一失效模式的检测方法与补救措施或预防措施。

(7)提出修改设计或采取其他措施的建议,同时指出设计更改或其他措施对各方面的影响,例如对使用、维护、后勤保障等各方面的要求。

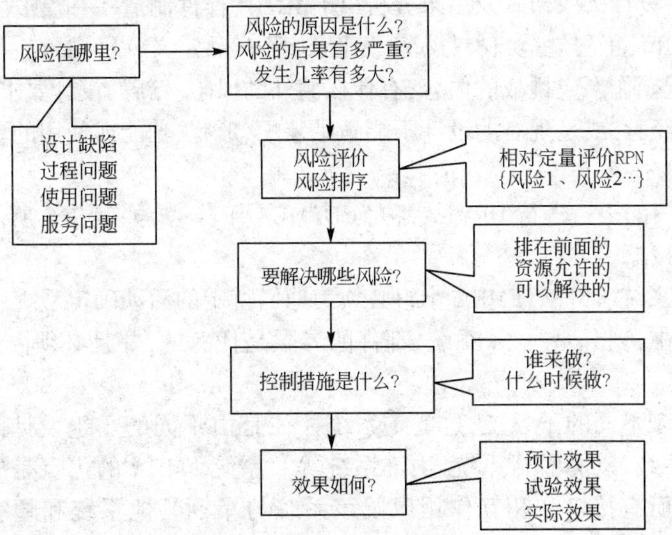

图 7-6　FMEA 的基本思路

(8)写出分析报告,总结设计上无法改正的问题,并说明预防失效或控制失效危害性的必要措施。

二、DFMEA(设计 FMEA)介绍

1. DFMEA 简介

DFMEA(Design FMEA,设计 FMEA)是设计工程师/小组采用的分析技术,目的在于确保潜在失效模式及其原因和机制已经考虑和确定,以对设计过程提供支持,并通过以下途径降低失效风险。

①帮助对设计要求和设计选择作客观分析。

②帮助对制造和装配要求的最初设计。

③确保潜在失效模式及其影响在设计和开发过程中得到考虑。

④揭露设计缺陷。

⑤为制订彻底、有效的测试和开发过程计划,提供额外的有用信息。

⑥发现潜在失效模式,并按其对"客户"影响分级。

⑦为建议和跟踪风险措施提供公开的格式。

⑧为将来分析质量问题、评估设计变更和更先进的设计提供参考。

需要指出的是,在 DFMEA 中,不应把克服潜在设计缺陷的方法,寄托于过程控制;相反的,应当充分考虑制造过程本身的限制因素(同步工程)。

(1)DFMEA 输入。跨功能小组在开展 DFMEA 时,应参考以下文件和资料:

①类似产品的表现指标。如保修信息,历史活动资料,客户抱怨和退货资料,纠正和预防措施,类似产品或过程的 DFMEA,类似产品/过程的设计矩阵表,任何其他适当的输入。

②要求。如规范,图纸,设计矩阵表(散装材料),模块图,应用信息,装配、子系统、系统、整车功能,安装、形状、功能目标。

③特殊特性矩阵表。

(2)DFMEA 输出。设计责任部门的 DFMEA 输出包含以下内容:

设计矩阵表,设计失效模式及后果分析(DFMEA),样件制造——模拟生产,设计验证计划和报告(DVP&R),工程规范,材料规范,工程图纸、产品定义,设计要点——根据以前的经验,对制造和装配操作形成挑战的内容,有什么额外的风险?新的设计要求——没有以前的制造和装配操作经验,或是现有的设计不能满足装配、形状、功能或使用的要求。

2. DFMEA 工作表

一般采用专门的表格进行 DFMEA,称为 DFMEA 工作表,如表 7-5 所示,该 DFMEA 工作表有 20 多项内容。

(1)系统、子系统、部件。FMEA 小组必须为他们特定的活动确定系统、子系统或部件的组成。实际工作中,划分系统、子系统、部件的界限是任意的,并且必须由 FMEA 小组共同确定。

系统包括许多不同的子系统,这些子系统往往是由不同的小组设计的。典型的汽车系统如下:底盘系统、动力总成系统、内饰系统等。系统 FMEA 的焦点是要确保组成系统的各子系统间的所有接口和相互作用以及该系统与车辆其他系统和顾客的接口都要被考虑到。

表 7-5

DFMEA 工 作 表

系统		设计失效模式和影响分析 (DFMEA)	FMEA 编号	
子系统			编制人	
部件			FMEA 日期	
设计责任人		关键日期	修订日期	
核心小组		车型/车型	页码	

项目／功能	潜在失效模式	潜在失效影响	严重度数	潜在失效原因／机理	频度数	现行设计控制	不易探测度数	风险顺序数	建议措施	责任人及目标完成日期	措施执行后的结果				
											采取的措施	新的严重度数	新的频度数	新的不易探测度数	新的风险顺序数

子系统通常是一个更大的系统的一个组成部分。例如,汽车前悬架系统是底盘系统的一部分。子系统 FMEA 的焦点是要确保组成子系统的各个部件间的所有接口和相互作用都要被考虑到。

部件是子系统的一部分,比如一个结构件(如控制臂)是前悬架的一部分。系统 FMEA 通常以子系统的组成部分为焦点。

以车身为例,系统、子系统和部件之间的关系如图 7-7 所示。

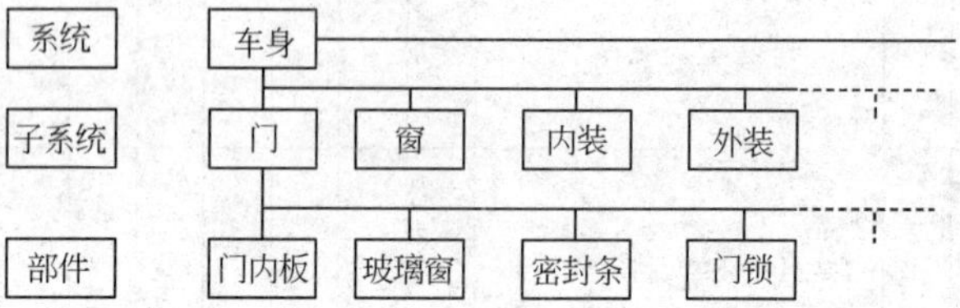

图 7-7　系统、子系统及部件之间的关系

(2)设计责任人。用于填写整车厂商(OEM)、部门和责任小组的名称,如果知道供方名称,还应填入供方名称。

(3)核心小组。列出有权确定和(或)执行任务的责任部门以及个人的名称、姓名和电话。建议将所有参加人员的姓名、所属部门、电话及其住址记录在一份表中。

(4)关键日期。用于填写 FMEA 初次预定完成日期,该日期不应超过产品设计发布的计划日期。

(5)年型/车型。填入预期的汽车年型、车型或所属项目,它们将使用和(或)受到所分析的设计的影响。

(6)FMEA 编号。用于填写该 FMEA 文件的内部编号,以便追踪查询。

(7)编制人。用于填写负责编制该 FMEA 的工程师姓名、电话及其所属公司的名称。

(8)FMEA 日期/修订日期。填写编制该 FMEA 文件初稿的日期以及最新修订稿的日期。

(9)项目/功能。用于填写被分析对象的名称和编号。可以自左至右或自上而下地完成 FMEA,填入零件名称和功能,回答零件有哪些作用。如果项目有多个不同失效模式的功能,那么要分开列出所有的功能。功能就是指设计意图或者工程要求。

(10)潜在失效模式。所谓潜在失效模式是指由于设计原因可能发生的不能满足功能要求、设计意图或过程要求的状况,是对某一设计特性可能发生的不符合性的描述。它可能引起更高一级子系统、系统的潜在失效模式(起因),也可能是低一级的零部件潜在失效模式的影响后果。

对一个特定分析对象的各种功能,应列出每一种功能的每一个潜在失效模式。这里假定这种失效模式可能发生,但并不一定发生。只可能在特定运行环境条件下(如热、冷、干燥、灰尘等)以及特定的使用条件下(如腐蚀性环境、不平的路段、仅在城市行驶等)发生的潜在失效模式也应当考虑。对失效模式的描述,应该使用规范化的、专业性的术语,不必与顾客察觉到的现象相同。典型的汽车失效模式如表 7-6 所示。

汽车典型的失效模式

表 7-6

失效模式名称	代号	失效模式名称	代号	失效模式名称	代号	失效模式名称	代号
断 裂	01	变 质	15	渗 油	39	摆 头	44
碎 裂	02	剥 落	16	漏 气	30	抖 动	45
开 裂	03	异常磨损	17	渗 气	31	方向漂移	46
裂 纹	04	松 动	18	漏 水	32	歪 斜	47
点 蚀	05	脱 落	19	渗 水	33	飞 车	48
烧 蚀	06	压力不当	20	功能失效	34	窜气、窜油	49
						油水混合	54
烧 坏	07	行程不当	21	性能衰退	35	速度不稳	55
击 穿	08	间隙不当	22	超 标	36	怠速不稳	56
塑性变形	09	干 涉	23	异 响	37	调速不稳	57
拉 伤	10	发卡(卡死、抱死、顶死)	24	过 热	38	功率突降	58

(11)潜在失效影响。潜在失效影响是指顾客感受到的失效模式对总成、系统、整车、客户或政府法规等造成的后果。例如,对汽车而言,典型的潜在失效影响有外观不良、明显的功能减弱、不能固定、色差、水漏进车内、动力不足、褪色、不能上锁、间歇工作、配合性差、噪声、无规律的操作、不稳定、粗糙、难闻的气味、发热、不符合法规要求、抗电磁干扰性等。

要根据顾客可能发现或经历的情况描述失效的后果,注意这里的顾客可能是内部顾客也可能是外部最终顾客。当客户是内部顾客时,这种影响应以过程表现加以说明(如:黏着于模具、损坏夹具、组装不匹配、危害操作者等);当客户是外部最终顾客时,应以产品或系统的表现描述这种影响(如:外观不良、噪声太大、系统不工作等)。

如果失效模式可能影响到安全性或与法规不符,要清楚地予以说明。失效的影响应该依据所分析的具体系统、子系统或零部件来说明。例如,一个零件的断裂可能引起总成的振动,从而导致系统间歇性运行,这种间歇性的运行会引起性能下降,最终导致顾客不满意。所以,需要利用集体的智慧尽可能多地预见失效影响。

(12)严重度(SEV,Severity)。严重度是潜在失效模式发生时,对顾客或系统、子系统以及下属零部件影响后果的严重程度的评价指标。严重度是在 FMEA 范围内的相对评级。严重度的数值范围是 1 ~ 10。严重度仅适用于后果。一般地,只有设计变更才能改变严重度。严重度用来建立失效模式与风险等级之间的联系。DFMEA 严重度级别评定的推荐准则如表 7-7 所示。

DFMEA 严重度分级表

表 7-7

影 响	影响的严重性	严重度
无预兆的严重危害	这是一种非常严重的失效形式,它是在没有任何失效预兆情况下,影响到行车安全或违反了政府的有关章程	10
有预兆的严重危害	这是一种非常严重的失效形式,是在具有失效预兆前提下发生的,并影响到行车安全或违反了政府的有关章程	9
很高	不能保证安全的破坏性失效,车辆(或系统)不能运行,丧失基本功能	8

续上表

影　响	影响的严重性	严重度
高	有设备损坏，车辆（或系统）能运行，但性能下降，客户不满意	7
中等	车辆（或系统）能运行，但舒适性或方便性部件不能工作，客户感觉不舒服	6
低	车辆（或系统）能运行，但舒适性或方便性部件性能下降，客户感觉有些不舒服	5
很低	配合、外观或尖响、咔哒响等项目不符合要求，大多数客户发现有缺陷	4
轻微	配合、外观或尖响、咔哒响等项目不符合要求，有一半客户发现有缺陷	3
很轻微	配合、外观或尖响、咔哒响等项目不符合要求，但很少客户发现有缺陷	2
无	没有影响	1

（13）潜在失效原因/机理。失效模式的原因是指引起失效模式的设计缺陷。应尽可能简明扼要、完整地列出每个失效模式所有可以想到的失效起因/机理。从那些严重度数高的失效模式开始，确定失效原因。

设计 FMEA 小组应基于两个假定考虑失效原因：零件的制造和装配在工程规范之内，失效模式由设计缺陷造成；失效模式由制造或装配的缺陷所引起，但这种制造和装配错误是由设计缺陷造成的，即设计缺陷可造成装配过程的错误。

常见的失效原因可能包括但不限于以下内容：不正确的指定材料、不适当的设计寿命假设、应力过大、不充分的润滑量、不适当的维护指导书、不适当的软件规范、不适当的表面加工规范、不适当的运行规范、不适当的指定摩擦材料等。常见的失效机理可能包括但不限于以下内容：产量、疲劳度、材料的不稳定、变形、磨损、腐蚀、化学氧化、电磁等。

（14）频度（OCC，Occurrence）。频度是指某一特定失效原因/机理在设计寿命内出现的可能性。频度级别数仅具有相对意义，是 FMEA 范围内的相对评级，它不一定反映实际出现的可能性。潜在失效原因/机理出现的频度数值范围在 1～10。预防措施可降低发生频度。通过设计更改来消除或控制一个或更多个失效原因/机理是降低频度数的唯一途径。DFMEA 失效频度分级如表 7-8 所示。

DFMEA 失效频度分级表　　表 7-8

失效可能性	失 效 概 率	频　度
可能性很大：失效几乎是不可避免的	>1/2	10
	1/3	9
可能性大：重复发生的失效	1/8	8
	1/20	7
中等：偶然发生的失效	1/80	6
	1/400	5
	1/2 000	4
可能性低：相对较少发生的失效	1/15 000	3
	1/150 000	2
极低：失效是不太可能发生	<1/1 500 000	1

在确定频度时，需要考虑下列问题：

①类似零部件或子系统的维修记录及维修服务经验怎样；

②零部件是沿用先前水平的零部件或子系统，还是与其相似的；

③相对先前水平的零部件、子系统或系统的变化有多大；

④零部件是否与原来的有根本不同；

⑤零部件是否是全新的；

⑥零部件的用途有无变化；

⑦有哪些环境变化；

⑧是否采取了预防性控制措施。

(15)现行设计控制。现行控制(例如设计评估、安全阀等防失效设计、数学研究、装配试验、可行性评估、样件测试、路试)是那些以前使用过的或正在使用的相同或类似的设计。列出预防、设计确认/验证(DV)、或其他已经完成或承诺了的活动，这些活动可以确保所考虑的失效模式和(或)失效原因/机理的设计适当性。设计控制的目的在于零件发放生产之前，发现设计缺陷，即在产品设计周期中尽早揭露和探测潜在的设计缺陷，以防止失效模式的出现。应该不断致力于设计控制的改进，例如在试验室创立新的试验方法或新的系统模拟计算方法等。

在开展 DFMEA 时，可以考虑两种类型的设计控制：

①防止失效原因/机理或失效模式/影响的出现，或减少其出现频率；

②在项目投产以前，探测出失效原因/机理或失效模式。

如果可能，应该优先采用预防控制。按确定的设计控制，评审所有的预防措施以决定是否有需要变化的频度数。

(16)不易探测度(DET，Detection)。不易探测度是评估在零件发放给生产之前的设计控制，发现潜在失效模式或原因的可能性。不易探测度是一个在某一 FMEA 范围内的相对评级，数值范围是 1 ~ 10。为了获得一个较低的不易探测度，通常计划的设计控制(如设计确认/验证活动)必须予以改进。DFMEA 不易探测度分级如表 7-9 所示。

DFMEA 不易探测度分级表 表 7-9

探测性	通过设计控制探测到失效的可能性	不易探测度
绝对不肯定	设计控制不能找出潜在的失效原因或机理以及随后的失效模式	10
很极少	设计控制只有很极少的机会能找出潜在的失效原因或机理以及随后的失效模式	9
极少	设计控制只有极少的机会能找出潜在的失效原因或机理以及随后的失效模式	8
很少	设计控制只有很少的机会能找出潜在的失效原因或机理以及随后的失效模式	7
较少	设计控制只有较少的机会能找出潜在的失效原因或机理以及随后的失效模式	6
中等	设计控制有中等的机会能找出潜在的失效原因或机理以及随后的失效模式	5
中上	设计控制有中上多的机会能找出潜在的失效原因或机理以及随后的失效模式	4
多	设计控制有较多的机会能找出潜在的失效原因或机理以及随后的失效模式	3
很多	设计控制有很多的机会能找出潜在的失效原因或机理以及随后的失效模式	2
几乎肯定	设计控制几乎肯定能找出潜在的失效原因或机理以及随后的失效模式	1

(17)风险顺序数(RPN,Risk Priority Number)。风险顺序数是严重度(SEV)、频度(OCC)和不易探测度(DET)三者数值的乘积,是对设计风险性的度量,其计算方法如下:

$$RPN = SEV \times OCC \times DET$$

RPN 用于对失效模式排序,确定可以接受的风险数。RPN 的数值范围是 1 ~ 1 000。如果 RPN 很高,设计人员可以采取纠正措施降低 RPN。RPN 可作为更改依据,例如:当 RPN >125 时,必须更改;当 RPN >64 时,建议更改;当 RPN <64 时,不用更改。

在一般的工程实践中,不管 RPN 数值的大小,当失效模式的严重度数较高(例如 9 或 10)时,就应特别引起重视。另外,RPN 不是绝对的,具有一定的阶段性。

(18)建议措施。当失效模式按 RPN 排出次序后,应首先对级数最高的、最关键的项目采取纠正措施。任何建议措施的意图在于降低频度、严重度或不可探测度中的一个或全部,通过改进设计来降低风险,以提高顾客满意度,具体措施和目的如表 7-10 所示。

建议措施及其目的 表 7-10

降低的内容	可考虑的措施	可达到的目的
严重度	改变设计	根除或降低失效模式的严重度
频度	改变设计或改进工程规范	预防原因或降低频度
不可探测性	增加或改进设计评估技术	改进发现原因或失效模式的能力

在所有的已经确定潜在失效模式的后果可能会给最终用户造成危害的情况下,都应该考虑预防/纠正措施,以便通过消除、减弱或控制失效原因来避免失效模式的产生。在对严重度为 9 或 10 的项目给予高度关注之后,DFMEA 小组再考虑其他的失效模式,其目的在于首先设法降低严重度,其次降低频度,最后降低不易探测度。

建议措施应考虑,但不局限于下列措施:修改设计几何尺寸/公差;修改材料性能要求;试验设计(特别是在多个影响因素或有相互作用的情况下)或其他解决问题的方法;修改试验计划。

对某一特定的失效模式/原因控制的组合,如果工程师评价认为无需采用建议措施,则应在本栏填写“无”。

(19)责任人和目标完成日期。确定每一项建议措施执行的责任部门和个人,确定目标完成日期。

(20)采取的措施。当实施一项措施后,填入实际措施的简要说明以及生效日期。

(21)措施执行后的结果。在确定了预防/纠正措施之后,估计措施执行后的严重度、频度和不易探测度。计算并记录风险顺序数。如果没有采取任何措施,可不填。

所有纠正后的定级都应进行评审,而且如果认为有必要采取进一步的措施,还应重复进行分析。负责 DFMEA 过程的工程师应负责保证所有的建议措施均已实施或妥善落实。FMEA 是一个动态文件,它不仅应体现最新的设计水平,而且还应体现最新采取的有关措施,包括开始生产后所发生的设计更改和措施。

负责 DFMEA 过程的工程师可以通过多种方式来保证所担心的事项得到确认,并且所建议的措施得到落实。这些方式包括但不局限于以下内容:检查过程/产品要求是否得到实现;评审工程图样,过程/产品规范以及过程流程;确认担心的事项和建议的措施已反映在装配/制造文件中;评审控制计划和作业指导书等。

依据以上要求建立的 DFMEA 工作表实例如表 7-11 所示。

DFMEA 工作表实例

表 7-11

系统	开启件	设计失效模式和影响分析（DFMEA）		FMEA 编号	DFSPC129
子系统	门锁			编制人	张××,010—××××
部件	门锁组件			FMEA 日期	3/31/2002
设计责任人	王×,××部,010—××××	关键日期	7/31/2002	修订日期	7/3/2002
核心小组	王×,李×,赵×,孙×	年型/车型	2004/A1	页码	第 1 页,共 2 页

项目/ 功能	潜在失效模式	潜在失效影响	严重度数	潜在失效原因/ 机理	频度数	现行设计控制	不易探测度数	风险顺序数	建议措施	责任人及目标完成日期	采取的措施	措施执行后的结果：新的严重度数	新的频度数	新的不易深测度数	新的风险顺序数
门扣隔板	被氧化	门扣工作不正常	6	材料规格不对	2	设计指定手册 REF 2876	2	24	无						
防止生锈				电镀规格不恰当	3	设计指定手册 REF 1820	5	90	防锈试验 SEC-A-1 48h	李×8/26/2002	经测试无失效发生	6	3	2	
开门不费劲	开门太费劲	客户不满意	6	隔板与配合表面之间的间隙不够	4	寿命测试 SEC 5-A-2	2	48	增加电镀表面公差，增加表面强度 8/30/2002	张×9/2/2002	样件完成，并已经测试 9/4/2002	6	2	2	24

3. DFMEA 的实施

DFMEA 主要针对设计意图进行,并且假定将按该设计意图进行制造/装配。制造过程中可能发生的潜在失效模式和影响分析不需要但也有可能包含在 DFMEA 中。当它们未包含在 DFMEA 中时,这些潜在失效模式和影响分析应该由 PFMEA(过程 FMEA)来解决。

FMEA 工作必须由团队来开展。因为 FMEA 能激励人们就相关的功能之间的关系广泛地交换想法,而单个工程师或个人都不能起到这种作用。DFMEA 的实施流程一般如图 7-8 所示。

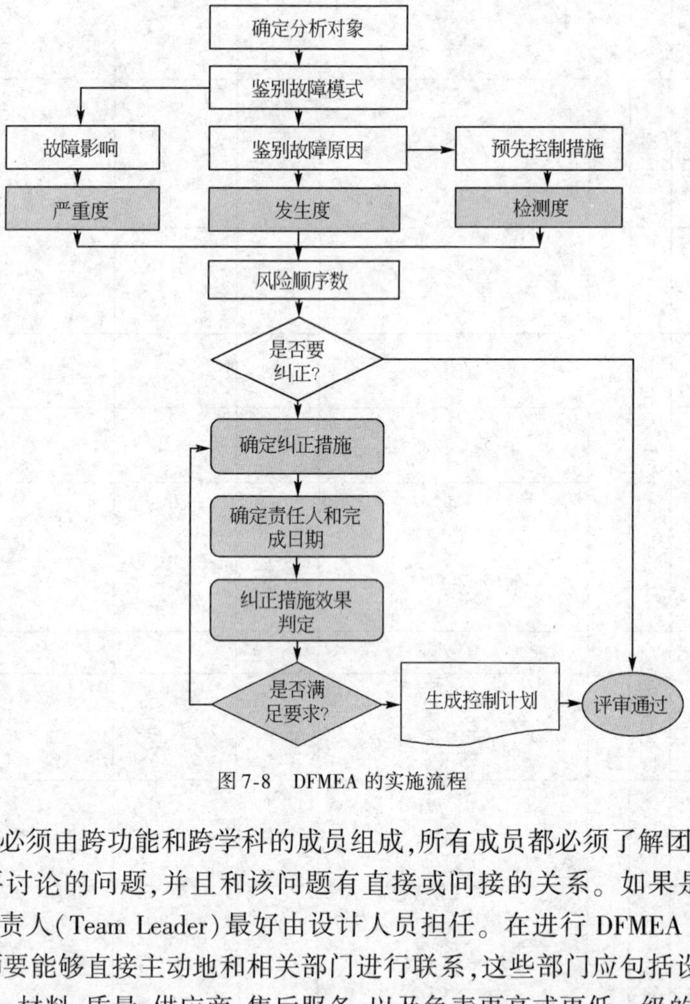

图 7-8　DFMEA 的实施流程

FMEA 团队必须由跨功能和跨学科的成员组成,所有成员都必须了解团体的行为、手头的任务以及需要讨论的问题,并且和该问题有直接或间接的关系。如果是进行 DFMEA, FMEA 团队的负责人(Team Leader)最好由设计人员担任。在进行 DFMEA 的最初阶段,负责设计的工程师要能够直接主动地和相关部门进行联系,这些部门应包括设计、CAE 分析、试验、装配、制造、材料、质量、供应商、售后服务,以及负责更高或更低一级的总成或系统、子系统或零部件的设计部门等。

在进行 DFMEA 分析前,必须确定分析的必要输入,这些输入包括:

(1)分析对象的资料。包括功能说明书、技术图纸、BOM 表、可靠性模型报告、可靠性预计报告等。

(2)FMEA 指导资料。包括 FMEA 分析规范、FMEA 工作计划等。

(3)数据源资料。包括故障模式手册、过去 FMEA 的分析报告和其他数据来源(同类产品的 FMEA 信息、同类产品的故障案例分析等)。

为了尽可能早地发现设计缺陷,一旦得到了相关必要输入就应开始 DFMEA。随着设计过程的推进,应该迭代地进行 FMEA,从而使得能够应用 FMEA 影响设计,并且提供反映完成最终设计过程的相关文件。

FMEA 分析常常借助于 FMEA 表格的形式实施,如 QS 9000 FMEA 分析表、MIL-STD-1629 FMEA 分析表、其他 FMEA 分析表以及根据企业和产品的特点自定义的 FMEA 分析表等。FMEA 分析借助的软件工具有 FMEA 专业软件、Microsoft Excel、Microsoft Access 等。

在一个设计阶段中,一般做不到所有的项目都要进行 DFMEA,一般要选择关键问题和重点问题进行分析。关键问题和重点问题要结合现场统计结果、相似产品经验以及个人经验进行判断,必要时还要借助所谓的质量功能展开 QFD(Quality Function Deployment)、原因和影响矩阵(C&E 矩阵,Cause and Effect Matrix)、关键要素分析(R&R,Repeatability and Reproducibility)等 6 σ 工具来判断。

在实施 DFMEA 的过程中,要注意以下几个问题。

(1)不可能分析所有的方面。首先分析关键的方面;其次分析重要的方面;关键和重要特性是动态的;第一次分析 C&E >300 的,第二次分析 C&E >200 的,…以此类推。

(2)不可能解决已经发现的所有问题。第一次:解决 RPN >125 的风险;第二次:解决 RPN >80 的风险;第三次:…以此类推。

(3)FMEA 是一个永无止境的过程。不断地制定 FMEA 计划,不断地扩展 FMEA。

第三节　故障树分析 FTA

一、故障树分析 FTA 概述

1. FTA 简介

故障树分析(Fault Tree Analysis,缩写为 FTA)技术是一门将逻辑代数、图论、概率论、随机过程、数理统计、最优化、算法复杂性等众多数学分支综合应用于其他技术领域的边缘学科。

故障树分析法由美国贝尔电话研究所的沃森(Watson)和默恩斯(Mearns)于 1961 年首次提出并应用于分析民兵式导弹发射控制系统的。其后,波音公司的哈斯尔(Hasse)、舒劳德(Schroder)、杰克逊(Jackson)等人研制出故障树分析法计算程序,标志着故障树分析法进入了以波音公司为中心的宇航领域。1974 年,美国原子能委员会发表了以麻省理工学院(MIT)拉斯穆森(Rasmussen)为首的有 60 名专家参与的安全组进行了两年研究而编写的长达 3 000 页的“商用轻水反应堆核电站事故危险性评价”的报告,该报告采用了美国国家航空和管理部于 20 世纪 60 年代发展起来的事件树(ET:Event Tree)和故障树分析方法,以美国 100 座核电反应堆为对象对核电站进行了风险评价,使 FTA 的应用得到很大发展。这一报告的发表引起了各方面的很大反响,被称为 FTA 发展进程中的一个重要里程碑。并推动了故障树分析法从宇航、核能进入电子、化工和机械等工业领域。

FTA 技术能够发现设计中的意外情况和薄弱环节,定性和定量地评价各种严重事故的风险,确立系统的可靠性和安全性,为改进设计提供有价值的信息。故障树分析法是研究引起系统失效这一事件(称为顶事件)的各种直接和间接原因(也是事件),在这些事件间建立逻辑关系,从而确定系统故障原因的各种可能组合方式或其发生概率的一种可靠性、安全性分析和风险评价方法。它在工程设计阶段可以帮助寻找潜在的事故,在系统运行阶段可以用作失效预测。一般来说，FTA 技术主要用于以下用途：

(1)复杂系统的功能逻辑分析。

(2)分析同时发生的非关键事件对顶事件的综合影响。

(3)评价系统可靠性与安全性。

(4)确定潜在设计缺陷和危险。

(5)评价采用的纠正措施。

(6)简化系统故障查找。

简单系统的 FTA 可能比较简单，但是，对于比较复杂的系统，其 FTA 可能非常复杂，以致不能利用手工的方法来进行，这时就必须借助计算机强大的分析能力。故障树分析技术与计算机的计算手段两者相结合，便产生了 FTA 软件，从而可以高效、低成本地分析大型复杂系统的可靠性。因此，FTA 技术特别适合于大型复杂系统的可靠性与安全性分析和风险评价。

2. FTA 的基本原理

故障树分析 FTA 主要用于确定系统失效的潜在原因和估计失效发生的概率，它的基本原理是：通过对可能造成产品故障的硬件、软件、环境、人为因素进行分析，从而确定产品故障原因的各种可能的组合方式和(或)发生概率。

在故障树分析 FTA 中，对于所研究系统的各种故障和失效，不正常情况等均称为"故障事件"，各种正常状态和完好情况均称为"成功事件"，它们又都简称为"事件"。FTA 分析的目标和关心的结果的事件称为顶事件，因为它位于故障树的顶端；仅作为导致其他事件发生的原因，也是顶事件发生的根本原因的事件称为底事件，因为它位于故障树的底端；而位于顶事件与底事件之间的中间结果事件称为中间事件。

故障树分析采用演绎分析方法，以系统所不希望发生的一个事件(即故障事件)作为分析的目标(顶事件)，先找出导致这一事件(顶事件)发生的直接因素和可能原因，接着将这些直接因素和可能原因作为第二级事件，再往下找出造成第二级事件发生的全部直接因素和可能原因，并依此逐级地找下去，直至追查到那些最原始的直接因素，例如系统最基本的元件可能存在的故障原因和机理、环境影响、人为失误、程序处理方面的问题等均为已知的而无需再深究的硬件和软件因素(底事件)。采用相应的符号表示这些事件，再用描述事件间逻辑因果关系的逻辑门符号，把顶事件、中间事件与底事件联结成倒立的树状图形。这种倒立树状图称为故障树，用以表示系统特定顶事件与其各子系统或各元件的故障事件及其他有关因素之间的逻辑关系。应该注意的是：对于每一个定义的顶事件，其发生可以由不同的失效模式或不同失效事件之间的组合引起，就需要对其进行单独的故障树分析。

故障树分析方法特别适用于寻找引起失效的根本原因，它通过把系统分解成子系统以至零件的方式来达到这个目的。它也可以根据组成系统的子系统、零件的失效概率来估计系统的失效概率。如果这些子系统的可靠性数据已知，就可以估计系统的可靠度。但是，如果没有这些子系统的可靠性数据，就必须继续对它们进行进一步的分解，直至可以获得可靠性数据的水平。

3. FTA 的主要步骤和基本程序

故障树分析法一般可按下列 4 个主要步骤进行：

(1)建立故障树。选定顶事件，将造成系统故障的原因逐级分解为中间事件，直至底事件，构成一张树状的逻辑图，也就是故障树。

(2)建立故障树的数学模型。对故障树进行规范化、简化和模块分解。

(3)进行系统可靠性的定性分析。目的是为了弄清系统(或设备)出现某种故障(即顶事件)的可能性有多少,分析哪些因素会引发系统的某种故障。

(4)进行系统可靠性的定量分析。目的是得到在底事件互相独立和已知其发生概率的条件下,顶事件发生概率和底事件重要度等定量指标。

故障树分析法 FTA 基本上按以下程序进行:

(1)熟悉系统。要详细了解系统状态及各种参数,绘出工艺流程图或布置图。

(2)调查事故。收集事故案例,进行事故统计,设想给定系统可能发生的事故。

(3)确定顶事件。要分析的对象即为顶事件。对所调查的事故进行全面分析,从中找出后果严重且较易发生的事故作为顶事件。

(4)确定目标值。根据经验教训和事故案例,经统计分析后,求解事故发生的概率(频率),以此作为要控制的事故目标值。

(5)调查原因事件。调查与事故有关的所有原因事件和各种因素。

(6)画出故障树。从顶上事件起,逐级找出直接原因的事件,直至所要分析的深度,按其逻辑关系,画出故障树。

(7)分析。按故障树结构进行简化,确定各基本事件的结构重要度。

(8)事故发生概率。确定所有事故发生概率,标在故障树上,并进而求出顶上事件(事故)的发生概率。

(9)比较。比较分可维修系统和不可维修系统进行讨论,前者要进行对比,后者求出顶上事件发生概率即可。

(10)分析。在分析时可视具体问题灵活掌握,如果故障树规模很大,可以借助计算机进行。

FTA 的分析,原则上是上述 10 个步骤,目前我国故障树分析一般都考虑到第 7 步进行定性分析为止,也能取得较好效果。

二、故障树的建立

1. 建立故障树的意义

故障树是一种特殊的倒立树状逻辑因果关系图,它用事件符号、逻辑门符号和转移符号描述系统中各种事件之间的因果关系。

建立故障树是 FTA 中最基本和最关键的环节。建立故障树通常是一个反复深入、逐步完善的过程。通常,建立故障树的过程能使工程技术人员透彻了解系统,发现系统中的薄弱环节,这是建立故障树的首要目的;其次,建立故障树也是使用 FTA 的前提条件。

故障树是实际系统故障组合和传递的逻辑关系的正确而抽象的表达,建立的故障树是否完善会直接影响定性、定量分析的结果,是关键的一步。因此,建立故障树前应对所分析的系统及其组成部分产生故障的原因、影响以及各种影响因素和它们之间的因果关系有透彻的了解;建立故障树后应当请设计、运行、维修等各方面有经验的技术人员讨论,找出故障树中错误、互相矛盾和遗漏之处,并进行修改。一个复杂系统建立故障树的过程往往需要多次反复、逐步深入和逐步完善。在这一过程中应对发现的薄弱环节采取改进措施,以提高系统的可靠性,这比简单算出可靠性的意义更大。

在建立故障树时,应该注意故障(Fault)与失效(Failure)之间的区别。失效是指基本的事件,例如发动机不能点火、制动失灵等。故障的含义比较广,例如,一个电磁阀在不该关闭的时候关闭了,这是一个电磁阀故障。如果这是由于该电磁阀线圈断路引起的,这个故障就是失效。但是,如果这是由于控制器发出的一个错误信号引起的,则该电磁阀不适时关闭属于一个故障,不属于失效。也就是说:所有的失效都是故障,但是并不是所有的故障都是失效。

2. 建立故障树的准备工作

建立故障树就是按照严格的演绎逻辑,从顶事件开始,向下逐级追溯事件的直接原因,直至找出全部底事件为止,最后得到一棵故障树。为了建立故障树,应该首先对系统进行全面且深入的了解,需要广泛收集有关系统的设计、制造工艺、安装调整、使用运行、维护修理以及其他有关方面的数据、资料、技术文件、技术规范等,并进行细致的分析研究。在分析故障事件的原因时,不仅要考虑机械系统本身的因素,而且应考虑人的因素及环境的影响。

建立一个好的故障树必须要做好相应的准备工作,建立故障树的准备工作可分为技术准备和组织准备。

技术准备工作的主要内容有:

(1)广泛收集并分析有关技术资料。

(2)针对实际问题选择合适的顶事件。

(3)对基本部件进行必要的失效模式影响分析(FMEA)。

组织准备工作的主要内容有:

(1)必须有一个能够建立和分析故障树的工作小组,即使对于中等难度的系统也至少要有一个由3~5名工程师参加的分析小组。

(2)分析小组人员必须逐步熟悉和精通系统,这常常是指分析者对于系统的设计和操作人员应有长时间的合作,以便弄懂系统的功能。

(3)分析小组人员还必须懂得描绘系统特征的物理、化学和经济知识,以便对系统运行特征能作出科学的预测。

3. 建立故障树中常用的符号

故障树主要由各种事件和各种门组成。

根据《故障树名词术语和符号》(GB 4888—85)的规定,建立故障树所用的符号有3类:事件符号、逻辑门符号及转移符号。

故障树常用的符号图形、名称与含义分别列于表7-12~表7-14。

故障树常用的事件符号及含义　　表7-12

序号	符号	名称	含义
1	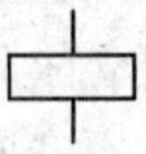	结果事件	它又分为顶事件和中间事件,是由其他事件或事件组合导致的事件。在框内注明故障定义,其下与逻辑门连接,再分解为中间事件或底事件
2		底事件	是基本故障事件(不能再行分解)或毋须再探明的事件,但一般它的故障分布是已知的,是导致其他事件发生的原因事件,位于故障树的底端,是逻辑门的输入事件而不能作为输出

续上表

序号	符号	名称	含义
3	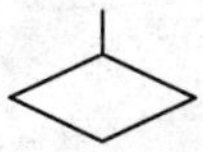	省略事件	又称未展开事件或未探明事件。发生的概率较小,因此对此系统来说,是不需要进一步分析的事件,或暂时不必或暂时不可能探明其原因的底事件
4	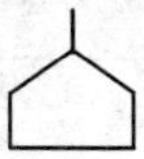	条件事件	是可能出现也可能不出现的故障事件,当给定条件满足时这一事件就成立,否则不成立,可删去

故障树常用的逻辑门符号及含义　　表 7-13

序号	符号	名称	含义
1	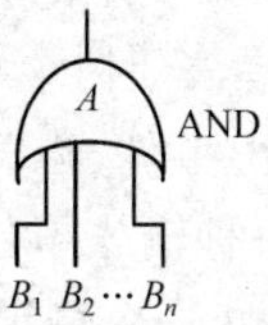	与门“AND”	仅当输入事件 B_1、B_2、…、B_n 同时全部发生时,输出事件 A 才发生,相应逻辑关系表达式为:$A = B_1 \cap B_2 \cap \cdots \cap B_n$
2	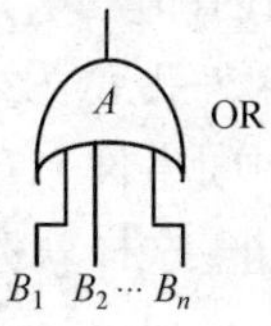	或门“OR”	当输入事件 B_i($i = 1$、2、…、n)中至少有一个输入事件发生,输出事件 A 就发生,相应逻辑关系表达式为:$A = B_1 \cup B_2 \cup \cdots \cup B_n$
3	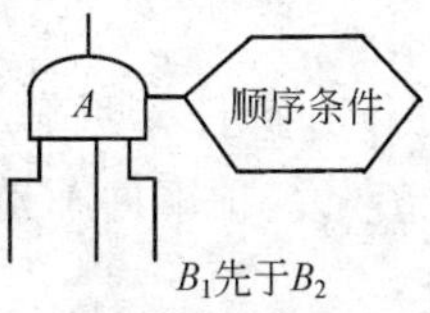	顺序与门	在与门的诸输入事件中,必须按一定顺序(一般自左至右)依次发生,输出事件 A 才发生,在图中右边的六角框中应写明顺序条件,例如 B_1 先于 B_2,…
4	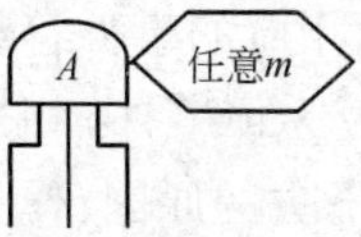	表决与门	仅当 n 个输入事件中至少有任意 m 个事件发生时,输出事件 A 才发生
5	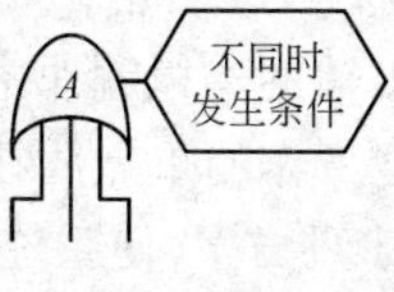	异或门	仅当一个输入事件发生时,输出事件才发生,相应的逻辑关系式为:当输入事件为 B_1,B_2 时,$A = (B_1 \cap \bar{B}_2) \cup (\bar{B}_1 \cap B_2)$
6	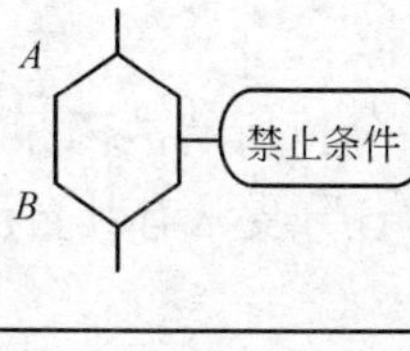	禁门	仅当条件事件发生时,输入事件的发生才能导致输出事件的发生;否则,若禁止条件不成立,即使有输入事件发生,也不会有输出事件发生

故障树常用的转移符号及含义　　　　表 7-14

序　号	符　号	名　称	含　义
1	 转入	事件的转移	将故障树的某一完整部分(子树)转移到另一处复用,以减少重复并简化故障树
2	 转出	事件的转移	由转入符号(或称转此符号)、转出符号(或转向符号)加上相应的标号,分别表示从某处转入和转到某处

4. 建立故障树的方法

建立故障树的方法分为人工建树和计算机辅助建树两种,人工建树采用演绎法,计算机辅助建树采用判定表法。

(1)演绎法建树。首先,必须定义我们所关注的系统失效事件,也就是顶事件,然后找出导致该事件发生的直接因素,一般称为中间事件,再对诸多因素发生的原因重复上述分析,直到无需再深究的底事件或基本事件为止,这样就完成了演绎法建树。

(2)判定表法建树。判定表法要求确定每个部件的输入输出事件,也就是输入输出的某种状态。每一个部件都要用判定表来描述,判定表中应说明每种输入事件的组合对应哪种输出事件。一个判定表上只允许有一个输出事件,如果部件不止一个输出事件,则应建立多格判定表。为了建立每个部件的判定表,必须分析每个部件的内部模式,这里的内部模式一般是指系统所处的环境和其他部件对应于该部件的输入事件。一般认为来自系统环境的每一个输入事件都属于底事件,来自其他部件的输出事件属于中间事件。在判定表都已齐备后,从顶事件出发,根据判定表中的中间事件追踪到底事件为止,这样就完成了判定表法建树。

在完成建立故障树准备工作后,即可开始建立故障树:

(1)确定顶事件。任何需要分析的系统故障,只要它是可以分解且有明确定义的,则在该系统的故障树分析中都可以作为顶事件。因此,对一个系统来说,顶事件不是唯一的。但通常往往把该系统最不希望发生的故障作为该系统的顶事件。

(2)建立故障树。在确定顶事件之后,则将它作为故障树分析的起始端,找出导致顶事件所有可能的直接原因,作为第一级中间事件。将这些事件用相应的事件符号表示并用适合于它们之间逻辑关系的逻辑门符号与上一级事件(最上一级为顶事件)相连接。以此类推,逐级向下发展,直至找到引起系统故障的全部毋须再追究下去的原因,作为底事件。这样,就完成了故障树的建立。

简单系统的故障树可能比较简单。但是,对于比较复杂的系统,其故障树可能非常复杂,以致都不能利用手工的方法来进行,在这种情况下,计算机辅助建树就非常有用。应用计算机绘制故障树可以节省设计人员的许多绘图时间,以便把工作的重点放在系统的改进提高方面,而且在计算机上修改故障树方便,能通过深入对比多种方案,使系统可靠性、安全性设计臻于完善。

建立故障树时,应注意以下几点:

(1)选择建立故障树流程时,通常是以系统功能为主线来分析所有故障事件并按逻辑贯穿始终。但是一个复杂系统的主流程可能不是唯一的,因为各分支常有其自己的主流程,建立故障树时要灵活掌握。

(2)合理地选择和确定系统及单元的边界条件。在建立故障树前对系统和单元(部件)的某些变动参数作出的合理假设,即为边界条件。这些假设可使故障树分析抓住重点;同时也明确了建立故障树的范围,即故障树建到何处为止。

(3)故障事件定义要具体,尽量做到唯一解释。

(4)系统中各事件间的逻辑关系和条件必须十分清晰,不允许逻辑混乱和条件矛盾。

(5)故障树应尽量简化,去掉逻辑多余事件,以方便定性、定量分析。

5. 建立故障树实例

发动机是汽车的心脏,它在使用中发生的故障对整个发动机的动力性、经济性、耐久性和使用可靠性等性能都有着较大的影响,其中,发动机不能起动是常见故障之一。以下用故障树分析技术进行分析,以便能迅速找出故障所在。

(1)顶事件的确定。前已叙述,对一个系统来说,顶事件不是唯一的,通常把系统中最不希望发生的故障作为该系统故障树分析的顶事件。

以下两个事件可作为候选的顶事件:

①发动机不能起动。

②发动机不能连续工作。

(2)故障树的描述。若取发动机不能起动作为顶事件,为了研究导致该事件的直接原因事件,应考虑为了起动发动机必须满足怎样的功能,利用发动机功能原理图弄清楚每个部件的作用,就能够防止遗漏或重复。

通过分析,发动机不能起动,首先可能是供给到燃烧室的燃料不足;其次,即使有燃料,若汽缸内的压力不足,燃料不能被压缩,仍然不会起动;最后,即使燃料达到规定的压力被压缩,因点火系统的火花能量不足,发动机也无法正常起动。于是对发动机起动来说,这 3 个事件中任何一个发生都无法起动发动机,因此顶事件和这 3 个事件用或门相连,然后再分别对这 3 个直接原因事件,用同样的方法进行分析,直到底事件为止。最终得到发动机不能起动的故障树如图 7-9 所示。

(3)故障树的规范化。按故障树规范化的原则,可将其规范化,以便进行故障树分析。故障树规范化后,可对故障树中的事件进行编码。编码的方法既可采用字母,也可采用数字或字母辅以数字下标。事件经过编码后的规范化故障树具有极好的保密性。

在这里我们采用字母辅以数字下标的形式,对图 7-9 所示故障树中的事件进行编码如下:

P_1——发动机不能起动;

P_2——燃油不足;

P_3——不能压缩;

P_4——无火花;

P_5——油箱空;

P_6——活塞不动;

P_7——无能源驱动;

C_1——没检查油箱;

C_2——油上次用完;

C_3——油管堵塞;

C_4——活塞环损坏;

C_5——汽缸漏气；

C_6——蓄电池无电；

C_7——蓄电池没充电；

C_8——火花塞故障；

C_9——永磁电机故障；

C_{10}——线路故障；

D_1——喷油器失效；

D_2——轴承卡住。

于是，我们可画出发动机不能起动的规范化故障树，如图 7-10 所示。

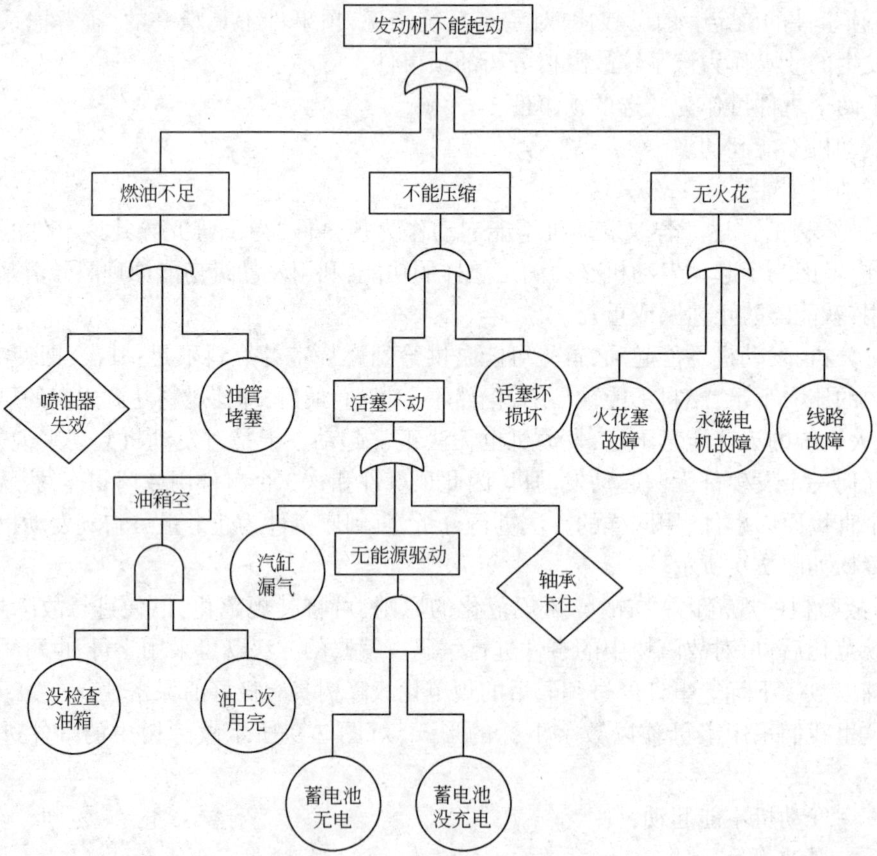

图 7-9　发动机不能起动的故障树

三、故障树的分析方法

1. 故障树的定性分析

故障树定性分析的目的在于寻找顶事件发生的原因和原因组合，即识别导致事件发生的所有故障模式。在系统设计阶段，它可以帮助判明潜在的故障，以便改进设计；在系统使用维修阶段，可以用于指导故障诊断，改进使用维修方案。

故障树定性分析的原则为：

(1)对小概率失效元件组成的各种系统失效概率做比较时,其故障树所含最小割集的最小阶数越小,系统的失效概率越高;在所含最小割集的最小阶数相同的情况下,该阶数的最小割集的个数越多,系统的失效概率越高。

(2)对同一系统中各基本事件的重要性做比较时,按各基本事件在不同阶数的最小割集中出现的次数来确定其重要性大小。所在最小割集的阶数越小,出现的次数越多,该基本事件的重要性越大。

故障树分析技术中割集的定义为导致故障树顶事件发生的底事件的组合,而最小割集则是导致故障树顶事件发生的数目不可再少的事件的组合,它表示引起故障树顶事件发生的一种故障模式。由此可知,故障树定性分析的任务也就是找出故障树的全部最小割集。

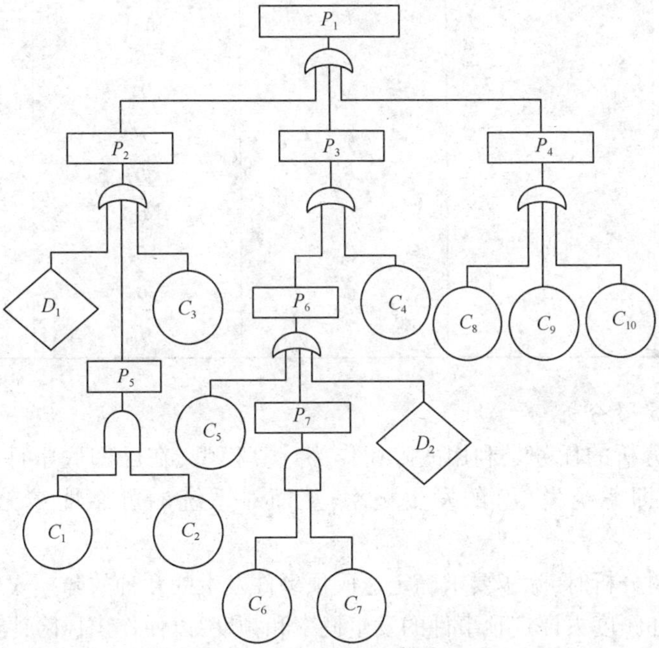

图 7-10 发动机不能起动的规范化故障树

利用富塞尔—凡斯利(Fussell-Vesely)算法可确定故障树的最小割集。F－V 算法的特点是:从顶事件开始顺序而下进行,其中要用到逻辑与门仅增加割集的容量(故障个数)、逻辑或门增加割集数量的性质。具体算法是:从顶事件开始,顺序把上排事件置换为下排事件,遇到逻辑与门就把事件横向排列写出,遇到逻辑或门则把事件竖向串列写出,直到所有事件都置换为底事件为止。但是,这样得到的基本事件的集合是割集,不一定是最小割集,通过鉴别可以从上述割集中找到所有的最小割集。

运用 F-V 算法,可求出图 7-10 所示发动机不能起动的规范化故障树的割集,如表 7-15 所示,得到下列 10 个割集:$\{C_1, C_2\}$, $\{C_3\}$, $\{C_4\}$, $\{C_5\}$, $\{C_6, C_7\}$, $\{C_8\}$, $\{C_9\}$, $\{C_{10}\}$, $\{D_1\}$, $\{D_2\}$。由于这些割集之间无蕴含关系,所以都是最小割集。

对于一个复杂系统,怎样防止顶事件发生是件很困难的事,甚至会感到千头万绪无从下手。但最小割集却为提高系统的可靠性提供了科学线索。

最小割集的概念告诉我们,当且仅当最小割集中的全部元件发生故障时,系统才出现故障,但若任一部件修复,系统功能就可恢复,然而,若同一最小割集中的其余故障部件尚未修复,则系统再次出现故障的概率较大。

利用最小割集的概念也可以分析某个元件的重要性。如果一个元件失效就会引起相当大的系统范围的失效,则这个元件就很重要。如果这个元件包含在仅含有少数几个基本失效(例如一个或两个)的最小割集中,其可靠度对系统可靠度的影响就比较大。

由此可见,最小割集的概念对工程实践活动很有现实意义。

F-V 算法计算割集 表 7-15

步　骤	Step 1	Step 2	Step 3	Step 4
	P_2	D_1	D_1	D_1
	P_3	P_5	C_1, C_2	C_1, C_2
	P_4	C_3	C_3	C_3
		P_6	C_5	C_5
		C_4	P_7	C_6, C_7
		C_8	D_2	D_2
		C_9	C_4	C_4
		C_{10}	C_8	C_8
			C_9	C_9
			C_{10}	C_{10}

2. 故障树的定量分析

故障树定量分析的任务是利用故障树作为计算模型,在已知底事件发生概率的条件下,求出顶事件(即系统失效)的发生概率,从而对系统的可靠性、安全性及风险作出评估。

在进行故障树分析时,除了要求确定造成顶事件发生的各种故障模式外,还希望利用底事件的发生概率和频度去评定顶事件的发生概率和频度,以便作出风险评价;确定每个最小割集发生的概率大小,以便修改设计从而提高系统的可靠性和安全性;了解每个底事件发生概率的降低对顶事件发生概率的降低的影响大小,以便有的放矢,选择合适的底事件进行改进,从而达到提高经济效益的目的。

在故障分析中,顶事件或底事件出现的概率可以分为 3 种情况:

(1)在需要时发生失效的概率,与工作时间无关,例如,在点火时发动机不能正常起动的概率。

(2)在一定时间内的不可靠度,例如,发动机在低温下连续点火 10min 不能正常起动的概率。

(3)在某一时刻的不可用度,例如,发动机在低温下某一时刻点火不能正常起动的概率。

由于实际系统往往很复杂,各事件之间有时还存在一定的相关性,顶事件概率的计算也显得很复杂。因此,一般采用结构化的方法来进行合理的近似计算。

故障树定量分析的计算公式如下:

(1)与门结构输出事件发生的概率(并联系统失效概率):

$$P(X) = \bigcap_{i=1}^{n} P(x_i) = \prod_{i=1}^{n} P(x_i) \tag{7-1}$$

式中：X——输出事件；

x_i——输入事件，$i=1,2,\cdots,n$；

$P(x_i)$——输入事件发生的概率。

(2)或门结构输出事件发生的概率(串联系统失效概率)：

$$P(X) = \bigcup_{i=1}^{n} P(x_i) = 1 - \prod_{i=1}^{n}[1 - P(x_i)] \tag{7-2}$$

利用式(7-1)、式(7-2)就可以直接计算出一般故障树顶事件发生的概率。

例 7-1 已知某发动机不能起动的故障树如图 7-9 所示，统计得到各底事件发生的概率为：$C_1 = 0.001$，$C_2 = 0.01$，$C_3 = 0.01$，$C_4 = 0.001$，$C_5 = 0.001$，$C_6 = 0.04$，$C_7 = 0.001$，$C_8 = 0.04$，$C_9 = 0.03$，$C_{10} = 0.02$，$D_1 = 0.02$，$D_2 = 0.001$，求系统的可靠度 R_s。

解： 首先计算中间事件发生概率，由式(7-1)得：

$$P_5 = C_1 \times C_2 = 0.001 \times 0.01 = 0.000\,01$$

$$P_7 = C_6 \times C_7 = 0.04 \times 0.001 = 0.000\,04$$

由式(7-2)得：

$$\begin{aligned}P_2 &= 1 - \prod_{i=1}^{n}[1 - P(x_i)] = 1 - (1 - P_5)(1 - D_1)(1 - C_3)\\ &= 1 - (1 - 0.000\,01)(1 - 0.02)(1 - 0.01) = 0.029\,809\,70\end{aligned}$$

$$\begin{aligned}P_6 &= 1 - (1 - C_5)(1 - P_7)(1 - D_2)\\ &= 1 - (1 - 0.001)(1 - 0.000\,04)(1 - 0.001) = 0.002\,038\,9\end{aligned}$$

$$\begin{aligned}P_3 &= 1 - (1 - C_4)(1 - P_6)\\ &= 1 - (1 - 0.001)(1 - 0.002\,038\,9) = 0.003\,036\,9\end{aligned}$$

$$\begin{aligned}P_4 &= 1 - (1 - C_{10})(1 - C_9)(1 - C_8)\\ &= 1 - (1 - 0.02)(1 - 0.03)(1 - 0.04) = 0.087\,424\end{aligned}$$

顶事件发生的概率为：

$$\begin{aligned}P_1 &= 1 - (1 - P_2)(1 - P_3)(1 - P_4)\\ &= 1 - (1 - 0.029\,809\,70)(1 - 0.003\,036\,9)(1 - 0.087\,424)\\ &= 0.117\,316\,4\end{aligned}$$

故发动机不能起动的概率为 0.117 316 4，则系统的可靠度为：

$$\begin{aligned}R_s &= 1 - P_1 = 1 - 0.117\,316\,4\\ &= 0.882\,683\,6\end{aligned}$$

由此可见，应用 FTA 故障树分析不仅可以根据单元的故障概率求出系统的故障概率，而且还可以通过对各单元重要度的定量计算结果找出对系统失效影响最大的元件。因此，故障树分析不仅可以指导故障诊断，制定维修方案和确定维修顺序，而且还可以综合其他因素，如保证最佳经济效益，改进系统结构，使得在各组成元件故障率不变的情况下，减少系统的故障概率，从而提高系统的可靠性。

复习思考题

1. 汽车失效分析的作用有哪些?
2. 汽车失效分析的方法有哪些?
3. 什么是FMEA? 在哪些情况下使用FMEA?
4. 试建立汽车发动机活塞的DFMEA工作表。
5. 什么是FTA? FTA的基本思路是怎样的?
6. 试绘制汽车双回路液压制动系统的故障树。
7. 如何对故障树进行评价?
8. 试比较FMEA和FTA的特点及优缺点。

第八章　汽车可靠性管理

教学提示：汽车可靠性工程是一个系统工程，有效地实施可靠性管理，可提高产品的可靠性能。本章重点介绍了汽车可靠性管理的含义、可靠性管理的组织机构及职责、可靠性管理的具体内容以及一体化可靠性管理的基本内容。

教学目标：要求学生掌握可靠性管理的含义，熟悉汽车可靠性管理的具体内容，了解一体化可靠性管理的含义。

第一节　概　　述

一、可靠性管理的含义

可靠性工作包括可靠性工程技术与可靠性管理两个方面。一切可靠性工程技术活动，都需要有效地管理，需要科学的规划、组织、协调、控制和监督。因此，可靠性管理在所有的可靠性活动中处于领导和核心地位。

可靠性管理就是从系统的观点出发，通过制定和实施一项科学的计划，去组织、控制和监督可靠性活动的开展，以保证用最少的资源实现用户所要求的产品可靠性。可靠性管理是质量管理的一项重要内容，它不仅是单纯的保证技术，而且是企业中一项重要的经营决策，有利于大大增强企业的整体素质，提高企业产品的可靠性水平，是企业长期发展的强大力量。但可靠性管理和质量管理是两个不同的概念，可靠性管理包含时间的概念，而质量管理则没有时间要求。

汽车产品的可靠性，是用户最为注目的指标。可靠性水平不高，故障频发，不仅使车辆的运行效率低下，维修费用高，而且还可能造成车毁人亡的严重后果。汽车产品的可靠性水平，凝聚着汽车的声誉和形象，也是企业开拓市场的资本。美国人预言："只有那些具有高可靠性的产品及其企业，才能在今后日益激烈的国际贸易竞争中幸存下来"。日本人则断言："今后产品竞争的焦点是可靠性"。

美国著名的可靠性专家里昂·波多斯基博士曾根据自己从事可靠性工作多年的经验，提出了4个著名论点：

(1)没有任何不可靠的产品，只有生产不可靠产品的人。

(2)没有经过良好训练的质量保证人员，就没有质量保证。

(3)产品的可靠性不是通过试验获得的，只有严格贯彻执行有关的规范和原材料的每项要求，注意生产和检验中的每个环节，才能使产品获得可靠性。

(4)在任何机构里，凡是可靠性与质量保证的各项措施必须自上而下地贯彻执行。领导部门在制订各项措施时,必须提出明确的理论和方针。若领导部门不把可靠性作为首要的目标,不提供所需要的设施,则工作人员是不可能生产出高可靠性产品的。

为了满足产品可靠性的另一项重要措施是产品生产过程中的质量控制,即防止产品在制造上出现有缺陷的管理功能,要求对原材料进行控制及对制造工艺进行控制。

实施可靠性管理和质量控制,将使产品的总成本降低,可靠性增强,销售能力自然增强,也更有利于进一步的决策等。

为了有效地实施可靠性管理,必须制定汽车可靠性管理大纲,从质量管理和技术管理两个角度出发,把本企业各部门的可靠性工作通过一定的“章法”有机地联系起来,用可靠性管理大纲这个“章法”来规范各工作部门的可靠性工作,使投入到可靠性工作上的人力、物力、财力和时间最大限度地发挥作用,从而保证有效地提高汽车的质量和可靠性水平,产生经济效益和社会效益。在汽车可靠性管理大纲中,从汽车产品的研制、生产、销售到使用过程,都有具体的工作项目及基本要求,包括可靠性设计、可靠性试验、生产过程的质量保证、售后服务和管理等内容,以确保汽车产品达到预期的可靠性要求。

制定汽车可靠性管理大纲,既应体现本企业的特色,针对本企业产品的质量、技术特点和工作情况,又要借鉴国内外先进技术和经验,围绕汽车可靠性这个核心,拟定出可行的、科学的管理大纲。这个管理大纲是本企业技术工作和管理工作经验长期积累的结晶。企业各部门应当不断地总结可靠性工作方面的经验和教训,把行之有效的技术、方法和管理经验总结起来,形成本单位规范性文件和标准,从而指导全企业的一切可靠性活动。

二、可靠性管理的目标与方针

制定可靠性方针与目标的依据是:用户(或合同)要求;市场需求与市场调研结果;用户信息反馈资料;汽车同行的可靠性水平;现有同类车型的可靠性资料;国家规定的技术标准与法规;本单位的资金、技术、设备和引进技术的可能性;上级公司或股东对本单位的各项要求或制约因素。

可靠性管理的总目标是:设计时有可靠性设计目标,制造时保证可靠性的实现,使用时维持可靠性水平。

可靠性工作方针是各部门共同遵循的原则,应围绕着提高可靠性水平而开展工作。应杜绝致命故障,防止严重故障,延长保修周期,降低索赔,降低故障率,减少维修,延长预防性维修周期,改善维修性,降低维修时间与费用,不断提高平均故障间隔里程和平均首次故障里程,减少易损件数量,提高大修里程,合理确定车辆报废周期,以社会效益和市场竞争能力为主,在确保可靠性目标的前提下降低生产成本。

三、可靠性管理的职责和工作方法

可靠性管理的对象是在研制、生产和使用中与可靠性相关的所有活动,但重点是研制阶段的设计与试验活动,其职责是计划、组织、监督、控制和指导,具体工作方法是:

(1)计划。开展可靠性管理,首先要分析确定目标,选择达到可靠性要求必须进行的一组可靠性工作,制定每项工作实施要求,估计完成这些工作所需的资源。

(2)组织。制定可靠性工作的总负责人和建立管理机构,确定专职与兼职可靠性工作人员及其任务分工,职责,对各类人员进行培训。

(3)监督。利用报告、检查、评审、鉴定和认证等活动,及时取得信息,以监督各项工作的进展情况。

(4)控制和指导。通过制定和建立各种标准、规范和程序,指导和控制各项可靠性工作的开展。

四、可靠性管理的组织机构

可靠性受到设计、开发、生产质量控制、供应商控制和维护修理等的影响,因此需要相应的组织机构对这些工作进行控制,协调相关工作并分配适当的资源,以达到产品的可靠性要求。

1. 汽车可靠性管理的组织机构

目前,汽车行业比较流行的有两种可靠性组织机构,一种是基于质量的可靠性组织机构,另一种是基于工程的可靠性组织机构。

图 8-1 为基于质量的可靠性组织机构示意图。在该组织机构中,质量经理对可靠性负责,这种组织机构形式在欧洲比较普遍。质量经理负责产品可靠性的所有工作,他要控制设计、生产质量以及维护修理等。可靠性工程人员主要与设计人员联系,质量控制人员主要是关心生产。在可靠性工程和质量控制之间有密切的合作,它们之间还有一些共同工作,如公用的失效数据收集和分析系统,用于收集和分析开发、生产和使用过程中的失效数据。收集和分析相关数据后,质量保证部门向有关部门提供反馈信息。

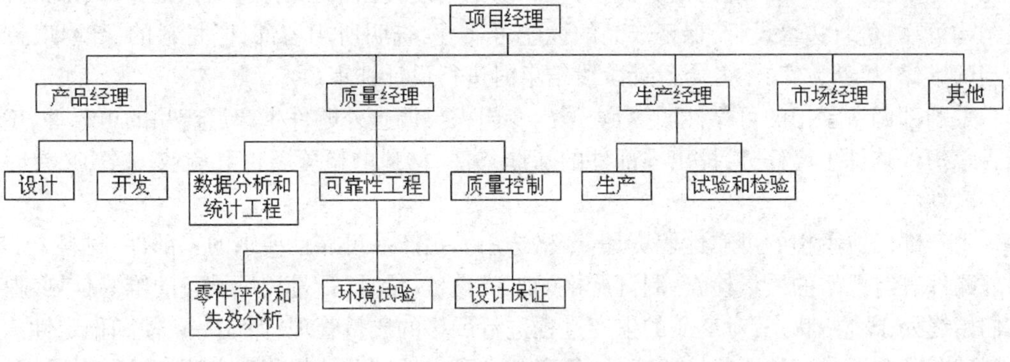

图 8-1　基于质量的可靠性管理组织机构示意图

图 8-2 为基于工程的可靠性组织机构示意图。在该组织机构中,产品经理对可靠性负责,这种组织机构形式在美国比较普遍。质量经理只负责控制生产质量,可直接向产品经理或生产经理报告。

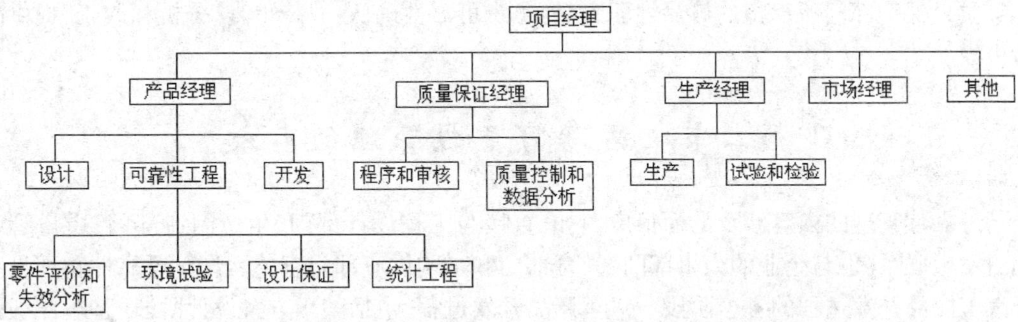

图 8-2　基于工程的可靠性管理组织机构示意图

基于质量的可靠性组织机构的优点是能使一些在设计、开发和生产过程中相同的任务结合起来,提高了效率,例如,相同的失效数据收集和分析系统、相同的试验设备和试验方法等。基于工程的可靠性组织机构对于严重依赖设计革新的产品来说是比较优越的,因为设计保证对这类产品的可靠性影响往往很大,但是在该机构中,可靠性的责任被分散到设计开发、生产和质量控制等部门,这给可靠性工作带来了一定的协调难度。

2. 汽车可靠性组织机构的责任

对于可靠性系统的负责人,也就是可靠性组织机构的最高领导,一般是由总工程师来担任,也可以设专职副总工程师。对于产品可靠性的负责人,一般由技术负责人来担当。

可靠性组织的领导机构主要负责:制订可靠性工作的方针、计划、组织和规章制度;发布标准规范;检查、督促可靠性工作的进展情况;协调整个系统的可靠性工作(包括协作单位在内);组织可靠性工作的教育和情报交流;指导所属部门的可靠性工作。

可靠性的执行机构是设计、采购、生产、试验、市场、质量保证等相关部门,每个部门都有相应的职责,具体如下。

设计部门所承担的可靠性职责是:根据所要求的可靠性指标确定环境条件(如力、应力、电压功率、温度、腐蚀等);制定本系统的可靠性任务书;确定对所用零部件、材料、工艺的可靠性要求;进行可靠性分配和预测;进行故障树分析和故障模式、效应及致命度分析;寻找产品的薄弱环节,在设计上采取措施,以提高薄弱环节的可靠性;对产品的零件、部件进行应力—强度分析,采取相应的措施;对材料和加工精度提出恰当的要求,保证零件、部件和产品结构可靠;进行边缘设计,保证产品的性能可靠性;查明所用零部件、材料的保险期,制订恰当的维修、更新方案;在各个设计阶段结束时进行设计评审。

采购部门所承担的可靠性职责是:派出专门人员调查外购件生产厂产品的可靠性,确定能否承担外购件生产任务;提出零部件的筛选条件、材料的检验条件和验收方案;必要时监督外购件的生产。

生产部门所承担的可靠性职责是:严格选用满足产品可靠性要求的零部件、材料、工艺;对外购件进行严格的质量检查;制订严格的工装设备、量具、计量测试设备的维修计划,保证它们始终处于合格状态;对产品的生产过程进行严格的质量管理,保证一致性和稳定性。

试验部门所承担的可靠性职责是:负责制定可靠性试验的规范和方法;验证模拟试验与实际使用状态之间的当量关系;对产品及其零部件进行可靠性试验并出具试验报告;必要时开发非标准的可靠性试验设备。

市场部门所承担的可靠性职责是:提供产品使用条件;尽力为用户维修好产品;有合理的备件;对现场故障进行收集、整理和分析,并提供给有关部门。

质量保证部门所承担的可靠性职责是:负责可靠性确认;故障审查、分析和改正,提供故障报告。

第二节　汽车可靠性管理的内容

可靠性管理的内容涉及的面很广,它既直接与工程设计部门、生产制造部门、质量管理部门发生联系,也与企业的人事部门、教育部门和采购供应部门有关。汽车可靠性管理贯穿于汽车产品开发过程的各个阶段。汽车产品开发过程,包括整车方案设计阶段、整车详细设计阶段、产品试制与试验阶段、生产及使用阶段等。

一、整车方案设计阶段

在整车方案设计阶段,要明确所开发整车的规格和可靠性要求、目标,提出产品和过程的设想。为此,要进行市场调查、研究工作,要对竞争产品的质量和可靠性进行分析、研究,收集、分析本企业已有产品的维护和修理记录,了解有关的政府法规和要求,了解本企业的产品计划和营销策略。

对已有信息进行分析,确定本企业产品的可靠性要求和相应指标。

在确定产品可靠性指标的具体数值时,要进行市场调查分析,了解国际国内同档车型的可靠性水平;要进行可靠性评估,了解当前车型的可靠性水平;考虑维护修理成本;也可以让顾客在确定产品可靠性要求时发挥作用。在制定可靠性指标时,还应考虑指标的阶段性。不同阶段可靠性水平要求是不尽相同的。例如,对于新研制的车型,设计定型时MTBF定为2 万 km,上市时 MTBF 定为2. 5 万 km,上市 1 年时 MTBF 定为3 万 km,上市 3 年时 MTBF 定为4 万 km 等。制定了可靠性指标后,就应根据目标制定可靠性增长计划。

可靠性指标的验证最好分阶段进行,概念、设计阶段采用计算验证的方法,试验和生产阶段采用试验验证的方法,市场销售阶段采用使用验证的方法。

对调查、研究得到的资料进行分析,包括产品功能、性能、成本、时间以及可靠性等在内的综合分析,综合分析的结果一般是提出两个以上的产品方案,在方案中包含对产品和过程的设想。

本阶段所有工作的总结是整车可靠性研制任务书,该任务书包含但不限于以下内容:

(1)整车项目要求概述。

(2)整车的使用和环境条件。

(3)整车可靠性要求和指标。

(4)整车产品和过程设想,包含产品应该具有的特性、解构、材料和制造过程等。

(5)对设想的产品和过程进行 FMEA 的结果。

(6)项目风险评定,包括拟采用的新技术、新结构、新设计、新材料、新工艺、预期的使用和环境条件等。

二、整车详细设计阶段

产品可靠性这一内在的质量指标是在产品的设计阶段形成的,因此在整车详细设计阶段就必须充分考虑可靠性。

在产品设计中,应明确可靠性设计的基本要求,将可靠性要求与其他技术要求通盘考虑。所谓技术要求:诸如汽车性能、汽车结构、汽车质量、载运能力、环保要求、安全要求、几何尺寸、运行环境等因素,综合权衡效益与开发投产周期,从而形成合理的设计方案,提高汽车的固有可靠性。

在设计过程中,应该充分考虑产品的制造、使用环境条件,应尽可能采用经过实际考验、技术成熟的结构。在满足性能、质量、成本要求的前提下,尽可能采用可靠、耐用、维修性好的传统结构;采用新结构时,必须有充分的试验数据证明其符合可靠性要求。

在设计中要确定关键项目(所谓关键项目,是指对可靠性有明显影响的项目或具有较大不确定性的项目),列出系统、子系统、部件的关键项目明细表,并在图纸和技术文件(设计说明书)上加上特殊的标记。对安全性、可靠性、耐久性有重要影响的零部件和关键项目,在设计阶段采取必要的措施(安全系数、降额使用、冗余设计、极限试验等),确保可靠性。系统设计中要确保连接零件的可靠性。

在设计阶段,进行汽车整车、系统、总成的可靠性分配,是个十分重要的环节,应当有明确的规范。首先,必须建立可靠性模型,即子系统的划分与可靠性框图;然后,将系统的各项可靠度指标分解到各个子系统、部件中去。可靠性分配过程是一个共同研究与协调的过程,确定的可靠性分配方案,连同设计任务书一起下达到各个子系统的设计部门(总布置设计也是其中一个部门)。在可靠度分配中应考虑以下因素:

(1)各个子系统的重要性(或重要度)。

(2)现有同类车(老车型)各个子系统的可靠性资料、试验数据以及结构、强度方面的设计资料。

(3)解决可靠性问题的难易程度(技术、费用、周期等因素)。

在结构设计中,应同时进行维修性设计,在统一的维修方针下确定维修方案,以保证维修的接近性、互换性、通用性、安全性;在制定各零部件及整车或总成的可靠性设计规范时,进行应力强度计算分析和寿命估算;设计还应充分考虑各种使用环境(温度、湿度、腐蚀、日照、高原、盐雾等)的影响。

在可靠性设计中,采用设计失效模式及后果分析、故障树分析等分析技术,及时识别出设计的薄弱环节及其可能引起的后果,尽可能采取适当的设计或试验措施预防它们的出现;还应充分考虑各种人为因素影响可靠性水平,诸如防止误操作造成故障的可能、防止误装和漏装、便于检测故障等。

为保证产品设计可靠性,将可能发现的问题解决在产品开发阶段,发挥设计、试验、工艺、使用、可靠性专业人员的聪明与才智,总结历史经验,必须在设计工作的各个阶段,组织设计评审工作。故障模式及危害度分析和审定是可靠性工作计划的重要组成部分,应由主管设计的负责人主持,试验人员应提供下列资料:

(1)《可靠性设计的计算、分析报告》。

(2)《关键项目及易发生故障的项目的故障模式及危害度分析报告》。

(3)《维修性分析报告》。

(4)为满足可靠性设计要求的相关资料、手册。

经过故障模式及危害度分析和审定,设计人员应根据设计评审的结果进行设计的修改,修改后的设计,需要重新审定后才能认可。

三、产品试制与试验阶段

在产品试制阶段,新产品试制工作应按照设计图纸与技术条件要求进行。试制产品需制定严格的检验制度并付诸实施。检验包括以下内容:

(1)材料的物理性能。包括强度、硬度、塑韧性、抗磨性能、抗腐蚀性能、抗疲劳性能,对特殊环境工作的部件还需作高温或低温性能试验。

(2)化学性能。化验材料的基本元素和添加的微量合金元素。

(3)金相组织结构。了解材料的金相结构和组成,了解晶粒的大小和夹杂物的分布、形貌和大小,了解晶体有何缺陷(疏松、缩孔、裂纹源等)。

(4)工艺正确性检验。试生产工艺,应同批量生产的工艺一致,不能完全一致时,应以不影响可靠性为原则。

(5)外购件检验。对外单位提供的协作配套件,应当进行各类检验,确保产品达到规定的可靠性指标。

(6)装配调整质量检验。在试制阶段,在装配上缺乏经验和调控数据,往往不能达到预期的要求,必须加强装配质量的检验。

新产品试制结束后,应当会同有关技术人员、现场管理人员、装配人员共同研究,总结试生产阶段的经验与教训,形成批量生产时现场质量管理的有关文件。

对于试制的零部件、总成及整车,原则上都应通过可靠性试验。即使采用可靠性良好的老结构、标准件,也要进行与其变化部分有关的可靠性试验。可靠性试验分为零部件试验、总成试验、整车试验。设计部门应编制总成及零部件试验的项目与计划。

1. 零部件可靠性试验

在整车或总成可靠性试验之前,应进行零部件可靠性试验。对于新设计的主要总成、有重要修改的总成以及对安全有影响的零部件,都必须在整车或总成试验之前进行台架可靠性试验。

2. 整车及其总成的可靠性试验

整车或总成的可靠性试验,应在零部件可靠性试验的基础上进行。主要总成和关键零部件都必须经过可靠性试验,并证明已经达到可靠性设计要求。整车或总成可靠性试验的重点,在于考核系统的可靠性。整车可靠性试验应当包括:试车场可靠性试验、耐久性试验、维修性试验、环境适应性试验、极限条件下可靠性试验。专用车、改装车应根据相应的规范,对改装及相关部分进行全面的考核试验。

对试验中出现的失效现象,试验人员必须认真分析。分析内容包括:失效的模式,失效造成的危害度,失效的原因及机理,在分析的基础上提出解决问题的办法。失效分析的方法包括:人为因素分析、环境因素分析、加工设备分析、材料性能分析、材料成分分析、金相组织分析、断口形貌分析、应力测试分析、应力核算分析、尺寸精度分析、工艺过程分析等。

在失效分析的基础上,应作出书面报告,作为设计人员改进设计的依据。采取措施后的效果也应计入报告,作为技术资料保存。作为产品试验部门,应当定期向主管领导或有关产品(工艺)设计部门提供阶段性的总结报告。

根据试验中暴露的问题,针对分析报告提出的建议,设计人员应进行必要的设计修改。经过修改的设计方案,应当通过有关程序重新评审,在总工程师的牵头下,由设计、工艺、制造以及试验人员共同商讨并会签后方可投入试制、再试验,使问题逐步得到改善,直至最终得到根本解决,使产品达到预期的可靠性目标。

四、生产及使用阶段

在工艺设计与生产准备阶段,必须同步考虑产品可靠性问题,这一阶段的主要工作任务应当围绕以下问题:

(1)检查产品是否符合图纸和技术要求。

(2)进行机械能力和工序能力分析,检查生产工序是否稳定。

(3)检查质量检验的设施、设备是否满足可靠性工作要求。

(4)对关键项目(关键零部件、易发生问题的工序等)进行工艺过程的故障模式和危害度分析。

(5)生产准备以及工艺设计,能否满足产品质量要求。

(6)进行工艺方面的可靠性评审。

在正式投入批量生产之前,必须进行批量试生产及可靠性考核试验,检验在批量生产方式下,产品质量是否满足可靠性要求,对存在的问题,应当切实加以改进。批量试生产中的可靠性工作内容主要有:

(1)建立生产过程的质量保证体系,在试生产过程中严格实施。

(2)建立外购件的质量保证体系,按抽样试验规定进行外购件的严格检验。

(3)进行零部件和整车的可靠性试验。

(4)进行典型工况的用户使用试验。

(5)开展售后服务工作,筹建配件供应商网点和维修网点,开展维修服务和技术培训。

对试验和用户使用中发现的问题,应及时反馈信息,进行失效分析,以确定失效发生的原因。有关部门应拟定切实有效的方案,通过技术或管理手段予以解决,然后采用改进方案,再次进行试生产和试验,直到最终解决问题。

确认批量生产情况下,产品质量是否达到可靠性要求,必须进行鉴定。生产鉴定的内容包括:批量试生产产品的试验报告,审查产品可靠性是否达到规定要求;在批量试生产中发现的问题、解决的措施及其效果;生产过程的质量保证体系及其运行情况;外购件质量保证体系及其运行情况。只有通过生产鉴定的产品,才能转入正式批量生产与销售。

正式投产前,必须建立严格的质量保证体系,以控制本单位的生产过程,保证外购件的质量。质量管理部门应制定相应的文件,明确产品进行定期抽检和可靠性试验的规范,确保各项规定得到有效实施。

销售与售后服务是保证使用可靠性的重要环节。必须制定必要的技术规范、管理制度、工作项目与计划,建立相应的组织机构予以实施。其主要工作内容包括:保证产品入库、储存、包装、发运的可靠性,确保产品安全、完整、可靠地到达用户手中;编制简明准确的使用、维修手册,方便用户维护与正确使用;开展用户与维修人员的技术培训;建立维修备件及易损件的供应网点,保证及时供应符合质量要求的备件;建立维修服务网点,实行强制保养服务制度,收集和反馈用户信息。

五、可靠性信息系统管理

在开发、生产、使用过程中获得的各种可靠性信息是十分珍贵的,应注意收集、整理和分析,作为技术积累进行保存,为将来开发新产品提供参考,也为产品改进提供依据。

对于可靠性信息可采用以下方法进行收集:

(1)统计分析。对失效进行分类;随地区不同的变化趋势;随时间的变化趋势;随品种的变化趋势;维修困难的品种等。

(2)实物回收与失效分析。对回收零件的失效分析;为追究原因的再现试验结果;失效分析与原因说明;制订方案对策等。

(3)现场调查。了解作业情况;听取当事人的意见;参加作业;根据情况试行对策方案;确认对策效果等。

在收集到的可靠性数据中,应注意以下信息的统计分析:

(1)子系统以上的可靠性信息。例如 MTBF、MTTFF、有效度、不同品种的失效率、不同位置的失效率、按照不同失效原因的分类等。

(2)零部件的可靠性信息。例如不同零部件的失效率、零件的失效模式、更换率高的零件的失效分类;寿命数据的威布尔分析结果等。

为提高汽车的可靠性,有效利用各种可靠性信息,一般采用故障信息闭环控制系统FRACAS,也称为“故障报告、分析及纠正措施系统”FRACAS(Failure Reporting,Analysis and Corrective Action Systems)。如图8-3所示,FRACAS是利用“信息反馈,闭环控制”的原理,通过一套规范化的程序,使发生的产品故障能得到及时的报告和纠正,从而实现产品可靠性的增长,达到对产品可靠性和维修性的预期要求,防止故障再现。

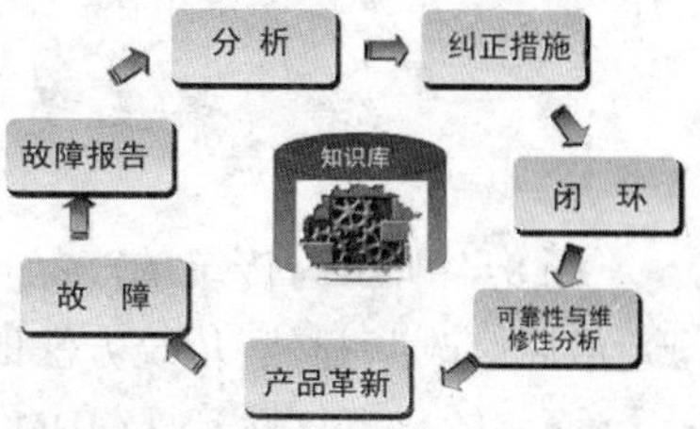

图8-3 FRACAS系统示意图

FRACAS是一种工作系统,也是一种信息系统。在建立FRACAS系统时,首先要建立FRACAS管理机构,以保证FRACAS各个流程顺利进行,直到闭环;其次要有相应的FRACAS管理规范,保证FRACAS能够按科学化、规范化、制度化的方法对故障信息进行闭环管理;另外还需要建立FRACAS软件平台,通过FRACAS管理软件管理FRACAS在各个流程中产生的各项信息,保证数据的完整性和可利用性,提高FRACAS的运行效率。

利用FRACAS系统,可及时有效地处理重大故障和频发故障,避免过去发生的故障不再重现,进行产品现场表现的可靠性评估,动态确定可靠性关键件和重要件,提供可靠性关键件和重要件的可靠性设计准则,辅助制定可靠性增长计划,辅助制定故障模式手册,最终建立企业的质量可靠性经验。

在我国诸多行业和部门的可靠性实施大纲中,也明确提出了实施“3F”(FMEA、FTA和FRACAS)的必要性和实施FRACAS的重要性。FRACAS的实施主要按以下6个步骤进行。

(1)进行FRACAS需求分析。由于FRACAS系统涉及项目主管、产品设计、产品质量保证、原材料采购、工艺规划、产品生产、产品测试、可靠性工程、后勤保障、企业管理等各个部门,数据来源也很多,因此,首先要清楚哪些信息应该进入FRACAS系统,这些FRACAS信息与可靠性信息有什么关系、与质量信息有什么关系;其次要知道FRACAS的角色,数据录入者、可靠性分析者、技术领导分别是谁;最后还要确定FRACAS的流程以及监控和报警原则。

(2)建立FRACAS规则。成立故障纠正措施委员会,最好设置专职人员,根据需求分析结果建立FRACAS规则,包括角色的划分、权限的限定、流程的定义(故障现象报告、故障分析报告、纠正措施报告、闭环报告)等内容,制定的这些规则要以合同的形式约束特约维修站和分供方等。

(3)引进(开发)和配置FRACAS软件。企业应根据自身需要和产品特点,引进适合的FRACAS软件,有实力的可自己开发FRACAS软件,有了FRACAS软件后就可以按照已定义好的规则配置FRACAS软件。

(4)FRACAS实施。按照预定的规则,分配责任,实施FRACAS,一定要结合FRACAS软件进行。

(5)故障信息监控。故障信息监控系统要区分哪些问题需要闭环处理,如重大问题和频发问题;需要闭环处理的问题如何报警;需要闭环处理的问题由谁处理,分析者、执行者、确认者分别是谁;问题处理紧迫性如何确定等。

(6)故障信息的再利用。利用现有的故障信息,进行产品可靠性评估和维修性评估,制定相应的可靠性设计准则、故障模式手册、备件策略等。故障信息利用的原则是:既要有效利用，又要安全保障。

第三节　一体化汽车可靠性管理

图8-4所示为传统的产品可靠性管理过程，它的基本思路是"先设计，再制造，然后试验，最后修改"，显然，传统方法既浪费时间，又不经济。

而一体化可靠性管理（IDM，Integrated Durability Management）则通过仿真分析，在虚拟的还未制造出来的零部件或总成上进行可靠性预测和优化计算。一体化可靠性管理的过程如图8-5所示，这种方法所需的时间很短，花费也低。如果优化方案恰当，可能只需制造一个虚拟样机，进行一次验证试验，就可以通过设计方案，获得理想的效果。

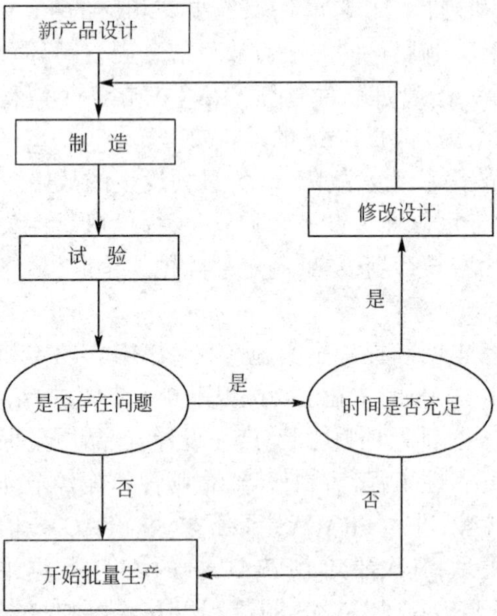

图8-4　传统的产品可靠性管理过程

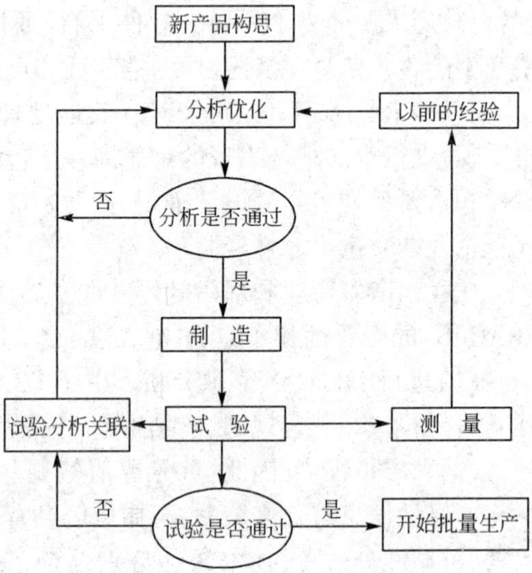

图8-5　一体化可靠性管理过程

一体化可靠性管理将汽车工程中分析、测量和试验3个基本领域连接在一起，它的主要特点如下：

（1）以寿命为设计目标。

（2）全方位调查用户用途及使用环境。

（3）在设计阶段应用疲劳理论进行寿命分析，优化设计。

（4）试验只对"好"的设计进行。

（5）用试验关联验证理论，用理论指导试验，两者相互配合。

（6）各部门相互配合。

（7）提高产品质量，缩短开发周期，降低开发成本等。

在可靠性一体化管理中，运用到试验关联技术。根据疲劳理论，疲劳损伤主要是由循环载荷引起的。如果汽车的输入载荷相同，那么引起的疲劳损伤在理论上也应该一样。根据这一原理，如果已知用户在实际使用环境中汽车所受的载荷输入，那么可以在试车场里按一定的比例混合各种路面及各种工况，重现这一载荷输入。这一载荷重现通常可能在较短的时间里完成,因此可以达到加速试验的目的,这就是试验关联技术。

一般认为,如果要在产品开发中采用一体化可靠性管理,就需要购买必要的硬件和软件,并培训人员熟悉 IDM 过程,这样会导致前期资金投入的增加。但是,对于整个产品开发周期来说,使用 IDM 方法不仅会减少开发周期,而且会提高产品的质量。

为了实现更快、更经济、更好的一体化可靠性管理,需要有一体化多学科的工作集体,又为所有涉及可靠性的各个部门配用一体化软件工具;在整个企业内有一个一体化的数据交换网络;在企业及其供应商等机构之间有一个一体化的数据交换渠道。

复习思考题

1. 汽车可靠性管理和质量管理有什么关系?
2. 汽车可靠性管理的目标是什么?
3. 可靠性管理的组织机构有哪几种?
4. 可靠性管理的主要内容有哪些?
5. 如何确定汽车可靠性指标?
6. 什么是 FRACAS 系统? 如何实施 FRACAS 系统?
7. 相对传统可靠性管理而言,一体化可靠性管理有哪些特点?
8. 试说明试验关联技术的基本原理。

附录

附录1 泊松分布表

$$1-F(x-1)=\sum_{\gamma=x}^{\gamma=\infty}\frac{e^{-\lambda}\lambda^{\gamma}}{\gamma!}$$

x	$\lambda=0.2$	$\lambda=0.3$	$\lambda=0.4$	$\lambda=0.5$	$\lambda=0.6$
0	1.000 000 0	1.000 000 0	1.000 000 0	1.000 000 0	1.000 000 0
1	0.181 269 2	0.259 181 8	0.329 680 0	0.393 469	0.451 188
2	0.017 523 1	0.036 936 3	0.061 551 9	0.090 204	0.121 901
3	0.001 148 5	0.003 599 5	0.007 926 3	0.014 388	0.023 115
4	0.000 056 8	0.000 265 8	0.000 776 3	0.001 752	0.003 358
5	0.000 002 3	0.000 015 8	0.000 061 2	0.000 172	0.000 394
6	0.000 000 1	0.000 000 8	0.000 004 0	0.000 014	0.000 039
7			0.000 000 2	0.000 001	0.000 003

x	$\lambda=0.7$	$\lambda=0.8$	$\lambda=0.9$	$\lambda=1.0$	$\lambda=1.2$
0	1.000 000 0	1.000 000 0	1.000 000 0	1.000 000 0	1.000 000 0
1	0.503 415	0.550 671	0.593 430	0.632 121	0.698 806
2	0.155 805	0.191 208	0.227 518	0.264 241	0.337 373
3	0.034 142	0.047 423	0.062 857	0.080 801	0.120 513
4	0.005 753	0.009 080	0.013 459	0.018 988	0.033 769
5	0.000 786	0.001 411	0.002 344	0.003 660	0.007 746
6	0.000 090	0.000 184	0.000 343	0.000 594	0.001 500
7	0.000 009	0.000 021	0.000 043	0.000 083	0.000 251
8	0.000 001	0.000 002	0.000 005	0.000 010	0.000 037
9				0.000 001	0.000 005
10					0.000 001

x	$\lambda=1.4$	$\lambda=1.6$	$\lambda=1.8$		
	1.000 000	1.000 000	1.000 000		
1	0.753 403	0.798 103	0.834 701		
2	0.408 167	0.475 069	0.537 163		
3	0.166 502	0.216 642	0.269 379		
4	0.053 725	0.078 813	0.108 708		
5	0.014 253	0.023 682	0.036 407		
6	0.003 201	0.006 040	0.010 378		
7	0.000 622	0.001 336	0.002 569		
8	0.000 107	0.000 260	0.000 562		
9	0.000 016	0.000 045	0.000 110		
10	0.000 002	0.000 007	0.000 019		
11		0.000 001	0.000 003		

$$1-F(x-1)=\sum_{\gamma=x}^{\gamma=\infty}\frac{e^{-\lambda}\lambda^{\gamma}}{\gamma!}$$

续上表

x	λ=2.5	λ=3.0	λ=3.5	λ=4.0	λ=4.5	λ=5.0
0	1.000 000	1.000 000	1.000 000	1.000 000	1.000 000	1.000 000
1	0.917 915	0.950 213	0.969 803	0.981 684	0.988 891	0.993 262
2	0.712 703	0.800 852	0.864 112	0.908 422	0.938 901	0.959 572
3	0.456 187	0.576 810	0.679 153	0.761 897	0.826 422	0.875 348
4	0.242 424	0.352 768	0.463 367	0.566 530	0.657 704	0.734 974
5	0.108 822	0.184 737	0.274 555	0.371 163	0.467 896	0.559 507
6	0.042 021	0.083 918	0.142 386	0.214 870	0.297 070	0.384 039
7	0.014 187	0.033 509	0.065 288	0.110 674	0.168 949	0.237 817
8	0.004 247	0.011 905	0.026 739	0.051 134	0.086 586	0.133 372
9	0.001 140	0.003 803	0.009 874	0.021 363	0.040 257	0.068 094
10	0.000 277	0.001 102	0.003 315	0.008 132	0.017 093	0.031 828
11	0.000 062	0.000 292	0.001 019	0.002 840	0.006 669	0.013 695
12	0.000 013	0.000 071	0.000 289	0.000 915	0.002 404	0.005 453
13	0.000 002	0.000 016	0.000 076	0.000 274	0.000 805	0.002 019
14		0.000 003	0.000 019	0.000 076	0.000 252	0.000 698
15		0.000 001	0.000 004	0.000 020	0.000 074	0.000 226
16			0.000 001	0.000 005	0.000 020	0.000 069
17				0.000 001	0.000 005	0.000 020
18					0.000 001	0.000 005
19						0.000 001

附录 2　标准正态分布表

$$\Phi(z)=\int_{-\infty}^{z}\frac{1}{\sqrt{2\pi}}e^{-z^2/2}\mathrm{d}Z=P\{Z\leqslant z\}$$

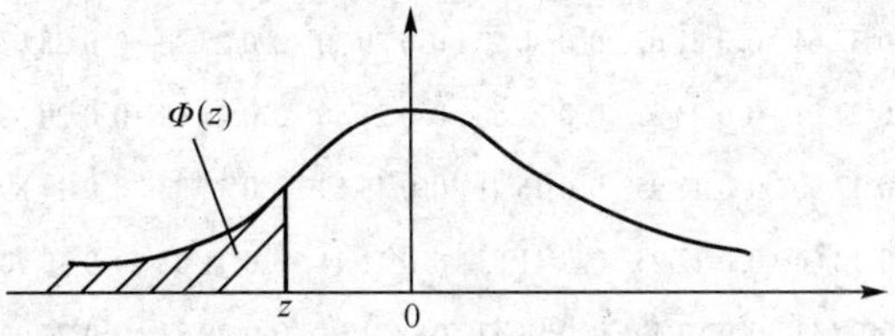

z	0.00	0.01	0.02	0.03	0.04	0.05	0.06	0.07	0.08	0.09	z
−0.0	0.500 0	0.496 0	0.492 0	0.488 0	0.484 0	0.480 1	0.476 1	0.472 1	0.468 1	0.464 1	−0.0
−0.1	0.460 2	0.456 2	0.452 2	0.448 3	0.444 3	0.440 4	0.436 4	0.432 5	0.428 6	0.424 7	−0.1
−0.2	0.420 7	0.416 8	0.412 9	0.409 0	0.405 2	0.401 3	0.397 4	0.393 6	0.389 7	0.385 9	−0.2

续上表

z	0.00	0.01	0.02	0.03	0.04	0.05	0.06	0.07	0.08	0.09	z
-0.3	0.382 1	0.378 3	0.374 5	0.370 7	0.366 9	0.363 2	0.359 4	0.355 7	0.352 0	0.348 3	-0.3
-0.4	-0.344 6	0.340 9	0.337 2	0.333 6	0.330 0	0.326 4	0.322 8	0.319 2	0.315 6	0.312 1	0.4
-0.5	0.308 5	0.305 0	0.301 5	0.298 1	0.294 6	0.291 2	0.287 7	0.284 3	0.281 0	0.277 6	-0.5
-0.6	0.274 3	0.270 9	0.267 6	0.264 3	0.261 1	0.257 8	0.254 6	0.251 4	0.248 3	0.245 1	-0.6
-0.7	0.242 0	0.238 9	0.235 8	0.232 7	0.229 7	0.226 6	0.223 6	0.220 6	0.217 7	0.214 8	-0.7
-0.8	0.211 9	0.209 0	0.206 1	0.203 3	0.200 5	0.197 7	0.194 9	0.192 2	0.189 4	0.186 7	-0.8
-0.9	0.184 1	0.181 4	0.178 8	0.176 2	0.173 6	0.171 1	0.168 5	0.166 0	0.163 5	0.161 1	-0.9
-1.0	0.158 7	0.156 2	0.153 9	0.151 5	0.149 2	0.146 9	0.144 6	0.142 3	0.140 1	0.137 9	-1.0
-1.1	0.135 7	0.133 5	0.131 4	0.129 2	0.127 1	0.125 1	0.123 0	0.121 0	0.119 0	0.117 0	-1.1
-1.2	0.115 1	0.113 1	0.111 2	0.109 3	0.107 5	0.105 6	0.103 8	0.102 0	0.100 3	0.098 53	-1.2
-1.3	0.096 80	0.095 10	0.093 42	0.091 76	0.090 12	0.038 51	0.086 91	0.085 34	0.083 79	0.082 26	-1.3
-1.4	0.080 76	0.079 27	0.077 80	0.076 36	0.074 93	0.073 53	0.072 15	0.070 78	0.069 44	0.068 11	-1.4
-1.5	0.066 81	0.065 52	0.064 26	0.063 01	0.061 78	0.060 57	0.059 38	0.058 21	0.057 05	0.055 92	-1.5
-1.6	0.054 80	0.053 70	0.052 62	0.051 55	0.050 50	0.049 47	0.048 46	0.047 46	0.046 48	0.044 51	-1.6
-1.7	0.044 57	0.043 63	0.042 72	0.041 82	0.040 93	0.040 06	0.039 20	0.038 36	0.037 54	0.036 73	-1.7
-1.8	0.035 93	0.035 15	0.034 38	0.033 62	0.032 88	0.032 16	0.031 44	0.030 74	0.030 05	0.029 38	-1.8
-1.9	0.028 72	0.028 07	0.027 43	0.026 80	0.026 19	0.025 59	0.025 00	0.024 42	0.023 85	0.023 30	-1.9
-2.0	0.022 75	0.022 22	0.021 69	0.021 18	0.020 68	0.020 18	0.019 70	0.019 23	0.018 76	0.018 31	-2.0
-2.1	0.017 86	0.017 43	0.017 00	0.016 59	0.016 18	0.015 78	0.015 39	0.015 00	0.014 63	0.014 26	-2.1
-2.2	0.013 90	0.013 55	0.013 21	0.012 87	0.012 55	0.012 22	0.011 91	0.011 60	0.011 30	0.011 01	-2.2
-2.3	0.010 72	0.010 44	0.010 17	0.0^{2}99 03	0.0^{2}96 42	0.0^{2}93 87	0.0^{2}91 37	0.0^{2}88 94	0.0^{2}86 56	0.0^{2}84 24	-2.3
-2.4	0.0^{2}81 98	0.0^{2}79 76	0.0^{2}77 60	0.0^{2}75 49	0.0^{2}73 44	0.0^{2}71 43	0.0^{2}69 47	0.0^{2}67 56	0.0^{2}65 69	0.0^{2}63 87	-2.4
-2.5	0.0^{2}62 10	0.0^{2}60 37	0.0^{2}58 68	0.0^{2}5703	0.0^{2}5543	0.0^{2}53 86	0.0^{2}52 34	0.0^{2}50 85	0.0^{2}49 40	0.0^{2}47 99	-2.5
-2.6	0.0^{2}46 61	0.0^{2}45 27	0.0^{2}43 96	0.0^{2}42 69	0.0^{2}41 45	0.0^{2}40 25	0.0^{2}39 07	0.0^{2}37 93	0.0^{2}36 81	0.0^{2}35 73	-2.6
-2.7	0.0^{2}34 67	0.0^{2}33 64	0.0^{2}32 64	0.0^{2}31 67	0.0^{2}30 72	0.0^{2}29 30	0.0^{2}28 90	0.0^{2}28 03	0.0^{2}27 18	0.0^{2}26 35	-2.7
-2.8	0.0^{2}25 55	0.0^{2}24 77	0.0^{2}24 01	0.0^{2}23 27	0.0^{2}22 56	0.0^{2}21 86	0.0^{2}21 18	0.0^{2}20 52	0.0^{2}19 38	0.0^{2}19 26	-2.8
-2.9	0.0^{2}18 66	0.0^{2}18 07	0.0^{2}17 50	0.0^{2}16 95	0.0^{2}16 41	0.0^{2}15 89	0.0^{2}15 38	0.0^{2}14 89	0.0^{2}14 41	0.0^{2}13 95	-2.9
-3.0	0.0^{2}13 50	0.0^{2}13 06	0.0^{2}12 64	0.0^{2}12 23	0.0^{2}11 83	0.0^{2}11 44	0.0^{2}11 07	0.0^{2}10 70	0.0^{2}10 35	0.0^{2}10 01	-3.0
-3.1	0.0^{3}96 76	0.0^{3}93 54	0.0^{3}90 43	0.0^{3}87 40	0.0^{3}84 47	0.0^{3}81 64	0.0^{3}78 88	0.0^{3}76 22	0.0^{3}73 64	0.0^{3}71 14	-3.1
-3.2	0.0^{3}68 71	0.0^{3}66 37	0.0^{3}64 10	0.0^{3}61 90	0.0^{3}59 76	0.0^{3}57 70	0.0^{3}55 71	0.0^{3}53 77	0.0^{3}51 90	0.0^{3}50 09	-3.2
-3.3	0.0^{3}48 34	0.0^{3}46 65	0.0^{3}45 01	0.0^{3}43 42	0.0^{3}41 89	0.0^{3}40 41	0.0^{3}38 97	0.0^{3}37 58	0.0^{3}36 24	0.0^{3}34 95	-3.3
-3.4	0.0^{3}33 69	0.0^{3}32 48	0.0^{3}31 31	0.0^{3}30 18	0.0^{3}29 09	0.0^{3}28 03	0.0^{3}27 01	0.0^{3}26 02	0.0^{3}25 07	0.0^{3}24 15	-3.4

z	0.00	0.01	0.02	0.03	0.04	0.05	0.06	0.07	0.08	0.09	z
-3.5	0.0^{3}23 26	0.0^{3}22 41	0.0^{3}21 58	0.0^{3}20 78	0.0^{3}20 01	0.0^{3}19 26	0.0^{3}18 54	0.0^{3}17 85	0.0^{3}17 18	0.0^{3}16 53	-3.5
-3.6	0.0^{3}15 91	0.0^{3}15 31	0.0^{3}14 73	0.0^{3}14 17	0.0^{3}13 63	0.0^{3}13 11	0.0^{3}12 61	0.0^{3}12 13	0.0^{3}11 66	0.0^{3}11 21	-3.6
-3.7	0.0^{3}10 78	0.0^{3}10 36	0.0^{4}99 61	0.0^{4}95 74	0.0^{4}92 01	0.0^{4}38 42	0.0^{4}84 96	0.0^{4}81 62	0.0^{4}78 41	0.0^{4}75 32	-3.7
-3.8	0.0^{4}72 35	0.0^{4}69 48	0.0^{4}66 73	0.0^{4}64 07	0.0^{4}61 52	0.0^{4}59 06	0.0^{4}56 69	0.0^{4}54 42	0.0^{4}52 23	0.0^{4}50 12	-3.8
-3.9	0.0^{4}48 10	0.0^{4}46 15	0.0^{4}44 27	0.0^{4}42 47	0.0^{4}40 74	0.0^{4}39 08	0.0^{4}37 47	0.0^{4}35 94	0.0^{4}34 46	0.0^{4}33 04	-3.9
-4.0	0.0^{4}31 67	0.0^{4}30 36	0.0^{4}29 10	0.0^{4}27 89	0.0^{4}26 73	0.0^{4}25 61	0.0^{4}24 54	0.0^{4}23 51	0.0^{4}22 52	0.0^{4}21 57	-4.0
-4.1	0.0^{4}20 66	0.0^{4}19 78	0.0^{4}18 94	0.0^{4}18 14	0.0^{4}17 37	0.0^{4}16 62	0.0^{4}15 91	0.0^{4}15 23	0.0^{4}14 58	0.0^{4}13 95	-4.1
-4.2	0.0^{4}13 35	0.0^{4}12 77	0.0^{4}12 22	0.0^{4}11 68	0.0^{4}11 18	0.0^{4}10 69	0.0^{4}10 22	0.0^{5}97 74	0.0^{5}93 45	0.0^{5}89 34	-4.2
-4.3	0.0^{5}85 40	0.0^{5}81 63	0.0^{5}78 01	0.0^{5}74 55	0.0^{5}71 24	0.0^{5}68 07	0.0^{5}65 03	0.0^{5}62 12	0.0^{5}59 34	0.0^{5}56 68	-4.3
-4.4	0.0^{5}54 13	0.0^{5}51 69	0.0^{5}49 35	0.0^{5}47 12	0.0^{5}44 98	0.0^{5}42 94	0.0^{5}40 98	0.0^{5}39 11	0.0^{5}37 32	0.0^{5}35 61	-4.4
-4.5	0.0^{5}33 98	0.0^{5}32 41	0.0^{5}30 92	0.0^{5}29 49	0.0^{5}28 13	0.0^{5}26 82	0.0^{5}25 58	0.0^{5}24 39	0.0^{5}23 25	0.0^{5}22 16	-4.5
-4.6	0.0^{5}21 12	0.0^{5}20 13	0.0^{5}19 19	0.0^{5}18 28	0.0^{5}17 42	0.0^{5}16 60	0.0^{5}15 81	0.0^{5}15 06	0.0^{5}14 34	0.0^{5}13 66	-4.6
-4.7	0.0^{5}13 01	0.0^{5}12 39	0.0^{5}11 79	0.0^{5}11 23	0.0^{5}10 69	0.0^{5}10 17	0.0^{6}96 80	0.0^{6}92 11	0.0^{6}87 65	0.0^{6}83 39	-4.7
-4.8	0.0^{6}79 33	0.0^{6}75 47	0.0^{6}71 78	0.0^{6}68 27	0.0^{6}64 92	0.0^{6}61 73	0.0^{6}58 69	0.0^{6}55 80	0.0^{6}53 04	0.0^{6}50 42	-4.8
-4.9	0.0^{6}47 92	0.0^{6}45 54	0.0^{6}43 27	0.0^{6}41 11	0.0^{6}39 06	0.0^{6}37 11	0.0^{6}35 25	0.0^{6}33 48	0.0^{6}31 79	0.0^{6}30 19	-4.9
0.0	0.500 0	0.504 0	0.508 0	0.512 0	0.516 0	0.519 9	0.523 9	0.527 9	0.531 9	0.535 9	0.0
0.1	0.539 8	0.543 8	0.547 8	0.551 7	0.555 7	0.559 6	0.563 6	0.567 5	0.571 4	0.575 3	0.1
0.2	0.579 3	0.583 2	0.587 1	0.591 0	0.594 8	0.598 7	0.602 6	0.606 4	0.610 3	0.614 1	0.2
0.3	0.617 9	0.621 7	0.625 5	0.629 3	0.633 1	0.636 8	0.640 6	0.644 3	0.648 0	0.651 7	0.3
0.4	0.655 4	0.659 1	0.662 8	0.666 4	0.670 0	0.673 6	0.677 2	0.680 8	0.684 4	0.687 9	0.4
0.5	0.691 5	0.695 0	0.698 5	0.701 9	0.705 4	0.708 8	0.712 3	0.715 7	0.719 0	0.722 4	0.5
0.6	0.725 7	0.729 1	0.732 4	0.735 7	0.738 9	0.742 2	0.745 4	0.748 6	0.751 7	0.754 9	0.6
0.7	0.758 0	0.761 1	0.764 2	0.767 3	0.770 3	0.773 4	0.776 4	0.779 4	0.782 3	0.785 2	0.7
0.8	0.788 1	0.791 0	0.793 9	0.796 7	0.799 5	0.802 3	0.825 1	0.807 8	0.810 6	0.813 3	0.8
0.9	0.815 9	0.818 6	0.821 2	0.823 8	0.826 4	0.828 9	0.831 5	0.834 0	0.836 5	0.838 9	0.9
1.0	0.841 3	0.843 8	0.846 1	0.848 5	0.850 8	0.853 1	0.855 4	0.857 7	0.859 9	0.862 1	1.0
1.1	0.864 3	0.866 5	0.868 6	0.870 8	0.872 9	0.874 9	0.877 0	0.879 0	0.881 0	0.883 0	1.1
1.2	0.884 9	0.886 9	0.888 8	0.890 7	0.892 5	0.894 4	0.896 2	0.898 0	0.899 7	0.901 47	1.2
1.3	0.903 20	0.904 90	0.906 58	0.908 24	0.909 88	0.911 49	0.913 09	0.914 66	0.916 21	0.917 74	1.3
1.4	0.919 24	0.920 73	0.922 20	0.923 64	0.925 07	0.926 47	0.927 85	0.929 22	0.930 56	0.931 59	1.4
1.5	0.933 19	0.934 48	0.935 74	0.936 99	0.938 22	0.939 43	0.940 62	0.941 79	0.942 95	0.944 08	1.5
1.6	0.945 20	0.946 30	0.947 38	0.948 45	0.949 50	0.950 53	0.951 54	0.952 54	0.953 52	0.954 49	1.6
1.7	0.955 43	0.956 37	0.957 28	0.958 18	0.959 07	0.959 94	0.960 80	0.961 64	0.962 46	0.963 27	1.7
1.8	0.964 07	0.964 85	0.965 62	0.966 38	0.967 12	0.967 84	0.968 56	0.969 26	0.969 95	0.970 62	1.8
1.9	0.971 28	0.971 93	0.972 57	0.973 20	0.973 81	0.974 41	0.975 00	0.975 58	0.976 15	0.976 70	1.9

z	0.00	0.01	0.02	0.03	0.04	0.05	0.06	0.07	0.08	0.09	z
2.0	0.977 25	0.977 78	0.978 31	0.978 82	0.979 32	0.979 82	0.980 30	0.980 77	0.981 24	0.981 69	2.0
2.1	0.982 14	0.982 57	0.983 00	0.983 41	0.983 82	0.984 22	0.984 61	0.985 00	0.985 37	0.985 74	2.1
2.2	0.986 10	0.986 45	0.986 79	0.987 13	0.987 45	0.987 78	0.988 09	0.988 40	0.988 70	0.988 99	2.2
2.3	0.989 28	0.989 56	0.989 83	0.9^{2}00 97	0.9^{2}03 58	0.9^{2}06 13	0.9^{2}08 63	0.9^{2}11 06	0.9^{2}13 44	0.9^{2}15 76	2.3
2.4	0.9^{2}18 02	0.9^{2}20 24	0.9^{2}22 40	0.9^{2}24 51	0.9^{2}26 56	0.9^{2}28 57	0.9^{2}30 53	0.9^{2}32 44	0.9^{2}34 31	0.9^{2}36 13	2.4
2.5	0.9^{2}37 90	0.9^{2}39 63	0.9^{2}41 32	0.9^{2}42 97	0.9^{2}44 57	0.9^{2}46 14	0.9^{2}47 66	0.9^{2}49 15	0.9^{2}50 60	0.9^{2}52 01	2.5
2.6	0.9^{2}53 39	0.9^{2}54 73	0.9^{2}56 04	0.9^{2}57 31	0.9^{2}58 55	0.9^{2}59 75	0.9^{2}60 93	0.9^{2}62 07	0.9^{2}63 19	0.9^{2}64 27	2.6
2.7	0.9^{2}65 33	0.9^{2}66 36	0.9^{2}67 36	0.9^{2}68 33	0.9^{2}69 28	0.9^{2}70 20	0.9^{2}71 10	0.9^{2}71 97	0.9^{2}72 82	0.9^{2}73 65	2.7
2.8	0.9^{2}74 45	0.9^{2}75 23	0.9^{2}75 99	0.9^{2}76 73	0.9^{2}77 44	0.9^{2}78 14	0.9^{2}78 82	0.9^{2}79 48	0.9^{2}80 12	0.9^{2}80 74	2.8
2.9	0.9^{2}81 34	0.9^{2}81 93	0.9^{2}82 50	0.9^{2}83 05	0.9^{2}83 59	0.9^{2}84 11	0.9^{2}84 62	0.9^{2}85 11	0.9^{2}85 59	0.9^{2}86 05	2.9
3.0	0.9^{2}86 50	0.9^{2}86 94	0.9^{2}87 36	0.9^{2}87 77	0.9^{2}88 17	0.9^{2}88 56	0.9^{2}88 93	0.9^{2}89 30	0.9^{2}89 65	0.9^{2}89 99	3.0
3.1	0.9^{3}03 24	0.9^{3}06 46	0.9^{3}09 57	0.9^{3}12 60	0.9^{3}15 53	0.9^{3}18 36	0.9^{3}21 12	0.9^{3}23 78	0.9^{3}26 36	0.9^{3}28 86	3.1
3.2	0.9^{3}31 29	0.9^{3}33 63	0.9^{3}35 90	0.9^{3}38 10	0.9^{3}40 24	0.9^{3}42 30	0.9^{3}44 29	0.9^{3}46 23	0.9^{3}48 10	0.9^{3}4 991	3.2
3.3	0.9^{3}51 66	0.9^{3}53 35	0.9^{3}54 99	0.9^{3}56 58	0.9^{3}58 11	0.9^{3}59 59	0.9^{3}61 03	0.9^{3}62 42	0.9^{3}63 76	0.9^{3}65 05	3.3
3.4	0.9^{3}66 31	0.9^{3}67 52	0.9^{3}68 69	0.9^{3}69 82	0.9^{3}70 91	0.9^{3}71 97	0.9^{3}72 99	0.9^{3}73 98	0.9^{3}74 93	0.9^{3}75 85	3.4
3.5	0.9^{3}76 74	0.9^{3}77 59	0.9^{3}78 42	0.9^{3}79 22	0.9^{3}79 99	0.9^{3}80 74	0.9^{3}81 46	0.9^{3}82 15	0.9^{3}82 82	0.9^{3}83 47	3.5
3.6	0.9^{3}84 09	0.9^{3}84 69	0.9^{3}85 27	0.9^{3}85 83	0.9^{3}86 37	0.9^{3}86 89	0.9^{3}87 39	0.9^{3}87 87	0.9^{3}88 34	0.9^{3}88 79	3.6
3.7	0.9^{3}89 22	0.9^{3}89 64	0.9^{4}00 39	0.9^{4}04 26	0.9^{4}07 99	0.9^{4}11 58	0.9^{4}15 04	0.9^{4}18 38	0.9^{4}21 59	0.9^{4}24 68	3.7
3.8	0.9^{4}27 65	0.9^{4}30 52	0.9^{4}33 27	0.9^{4}35 93	0.9^{4}38 48	0.9^{4}40 94	0.9^{4}43 31	0.9^{4}45 58	0.9^{4}47 77	0.9^{4}49 88	3.8
3.9	0.9^{4}51 90	0.9^{4}53 85	0.9^{4}55 73	0.9^{4}57 53	0.9^{4}59 26	0.9^{4}60 92	0.9^{4}62 53	0.9^{4}64 06	0.9^{4}65 54	0.9^{4}66 96	3.9
4.0	0.9^{4}68 33	0.9^{4}69 64	0.9^{4}70 90	0.9^{4}72 11	0.9^{4}73 27	0.9^{4}74 39	0.9^{4}75 46	0.9^{4}76 49	0.9^{4}77 48	0.9^{4}78 43	4.0
4.1	0.9^{4}79 34	0.9^{4}80 22	0.9^{4}81 06	0.9^{4}81 86	0.9^{4}82 63	0.9^{4}83 38	0.9^{4}84 09	0.9^{4}84 77	0.9^{4}85 42	0.9^{4}86 05	4.1
4.2	0.9^{4}86 65	0.9^{4}87 23	0.9^{4}87 78	0.9^{4}88 32	0.9^{4}88 82	0.9^{4}89 31	0.9^{4}89 78	0.9^{5}02 26	0.9^{5}06 55	0.9^{5}10 66	4.2
4.3	0.9^{5}14 60	0.9^{5}18 37	0.9^{5}21 99	0.9^{5}25 45	0.9^{5}28 76	0.9^{5}31 93	0.9^{5}34 97	0.9^{5}37 88	0.9^{5}40 66	0.9^{5}43 32	4.3
4.4	0.9^{5}45 87	0.9^{5}48 31	0.9^{5}5 065	0.9^{5}52 88	0.9^{5}55 02	0.9^{5}57 06	0.9^{5}90 2	0.9^{5}60 89	0.9^{5}62 68	0.9^{5}64 39	4.4
4.5	0.9^{5}66 02	0.9^{5}67 59	0.9^{5}69 08	0.9^{5}70 51	0.9^{5}71 87	0.9^{5}73 18	0.9^{5}74 42	0.9^{5}75 61	0.9^{5}76 75	0.9^{5}77 84	4.5
4.6	0.9^{5}78 88	0.9^{5}79 87	0.9^{5}80 81	0.9^{5}81 72	0.9^{5}82 58	0.9^{5}83 40	0.9^{5}84 19	0.9^{5}84 94	0.9^{5}85 66	0.9^{5}86 34	4.6
4.7	0.9^{5}86 99	0.9^{5}87 61	0.9^{5}88 21	0.9^{5}88 77	0.9^{5}89 31	0.9^{5}89 83	0.9^{6}03 20	0.9^{6}67 89	0.9^{6}12 35	0.9^{6}16 61	4.7
4.8	0.9^{6}20 67	0.9^{6}24 53	0.9^{6}28 22	0.9^{6}31 73	0.9^{6}35 08	0.9^{6}38 27	0.9^{6}41 31	0.9^{6}44 20	0.9^{6}46 96	0.9^{6}49 58	4.8
4.9	0.9^{6}52 08	0.9^{6}54 46	0.9^{6}56 73	0.9^{6}58 89	0.9^{6}60 94	0.9^{6}62 89	0.9^{6}64 75	0.9^{6}66 52	0.9^{6}68 21	0.9^{6}6 981	4.9

附录3 威布尔概率纸

$F(t)=1-e^{-\frac{t^m}{t_0}}$　　$\mu=t_0^{\frac{1}{m}}\Gamma\left(1+\frac{1}{m}\right)$　$\eta=t_0^{\frac{1}{m}}$

$\sigma=t_0^{\frac{1}{m}}\left\{\Gamma\left(1+\frac{2}{m}\right)-\Gamma^2\left(1+\frac{1}{m}\right)\right\}^{\frac{1}{2}}$

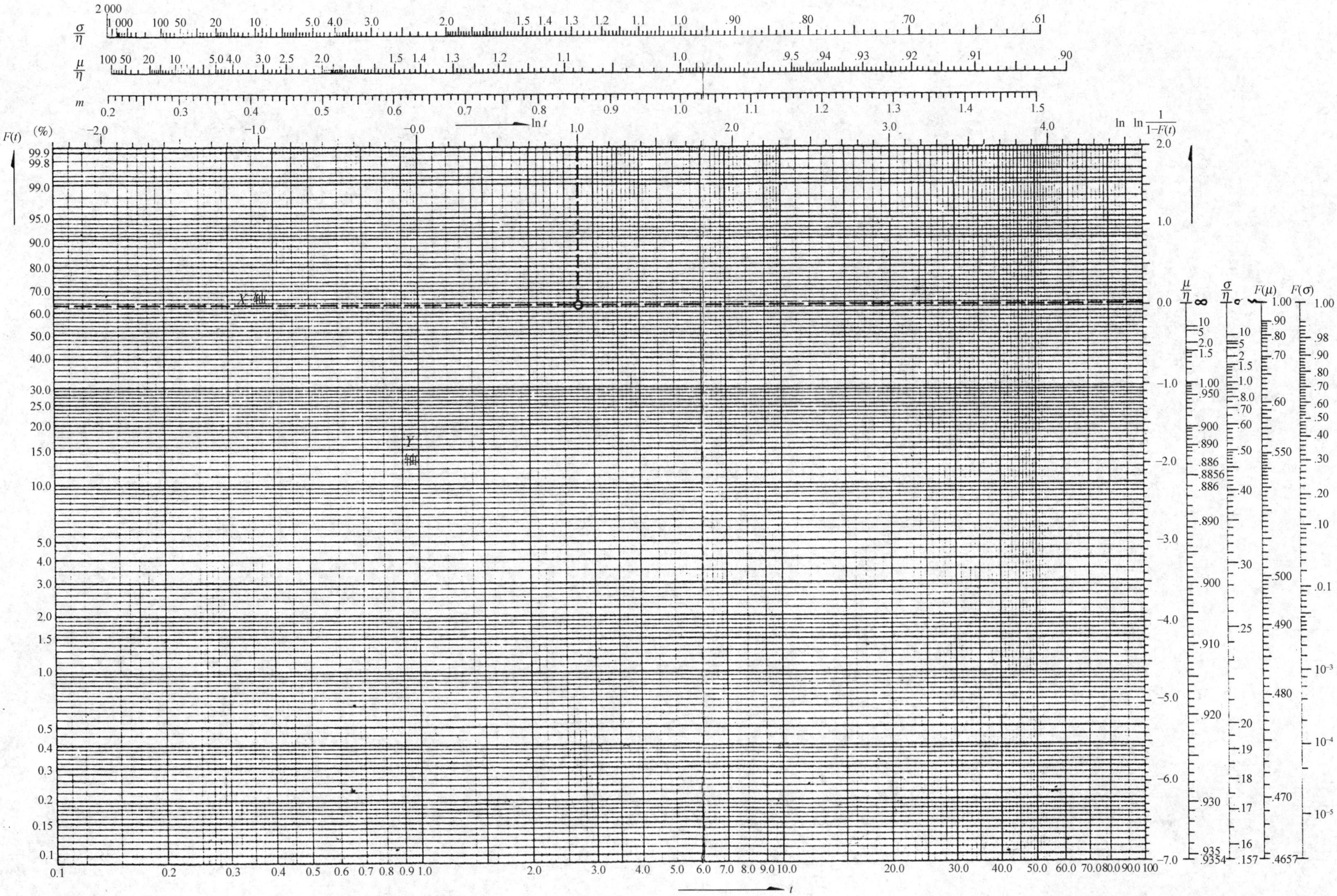

附录4　调质结构钢疲劳极限的均值和标准差

材　料	静强度指标	试验条件		寿命 N	疲劳极限	标 准 差		附　注
		r	α_σ		r_e(MPa)	σ_{r_e}(MPa)	对数疲劳④极限表示	
钢45（碳素钢）	$r_b=850$MPa $r_s=700$MPa $\delta=16.7\%$	−1	1.9	5×10^4	420	13.33	0.014 49	(1)轴向加载 (2)ϕ26mm棒材 (3)化学成分：0.49% C，0.31% Si，0.68% Mn (4)调质处理
				10^5	350	10.00	0.012 97	
				5×10^5	316	8.00	0.012 43	
				10^6	300	8.00	0.012 07	
				5×10^6	292	8.00	0.012 42	
				10^7	285	8.33	0.013 29	
$18Cr_2Ni_4WA$①（铬镍钨钢）	$r_b=1\,168$MPa $\delta=18.6\%$	−1	2	10^5	473	22.67	0.022 47	(1)旋转弯曲 (2)ϕ18mm棒材 (3)化学成分：0.18% C，1.43% Cr，4.09% Ni，0.97% W (4)950℃正火，860℃淬火，540℃回火
				5×10^5	420	17.33	0.019 13	
				10^6	392	16.00	0.018 91	
				5×10^6	376	14.00	0.017 15	
				10^7	368	12.00	0.014 90	
30CrMnSiA②（铬锰硅钢）	$r_b=1\,130\sim1\,210$MPa $r_s=1\,110$MPa $\delta=15.3\%\sim18.6\%$	−1	1	10^5	800	36.67	0.021 41	(1)$r=-1$，为旋转弯曲，其余为轴向加载 (2)ϕ25mm棒材 (3)化学成分：0.30% C，0.9%～1.00% Cr，0.86%～0.93% Mn，0.96%～1.04% Si (4)890～898℃油中淬火，510～520℃回火 (5)$\alpha_\sigma=1$光滑试样，下同
				5×10^5	690	20.00	0.013 17	
				10^6	668	18.00	0.012 20	
				5×10^6	652	17.33	0.120 3	
				10^7	650	19.00	0.013 29	
			2	10^5	450	20.00	0.020 72	
				5×10^5	387	15.00	0.017 89	
				10^6	367	10.33	0.012 78	
				5×10^6	363	10.33	0.012 92	
				10^7	360	10.00	0.012 60	
			3	10^5	315	15.00	0.022 32	
				5×10^5	276	10.33	0.017 25	
				10^6	255	10.00	0.018 12	
				5×10^6	248	9.33	0.017 34	
				10^7	246	9.33	0.017 49	
			4	10^5	291	11.33	0.017 99	
				5×10^5	250	10.00	0.018 51	
				10^6	226	9.33	0.010 15	
				5×10^6	215	8.33	0.017 89	
				10^7	208	7.00	0.015 41	

续上表

材料	静强度指标	试验条件		寿命 N	疲劳极限	标准差		附注
		r	α_σ		r_e(MPa)	σ_{r_e}(MPa)	对数疲劳[4]极限表示	
30CrMnSiA[2] (铬锰硅钢)	r_b =1 130 ~1 210MPa r_s =1 110MPa δ=15.3% ~18.6%	0.1	1	10^5	1200	53.33	0.020 72	(1) $r=-1$,为旋转弯曲,其余为轴向加载 (2) ϕ25mm 棒材 (3)化学成分:0.30% C, 0.9% ~1.00% Cr, 0.86% ~0.93% Mn, 0.96% ~1.04% Si (4) 890 ~898℃油中淬火,510 ~520℃回火 (5) α_σ =1 光滑试样,下同
				5×10^5	1130	43.33	0.017 69	
				10^6	1112	40.00	0.016 53	
				5×10^6	1110	40.33	0.016 71	
				10^7	1110	40.67	0.016 86	
			3	10^5	464	30.00	0.031 22	
				5×10^5	385	17.33	0.021 01	
				10^6	354	14.67	0.019 21	
				5×10^6	342	16.00	0.021 89	
				10^7	335	16.67	0.023 40	
		0.5	3	10^5	690	36.67	0.025 14	
				5×10^5	655	31.67	0.021 58	
				10^6	624	28.00	0.020 93	
				5×10^6	621	25.33	0.018 90	
				10^7	620	25.33	0.018 93	
30CrMn SiNi$_2$A	r_b =1 450 ~1 650MPa r_s =1 130MPa δ=12.5% ~18.5%	-0.5	5	5×10^4	424	21.33	0.023 69	(1)轴向加载 (2) ϕ25mm 棒材 (3)化学成分:0.27% ~0.34% C, 0.9% ~1.2% Cr, 1.0% ~1.3% Mn, 1.4% ~1.8% Ni (4) 900℃淬火,260℃回火
				10^5	350	14.00	0.018 51	
				4×10^5	278	10.67	0.017 70	
				10^6	256	9.33	0.018 77	
				5×10^6	252	9.33	0.016 98	
				10^7	250	10.00	0.018 51	
		0.1	3	10^4	675	33.67	0.025 75	
				5×10^4	550	27.33	0.023 37	
				10^5	450	18.33	0.018 87	
				5×10^5	424	17.00	0.018 55	
				10^6	410	16.67	0.018 83	
				5×10^6	400	16.00	0.018 51	
				10^7	390	15.00	0.017 75	
			4	10^4	700	50.00	0.034 91	
				5×10^4	520	30.00	0.027 51	
				10^5	335	18.33	0.025 96	
				5×10^5	246	9.33	0.017 49	
				10^6	191	7.00	0.016 86	

续上表

材料	静强度指标	试验条件		寿命 N	疲劳极限	标准差		附注
		r	α_{σ}		r_e(MPa)	σ_{r_e}(MPa)	对数疲劳④极限表示	
30CrMn $SiNi_2A$	$r_b=1\,450 \sim 1\,650$MPa $r_s=1\,130$MPa $\delta=12.5\% \sim 18.5\%$	0.445	3	10^4	1 080	60.00	0.0263 9	(1)轴向加载 (2)ϕ25mm 棒材 (3)化学成分：0.27% ~ 0.34% C，0.9% ~ 1.2% Cr，1.0% ~ 1.3% Mn，1.4% ~ 1.8% Ni (4)900℃ 淬火，260℃回火
				5×10^4	875	35.00	0.018 51	
				10^5	700	28.33	0.018 74	
				5×10^5	595	21.00	0.016 20	
				10^6	590	20.67	0.016 07	
		0.5	5	5×10^6	584	19.67	0.015 42	
				10^7	573	19.33	0.015 17	
				5×10^4	746	30.33	0.018 83	
				10^5	637	26.67	0.019 33	
				5×10^5	536	18.67	0.015 97	
				10^6	528	17.67	0.015 31	
				5×10^6	524	17.00	0.014 82	
				10^7	520	16.67	0.014 64	
40CrNiMoA③	$r_b=1\,060 \sim 1\,190$MPa $r_s=935 \sim 1\,148$MPa $\delta=15.6\% \sim 17\%$	−1	1	5×10^4	775	45.00	0.027 71	(1)$r=-1$，为旋转弯曲，ϕ22mm；其余为轴向加载 ϕ180mm (2)化学成分：0.38% ~ 0.43% C，0.74% ~ 0.78% Cr，1.52% ~ 1.57% Ni，0.19% ~ 0.21% Mo (3)850℃ 油淬火，580℃回火
				10^5	680	38.33	0.026 82	
				5×10^5	602	26.67	0.017 35	
				10^6	570	21.33	0.017 24	
				5×10^6	550	21.33	0.017 91	
				10^7	534	20.00	0.017 25	
			2	10^5	400	25.67	0.030 95	
				5×10^5	340	14.33	0.019 57	
				10^6	325	11.67	0.016 50	
				5×10^6	317	10.67	0.015 40	
				10^7	314	10.00	0.014 54	
			3	10^5	300	15.33	0.024 10	
				5×10^5	250	10.00	0.018 51	
				10^6	222	8.33	0.017 30	
				5×10^6	215	7.00	0.014 88	
				10^7	213	7.00	0.015 03	
		0.1	1	5×10^4	1 284	66.33	0.022 39	
				10^5	1 235	44.67	0.017 42	
				5×10^5	1180	43.33	0.016 90	
				10^6	1132	40.67	0.016 51	
				5×10^6	1087	39.06	0.016 49	
				10^7	1050	33.33	0.014 49	

续上表

材料	静强度指标	试验条件		寿命 N	疲劳极限	标准差		附注
		r	α_σ		r_e(MPa)	σ_{r_e}(MPa)	对数疲劳[4]极限表示	
40CrNiMoA[3]	$r_b=1\,060\sim1\,190$MPa $r_s=935\sim1\,148$MPa $\delta=15.6\%\sim17\%$	0.1	3	5×10^4	500	23.33	0.021 83	(1)$r=-1$,为旋转弯曲,ϕ22mm;其余为轴向加载ϕ180mm (2)化学成分:0.38%~0.43% C,0.74%~0.78% Cr,1.52%~1.57% Ni,0.19%~0.21% Mo (3)850℃油淬火,580℃回火
				10^5	392	18.00	0.021 46	
				5×10^5	333	11.67	0.016 08	
				10^6	311	11.00	0.016 24	
				5×10^6	298	11.00	0.016 99	
				10^7	290	10.00	0.015 81	
42CrMn SiMoA (GC-4电渣钢)	$r_b=1\,931$MPa $r_s=1\,415$MPa $\delta=13\%$	−1	1	5×10^4	984	66.67	0.032 89	(1)轴向加载 (2)ϕ42mm棒材 (3)化学成分:0.42% C,1.23% Cr,1.04% Mn,1.33% Si,0.51% Mo (4)920℃加热,300℃等温,空冷
				10^5	892	50.67	0.027 04	
				5×10^5	815	39.00	0.022 43	
				10^6	776	30.00	0.017 85	
				5×10^6	750	27.33	0.016 76	
				10^7	732	25.33	0.015 87	
			3	10^4	524	46.33	0.044 62	
				5×10^4	430	32.67	0.037 44	
				10^5	381	18.67	0.023 01	
				5×10^5	330	13.33	0.018 71	
				10^6	290	11.67	0.018 62	
				5×10^6	256	10.00	0.018 04	
				10^7	244	9.33	0.017 65	
		0.1	1	5×10^4	1 240	66.67	0.025 46	
				10^5	1 140	53.33	0.021 89	
				5×10^5	1 096	42.00	0.017 68	
				10^6	1 090	40.00	0.016 88	
				5×10^6	1 088	40.00	0.016 92	
				10^7	1 086	39.33	0.016 65	
			3	10^4	686	33.67	0.023 06	
				5×10^4	566	27.00	0.022 36	
				10^5	495	19.00	0.017 71	
				5×10^5	470	16.67	0.016 28	
				10^6	456	17.00	0.017 17	
				5×10^6	442	16.00	0.016 64	
				10^7	436	15.33	0.016 14	

注:①$18Cr_2Ni_4WA$钢,具有高强度、高韧性和良好的淬透性。一般用于截面较大、载荷较高而又需要较好的韧性和

缺口敏感性低的重要零件,如截面大的齿轮、传动轴、曲轴、花键轴、精密磨床用的控制进刀的蜗轮等。如经渗碳,淬火低温回火后,表面有高的硬度和耐磨性,心部有很高的强度和韧性,是渗碳钢中机械性能很好的钢种。因其合金元素含量高,工艺性能差,锻造变形阻力较大,氧化皮不易清理。锻造正火后硬度较高,需经长时间的高温回火,被切削性较差。

②30CrMnSiA 钢可用来制造重要用途的零部件,动载下工作的焊接件和铆接件。如高压鼓风机的叶片、阀板、高速砂轮轴、齿轮、链轮、紧固件和轴套等,还可制造温度不高而要求耐磨的零部件。

③40CrNiMoA 钢有高的强度、高的韧性和良好的淬透性,一般用于截面尺寸较大和较重要的零件,如轴、齿轮及紧固件等。

④设疲劳极限 r_e 的公差为 Δr_e,其标准差即为 $\sigma_{re}=\frac{2\Delta r_e}{6}=\frac{1}{3}\Delta r_e$,而 $r_e=\bar{r}_e\pm\Delta r_e$,于是,以对数疲劳极限表示的标准差为:$\sigma \lg r_e=\frac{1}{3}-(\lg\bar{r}_e-\lg r_{e\min})$式中 $r_{e\min}=\bar{r}_e-\Delta r_e$。

附录5 $\Gamma\left(1+\frac{1}{m}\right)$及$\Gamma\left(1+\frac{2}{m}\right)$值

m	$\Gamma\left(1+\frac{1}{m}\right)$	$\Gamma\left(1+\frac{2}{m}\right)$	m	$\Gamma\left(1+\frac{1}{m}\right)$	$\Gamma\left(1+\frac{2}{m}\right)$
0.1	10!	20!	2.1	0.886	0.981
0.2	5!	10!	2.2	0.886	0.965
0.3	9.260	2593	2.3	0.886	0.952
0.4	3.323	5!	2.4	0.886	0.941
0.5	2.000	4!	2.5	0.887	0.931
0.6	1.505	9.260	2.6	0.888	0.923
0.7	1.266	5.025	2.7	0.889	0.917
0.8	1.133	3.323	2.8	0.890	0.911
0.9	1.052	2.478	2.9	0.892	0.907
1.0	1.000	2.000	3.0	0.893	0.903
1.1	0.965	1.702	3.1	0.894	0.899
1.2	0.941	1.505	3.2	0.896	0.897
1.3	0.923	1.366	3.3	0.897	0.894
1.4	0.911	1.266	3.4	0.898	0.892
1.5	0.903	1.191	3.5	0.900	0.891
1.6	0.897	1.133	3.6	0.901	0.889
1.7	0.892	1.088	3.7	0.902	0.888
1.8	0.889	1.052	3.8	0.904	0.887
1.9	0.887	1.024	3.9	0.905	0.887
2.0	0.886	1.000	4.0	0.906	0.886

参考文献

[1] 明平顺,李晓霞. 汽车可靠性理论 [M]. 北京:机械工业出版社,2003.
[2] 浦维达. 汽车可靠性工程 [M]. 北京:机械工业出版社,1998.
[3] 张义民. 汽车零部件可靠性设计 [M]. 北京:北京理工大学出版社,2000.
[4] 周玉明. 汽车可靠性设计概论 [M]. 重庆:重庆大学出版社,1988.
[5] 王秉刚. 汽车可靠性工程方法 [M]. 北京:机械工业出版社,1991.
[6] 郦明,等. 汽车结构抗疲劳设计 [M]. 北京:中国科技大学出版社,1995.
[7] 刘维信. 机械可靠性设计 [M]. 北京:清华大学出版社,1996.
[8] 杨万凯,等. 汽车可靠性理论 [M]. 北京:人民交通出版社,1986.
[9] 明平顺,李晓霞. 汽车可靠性技术 [M]. 北京:人民交通出版社,2005.
[10] 胡师金,刘贵生. 机械可靠性设计 [M]. 郑州:河南科学技术出版社,1987.
[11] 张子正. 汽车可靠性设计 [M]. 北京:机械工业出版社,1990.
[12] 邢考军. 由在用车的故障看可靠性的薄弱环节 [J]. 商用汽车, 2004, 5.
[13] 朱埔达,等. 汽车产品可靠性工程的构建 [J]. 质量与可靠性,2006, 7.
[14] 郭卫军. 汽车可靠性发展趋势调查报告 [J]. 世界汽车,2002,2.
[15] 朱敏慧. J. D. Power 2004 日本首次汽车可靠性调研 [J]. 汽车与配件, 2004,37.
[16] 侯郁. 由汽车可靠性调查和用户满意指数测评引发的思考 [J]. 石油工业技术监督, 2005,11.
[17] 季峻. 工程师质量管理实用教程 [M]. 上海:上海科技出版社,1992.
[18] 胡昌寿. 可靠性工程——设计、试验、分析、管理 [M]. 北京:宇航出版社,1989.
[19] 应锦春. 现代设计方法 [M]. 北京:中国科学技术出版社,1990.
[20] 中国汽车工业总公司. 汽车产品质量检验评定 [M]. 北京:机械工业出版社,1991.
[21] 沈恒范. 概率论与数理统计教程(4 版) [M]. 北京:高等教育出版社,2004.
[22] 王霄锋. 汽车可靠性工程基础[M]. 北京:清华大学出版社,2007.
[23] 冯国胜,杨绍晋. 车辆现代设计方法[M]. 北京:科学出版社,2006.
[24] 安香壁. 汽车试验工程[M]. 北京:国防工业出版社,2006.
[25] 汽车工程师手册编委会. 汽车工程师手册(试验篇)[M]. 北京:人民交通出版社,2001.
[26] 长春汽车研究所. 汽车试验技术手册(上、下)[M]. 长春:吉林科学技术出版社,1993.